U0721147

李克 编著

The Division of
the Old and New Worlds

新旧世界的划分

A Global
History

全球通史

4

中国大百科全书出版社

图书在版编目（CIP）数据

全球通史. 4 / 李克编著. -- 北京 : 中国大百科全
书出版社, 2025. 5. -- ISBN 978-7-5202-1775-0

Ⅰ. K10

中国国家版本馆CIP数据核字第2025AA3210号

出 版 人　刘祚臣
责任编辑　臧文文
责任校对　常晓迪
责任印制　邹景峰
封面设计　周　亮
版式设计　北京崇贤馆
出版发行　中国大百科全书出版社
地　　址　北京市西城区阜成门北大街17号
邮　　编　100037
电　　话　010-88390790
网　　址　http://www.ecph.com.cn
印　　刷　河北泓景印刷有限公司
开　　本　710毫米×1000毫米　1/16
本册印张　21
本册字数　320千字
版　　次　2025年5月第1版
印　　次　2025年5月第1次印刷
书　　号　ISBN 978-7-5202-1775-0
定　　价　498.00元（全8册）

目 录

中古篇（下）

04 15 世纪末以前的撒哈拉以南非洲

05 15 世纪末以前的美洲

近代篇（上）

01 新航路的开辟和扩张

02 文艺复兴

05 英国资产阶级革命

06 欧洲大陆封建专制制度的发展

07 西欧各国的殖民活动以及西方世界优势的形成

中古篇（下）

日本封建制度的逐渐形成与发展

　　1 至 2 世纪时，日本才开始走出原始社会，各部族之间开始出现阶级的特征。在原始社会解体之后，奴隶制还没得到充分发展时，日本统治者进行了自上而下的改革，使日本迅速进入封建社会。7 世纪中叶的大化改新成为日本由奴隶社会向封建社会过渡的标志。

日本早期历史

日本原始文化和经济的生成与发展，经历了绳纹文化、弥生文化和古坟文化 3 个时代。1 世纪至 2 世纪中叶以前，日本大多数地域还处在小国分治的状态。弥生时代后期，邪马台国经过激烈竞争在政治上统一周边的小国家，形成早期奴隶制国家。

绳纹文化

距今大约 12000 年前，日本进入新石器时代。这一时代持续到了公元前 3 世纪。日本新石器时代最大的特征是制造粗糙的陶器，以及使用磨制石器，并出现了原始的农业。在这一时代的许多遗址中，发现了大量手制黑色陶器，因这种陶器的外部大多饰有绳形花纹，被称为"绳纹陶器"，以这种陶器为代表的文化被称为"绳纹文化"。因此，日本新石器时代又被称为"绳纹时代"。

绳纹人虽然开始使用陶器，但生产及生活方式较为落后，仍以采集食物为主，大多择沿海地带山岩洞穴或竖穴而居。绳纹时代前期，人们的主要生产活动是狩猎、捕鱼和采集。狩猎的动物主要是鹿和野猪等，生产工具以磨制石器为主。绳纹时代中后期，人们开始利用渔网出海捕鱼。在沿海地区，考古学家发现了许多绳纹人食用过的贝壳、鱼骨、果皮和使用过的石器、骨器、破损陶器等物品。绳纹时代中期以后，开始出现了种植绿豆、谷物的原始农业。在绳纹时代后期的一些遗址中，人们陆续发现了碳化米、大麦粒和米的压痕，以及水田遗址，这说明在绳纹时代后期，已经开始了原始的农耕经济。随后的弥生时代之所以能迅速普及水稻农耕，与绳纹时代的农耕经济不无关系。

火焰型陶器

火焰型陶器是绳纹时代的代表性陶器之一，造型考究别致，现存于美国克利夫兰艺术博物馆。

遮光器土偶

遮光器土偶，制作于绳纹时代晚期。此类土偶常高逾 30 厘米，手脚处以薄陶片拼接而成，身躯呈中空，称为"中空土偶"，又因头部常有类似王冠的装饰，故又称之为"王冠土偶"，多数则称其为"遮光器土偶"，得名自土偶面部双眼处戴着犹如护目镜的遮光器。现存于东京国立博物馆。

弥生时代

　　大约在公元前 3 世纪，日本进入一个新的发展时期。在这一时期的遗址中，考古学家发现了许多比绳纹陶器更为进步的新陶器。这种陶器最初被发现于东京都弥生町，因此被命名为"弥生式陶器"，这一时代也被称为"弥生时代"，其文化称作"弥生文化"。这一时期的主要文化特征除弥生式陶器外，还有水稻农耕的普及、金属工具的应用。弥生时代生产力的进步导致贫富分化，原始社会渐渐解体，出现了阶级及地域国家。

　　在弥生时代，水稻农耕得到了快速发展。从中国传入的水稻栽培技术首先在九州地区扎根，然后在日本列岛各地传播开来。根据陶器的形式，水稻农耕的发展可分为前、中、后三期。前期从九州扩展到近畿一带，水稻种植较为粗放。中期传播到了东北地区，由于灌溉技术的进步，农业生产渐趋稳定，耕种地区不断扩展，在冲积平原或低湿地带以及山岳地带都开辟了水田。到了后期，水稻生产工具不断进步，铁制农具得到普及，石器基本消失。铁制农具的出现推动了冶炼技术的发展，出现了许多手工业工具，如锯、刨、凿等。此外，还出现了铜铎、铜剑、铜矛、铜戈等青铜祭器。

农业的发展以及金属工具的普遍应用，推动了社会生产的分工，出现了社会的分化以及阶级的形成。在弥生时代，定居的农业社会产生了统治阶级与被统治阶级。为了争夺生活资源，各部落之间经常爆发战争，形成了统一的地域国家。在 1 世纪前后，北九州和畿内等地区出现了地域小国家群。

邪马台国

2 世纪末，九州北部地区形成早期奴隶制国家。西晋时陈寿撰写的《三国志·魏志·东夷传》中就记载了关于日本早期奴隶制国家的内容。根据该史料记载，2 世纪末，日本列岛上以男性为国王的倭国爆发动乱，各小国之间互相攻伐，后来共同推举邪马台国的女王卑弥呼为王。卑弥呼死后又立一男性为王，结果再次发生动乱。248 年，与卑弥呼有血缘关系的少女台与在继承王位后，局势才稳定下来。

邪马台国成为 30 多个小国的盟主，这个联合王国有着不成熟的政治机构。女王是最高统治者，对其他诸国有相对统治权。其下有大率、大倭、大夫等官员。大率是中央派到各小属国的检察官；大倭是全国管理集市的官吏，并向他国收租赋；大夫是主持外交事务的官员。在地方上，官员等级也有差别，一些属国还保留有国王。邪马台国有一支维护统治秩序和对外战争的军队，并有不成文的法律和刑罚。由此可以看出，邪马台国是一个带有母系氏族社会性质的原始社会早期国家。

邪马台国的经济以农业为主，有着较高的农业生产水平，出现了酿酒业。手工业从农业中分离出来，出现了兵器、工具、纺织手工业者，也出现了专门制作工艺品的部门和工匠。邪马台国时期，水稻及其他农作物的耕作十分普及，人们已经定居下来，出现了一些较大的村落或集市，人口数目不断增多。邪马台国时有 7 万多户人口，其下属国投马国有 5 万多户，奴国有 2 万多户，其他的有几千户不等。农业的发展以及手工业产品的不断增多，促进了贸易的发展。邪马台国及其下属各国设有贸易集市，出现了"国国有市，交易有无"的景象。

邪马台国时期已有地位与尊卑的差别，出现了大人、下户与奴婢、生口的阶级分化。大人可以娶四五个妻子，是上层统治阶级；下户只能娶两三个妻子，是社会生产的主要劳动者。两者间的地位与尊卑差别明显。奴婢和生口的身份相当于奴隶，主要是战俘或罪犯，他们没有人身自由，用来做家内劳动或作为礼物被赠送，甚至被当成殉葬品。

邪马台国与中国三国时代魏国通好，双方互派使者往来。据史书记载，自魏明帝景初二年（238 年）开始，邪马台国先后四次派使者来到魏国，献上生口、珠宝、倭锦等，并从中国魏皇帝处得到"亲魏倭王"的封号。魏国也曾两次遣使到邪马台国，赐以金印、紫绶、锦绢、铜镜、珍珠、纺织品等。

古坟时代

邪马台国后期，各奴隶主国家为了争夺土地和奴隶不断爆发战争，在本州中部兴起的大和国势力不断增加，逐渐征服其他奴隶主国家，史称"倭国"或"大和国"。此时出现了许多象征权威的巨大的前方后圆陵墓。从 4 世纪开始，这种古坟从大和政权地区遍及列岛中部以西各地区，表明在日本西部地区出现了一个统一的政权。从 3 世纪末到 6 世纪末，规模较大的坟墓在日本列岛随处可见，因此这一时期在日本历史上被称为"古坟时代"。

大和国在很大程度上是奴隶主贵族的联合体，最高统治者称为"大王"，贵族拥有很大权势。从 5 世纪开始，大和国形成了王位由大王家族人员继承的惯例。为了有效地管理统治地区，统治阶级建立起了以氏姓制度、部民制、县主国造制为特征的政治体制。

氏为有血缘关系的同族集团，与大和国关系密切的氏族集团分为以地名为姓氏的家族和以为王室服务的职业名为姓氏的家族。以地名为姓氏的家族有葛城、平群、巨势、苏我、吉备、出云等氏族。以为王室服务的职业名为姓氏的家族有大伴、物部、土师、中臣、膳等氏族。氏族首领称为"氏上"，同族成员被称为"氏人"。氏上负责代表氏族参与各级政治。

大和国的王室、中央及地方贵族都拥有自己的土地和耕种者。王室的领地称为"屯仓",由中央派官员负责管理。屯仓的耕种者为服徭役的农民,被称为"田部"。此外,大和国统治者为了加强对地方的统治,将地方贵族的部分私有民划为中央政府直辖民,称为子代、名代部,由政府官员进行管理。各级贵族的私有地称为"田庄",田庄上的耕种者归贵族所有,称为"部曲"。他们在贵族的胁迫下进行农业和手工业生产,没有人身自由。

大和国建立初期,在一些重要的地区设置县,长官称为"县主",由地方贵族担任。5世纪末到7世纪初,县又改为国,长官称为"国造",仍然由地方贵族担任。国造负责管理该地区的屯仓、部民以及统帅军队等事务,同时也有向中央政权进贡马匹、士卒和物产等义务。

6世纪时,部民制出现了瓦解的危机。部民不堪压迫,通过各种方式反抗贵族的统治。他们有的选择逃亡,有的抗拒贡赋徭役,有的袭击屯仓、田庄等。与此同时,统治阶级内部的矛盾变得尖锐起来。为扩大自己的直辖地,王室不断侵占地方贵族的领地,从而导致地方贵族起来反抗。527年,九州北部的筑紫国造磐井发动叛乱,反对中央贵

披甲武士
这是一件制作于6世纪的武士陶俑。该雕像面色凝重,手持利剑,身披战甲,栩栩如生,是一件真正的国宝。现存于东京国立博物馆。

族。中央贵族物部氏与大伴氏争权夺利，随后苏我氏又与物部氏发生争斗，将物部氏消灭，势力凌驾于大王之上。此时大和国的统治动荡不安，政权岌岌可危。

在大和国的统治出现动荡之际，日本的近邻朝鲜半岛地区的形势发生了重大变化。此时的朝鲜半岛地区出现了高句丽、新罗、百济三国鼎立的局面，三国相互混战。大和国在统一过程中曾向朝鲜半岛进行扩张，占领了半岛南端的伽耶地区。进入6世纪以后，百济王国在高句丽和新罗的进攻下，统治区域日益缩小。为了支持百济，大和国将自己控制的伽耶的一部分地区让渡给百济。大和国频繁参与朝鲜半岛战事加重了大和国国内各阶层的负担。

562年，大和国军队控制的伽耶地区被新罗攻陷，大和国丧失在朝鲜半岛的据点，导致内部矛盾激化，掌管朝鲜半岛事务的大伴氏在物部氏的抨击下辞职。与此同时，掌控中央政权的苏我氏通过积极推行一系列措施稳定政权。587年，推崇佛教的苏我马子消灭了排斥佛教的物部氏。

天皇绝对统治下的日本

从飞鸟时代开始，日本与中国之间文化交流日渐频繁，在此基础上，日本统治者仿效中国隋唐的政治制度，进行一系列政治改革，建立起以天皇为中心的中央集权国家。然而从10世纪末开始，随着贵族庄园势力的不断扩大，中央集权制遭到破坏，武士阶级逐渐掌握实权。

飞鸟时代

592年，苏我马子杀死崇峻天皇，拥立日本历史上的第一位女性天皇——推古天皇，并立其外孙厩户皇子为摄政，即圣德太子。次年4月，立圣德太子为

推古天皇像

推古天皇是日本最早的女性天皇，也是
东亚最早的女性君主。

皇太子，总摄国家大政。日本正式进入飞鸟时代。

圣德太子掌握国家大权后，推行了一系列加强王权的改革措施。改革的内容主要有：

一、于603年制定冠位12阶。即根据大德、小德、大仁、小仁、大礼、小礼、大信、小信、大义、小义、大智、小智等12个等级区别官位的高低，并以紫、青、赤、黄、白、黑等颜色的浓淡装饰冠戴。朝廷根据官员的才能、功绩、忠诚等标准分别授予各色冠戴。朝廷掌管冠位授予权，冠位不能世袭，如果官员立有功绩，可以升级。冠位制度为打破传统的氏姓世袭制度、建立官僚体制、树立中央及天皇的权威奠定了基础。

二、在604年4月制定宪法17条。该法主要吸收了中国儒家思想及佛教思想。名为宪法，但无法律约束力，仅为官员的道德规范或行为准则。它规定了人与人之间不同的名分等级、社会地位以及权利义务，强调国家的统一和皇

圣德太子像

此图相传为阿佐太子所绘《唐本御影〈圣德太子及二王子像〉》，中间为圣德太子，左右分别是圣德太子的两个儿子山背大兄王和殖栗王。

权的至高无上。宪法中规定各级官吏必须治心、治身、敏教化；必须擢贤良、恤狱讼，处理百姓诉讼要明辨是非；必须尽地利，不可过度征调赋役，以防止百姓的不满。

三、恢复与中国封建王朝的往来，吸取中国的思想文化和先进技术。据史书记载，圣德太子摄政期间，曾先后 4 次派使节访隋。第一次在 600 年，使者不详；第二次在 607 年，使者为小野妹子；第三次在 608 年 9 月，小野妹子陪同隋朝使者裴世清回国，再次抵隋；第四次在 614 年，使者是犬上御田锹、矢田部造。

四、提倡并重视佛教。593 年，圣德太子颁布诏书，宣布以佛教作为国教，并带头兴建佛教寺院。圣德太子主持修建了四天王寺、法隆寺，苏我马子主持修建了飞鸟寺，各大氏族也纷纷兴建自己的氏寺。595 年，高句丽名僧慧慈抵达大和国，圣德太子拜其为师。此外，圣德太子经常在宫中讲解佛经，并亲自注释了《法华经义疏》《维摩经义疏》《胜鬘经义疏》，宣扬佛法。在圣德太子摄政时期，佛教文化得到了迅速发展，开创了飞鸟文化时代。

五、编纂国史。620 年，在圣德太子和苏我马子的共同主持下，以 6 世纪成书的《帝纪》《旧辞》为基础，编纂了《天皇记》《国记》《臣连伴造国造百八十部并公民等本纪》等史书。

圣德太子的这些改革措施旨在削弱贵族世袭制，加强天皇权力。但是这次改革没有触及部民制，圣德太子幻想与苏我氏妥协，结果以失败告终。622 年，圣德太子去世，推古朝改革也宣告结束。

大化改新

622 年和 628 年，圣德太子与推古女皇先后去世，苏我马子之子苏我虾夷掌握朝政，擅自决定两任天皇的人选，并大兴土木，劳役国民。643 年，苏我虾夷因病卧床不起，然而在没有经过朝廷批准的情况下，就向其子苏我入鹿私授紫冠，令其执掌国政。苏我父子的专横跋扈，不仅引起了其他贵族的强烈不满，同时也给希望进行改革的反对势力创造了机会。

645 年 6 月，改革派中大兄皇子、中臣镰足等人利用朝鲜半岛三国使者向大和朝廷进赠礼品的机会，诛杀了苏我入鹿，迫使苏我虾夷自焚而亡，夺取了政权。孝德天皇即位，定年号为大化。在消灭了旧贵族势力后，中大兄皇子、中臣镰足等人吸取了圣德太子改革失败的教训，向从隋唐归来的留学生或留学僧求教，仿照唐制进行了一系列改革。

在经济上，646 年初，新政权颁布了《改新之诏》，废除部民制，贵族的屯仓田庄收归国有，禁止王族和贵族拥有土地、人民，部民转为国家公民，向贵族支付俸禄，但奴婢和手工业部民地位不变；编制户籍和账簿，施行班田收授法；制定新的统一税收标准，税种有田调、户调、庸米、庸布、官马及仕丁等徭役。

在政治上，新政权建立中央集权的天皇制封建国家，设立京师、畿内、国、郡、里等地方行政组织；按才能选拔官吏，废除品部及臣、连、伴造、国造等职，废除贵族世袭特权，于 647 年制定 7 色 13 阶的新冠位制，将大臣和贵族均纳入官僚体制内；施行征兵制，中央直接掌握军队。此外，新政权还颁布了改革葬仪及婚姻等旧风俗、完善交通等的诏书。这些改革是在大化年间实行的，史称"大化改新"。大化改新的实施标志着日本社会开始从奴隶制向封建制过渡。

然而这次改革在很大程度上只是一种政治宣言，因为出兵朝鲜半岛以及旧奴隶主贵族的抵抗，延缓了改革措施的实施。655 年，高句丽和百济联合进攻新罗，新罗向唐朝求援。660 年，唐朝出兵灭亡了百济。为恢复自己在朝鲜半岛的影响力，日本出兵朝鲜半岛，结果惨败。中大兄皇子为了能够继续推行政治、经济领域的改革，需要大贵族的支持，被迫承认他们对土地及人民的占有，在一定程度上恢复了部民制。668 年，中大兄皇子即位，即天智天皇。同年，天智天皇命令中臣镰足制定《近江令》，使日本开始走向法制化道路。670 年，最早的全国性户籍制形成。然而这一有利于征兵和征税的政策引起了大贵族的不满。

672 年，天智天皇去世，为了争夺皇位，皇室内部爆发"壬申之乱"。673年，大海人皇子打败大友皇子，继位为天武天皇。天武天皇继续推进改新措施，巩固了新制度。701 年，日本修成《大宝律令》，大化改新的成果最后以法律形式确定下来。经过半个世纪的斗争，日本最终完成向封建社会的转变。

奈良时代

710 年，日本天皇迁都至平城京（今奈良），直到 794 年迁往平安京（今京都），这一时期在日本历史上被称为"奈良时代"。

在奈良时期，随着中央集权体制的不断发展，天皇朝廷的实力不断增强，于是不断开拓疆域。中央政府派兵征服了本州岛东北方向的虾夷族，扩大了中央政府在这一地区的治理范围。此外，中央政府在南九州隼人居住的地区设置大隅国，并进行管理。到 8 世纪末时，律令体制下的天皇朝廷基本上控制了四国岛、本州岛和九州岛。

为了有效地治理所辖的地区，中央政府以京城所在的畿内为中心，修建了 7 条通往地方各国司所在地国府的官道。此外，在国府与郡司所在地郡家之间也修建了道路，促进了各地区之间的联系。

奈良时代是钱币开始广泛应用的时代。早在 7 世纪后半期，即天武天皇时期，就出现了政府铸造的"富本钱"，这是日本历史上最早的钱币。708 年，武藏国将该地冶炼的铜献给朝廷，政府为此改元"和铜"，并仿照唐朝货币的式样铸造"和同开珎"的钱币。其后中央政府不断铸造钱币，到 10 世纪中期时出现了 12 种类型的钱币，称为"本朝十二钱"。为推动钱币的广泛应用，中央政府颁布了《蓄钱叙位令》，通过赐封官位的方式鼓励人们存钱。随着铸造钱币，建筑宫殿、官衙、寺院以及军队装备的需要，奈良时代的采矿业有了较大发展。中央政府专门设立了典铸司、锻冶司、造兵司等管理机构，由国家负责管理采矿业。

奈良时代的农业有很大进步。政府奖励积极开垦土地者，兴修水利设施，鼓励人们养蚕，派技术人员到养蚕地区指导蚕丝的生产。为此，中央政府制定相关条例，根据"务课农桑"的优劣对地方官吏进行考核。此外，随着铁制农具、牛耕及插秧技术的广泛运用，农业生产力得到了显著提高。

奈良时代的手工业也有较大发展。手工业分为家庭手工业和官营手工业。官营手工业生产较为高级的手工产品，家庭手工业则主要生产普通的产品。在众多手工业中，纺织业最为发达。官营纺织业主要生产锦、绮、罗、绫、缣等

和同开珎钱币
始铸于奈良时代元明天皇和铜元年（708 年），形制仿唐朝开元通宝。曾于开元年间（713—741 年）流入中国，是邻邦流到中国最早的方孔圆钱。

奈良时期日本雕塑的代表作——执金刚神
最初这尊神像被供奉在一间小庙里，后来天皇
下令修建东大寺，该雕塑就被移了进去。

纺织品，供统治阶级使用。家庭作坊主要生产布、绌、绢一类的纺织品，一般
为家庭自用或交纳赋税。除纺织品之外，奈良时代的漆器技术和造纸技术也十
分发达。

奈良时代农业和手工业的不断发展，促进了商品的交换。国司所在地、水
陆交通要道等地区陆续出现了交换商品的集市。当时比较著名的集市有京城的
东西两市、大和的轻市、河内的饵香市，此外在摄津、美浓、近江、备后、播
磨、纪伊、骏河、越后等地区也出现了规模较大的集市。除了集市贸易之外，
各地区之间的行商贸易也十分活跃，商贾往来频繁。

在奈良时代，天皇的统治地位依然不稳固，贵族内部不断发生政治斗争。
781 年至 806 年在位的桓武天皇为了稳定中央政权、整顿混乱的政治形势，进
行了一系列改革。改革措施有：不设大臣以抑制大贵族的势力；制定 16 条国
郡司考绩条例，对地方官吏政绩进行考核，严厉打击贪腐官吏；改革兵制，将
征兵制改为募兵制，减轻农民的负担；禁止滥造寺院，限制寺院兼并农民土
地等。此外，桓武天皇不断向东北虾夷族地区派兵，扩大中央政府的疆域。但

因桓武天皇时期大兴土木以及向东北地区用兵，耗费了大量人力、物力，使得改革未能取得更大的成果。794年，桓武天皇将都城从平城京迁到平安京。从794年至1192年的近400年，也被称为"平安时代"。

平安时代

大化改新后，虽然中央政府将土地收归国家所有，但贵族、寺院等势力仍然拥有私人土地。随着社会的发展，人口不断增长，人多地少的矛盾日益突出。为解决这一矛盾，朝廷于723年宣布实行《三世一身法》，鼓励民众开垦荒地。743年，政府又颁布《垦田永世私财法》，承认土地可以永久私有。这一措施推动了土地私有化的迅速发展。

从8世纪末开始，奈良、京都地区的贵族和寺院大规模开垦荒田，并在开垦的土地上修建起住宅和仓库。这些建筑称为"庄家"或"庄所"，管理者称为"庄长"，他们管理的垦田称为"庄"或"庄园"。初期的庄园，即8至9世纪时通过开垦形成的庄园称为"自垦地庄园"，大多由庄园主委派庄长管理，也有领主直接经营的庄园。庄园的生产者为奴婢、逃亡农民和附近贫困的班田农民，这些人后来都逐渐成为依附庄园的农民，统称"庄民"。庄民不仅要提供实物地租，还要负担各种杂役，无偿为庄园主耕作直辖地。庄民没有庄园主的许可，不能迁移和改业，地位等同于农奴。最初，庄园要向政府输租，受制于地方政府。庄园的出现使国家土地所有制开始向土地私有制转化，但它同时

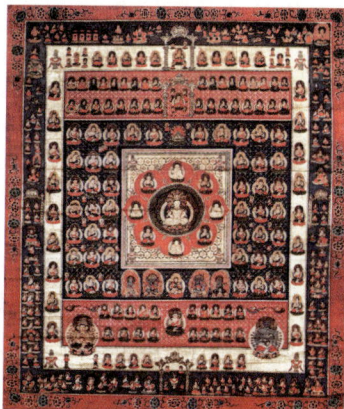

胎藏界曼荼罗挂毯
这件胎藏界曼荼罗挂毯制作于平安时代，可能是日本现存最早也是最完整的胎藏界曼荼罗作品。胎藏界曼荼罗，源于佛教密宗，代表现象现实和解脱的慈悲。

保留了国家土地所有制的残余。例如庄园主要向国家交纳田租，庄民也要向国家交纳庸、调，此外国家有权进入庄园进行检田、收租和征调劳力等。

9 世纪末以后，大贵族庄园主逐渐获得了免交国家赋税（不输）和摆脱国家控制（不入）的特权。从 10 世纪开始，庄园主为使自己的庄园获得"不输不入"的特权，纷纷将其土地进献给有权势的贵族和寺院，奉其为领家，并交纳一部分租税。要是领家认为自己的权势仍然无法与国司相抗衡，则将庄园进献给更有权势的贵族，奉其为本家，成为更高一级的领主，从而形成了一种领主等级土地所有的体制。"不输不入"庄园的不断增加，严重影响到国家财政的收入，天皇朝廷曾先后 4 次对庄园进行整顿，但都徒劳无功。到 11 世纪中叶，庄园土地面积几占全国土地的 2/3。

摄关政治

为了维持天皇的权威以及政权的稳定，桓武天皇之后的平城天皇和嵯峨天皇继续实行改革。平城天皇对行政机构及其人员进行精简，减轻财政负担。嵯峨天皇设立等同于天皇秘书官的"藏人头"，任命藤原冬嗣出任该职务。藤原家族借此机会重新崛起。9 世纪初，藤原冬嗣的女儿嫁给天皇，藤原冬嗣获得插手朝政的机会。其子藤原良房如法炮制，将自己的女儿送入宫中，并于 842 年利用废立太子发动承和之变将政敌伴氏和橘氏驱逐出朝廷，立自己的亲外甥道康亲王为皇太子。

850 年，道康亲王继位，是为文德天皇。858 年，文德天皇突然死亡，藤原良房拥立年仅 9 岁的惟仁亲王即位，是为清和天皇。藤原良房以太政大臣和天皇外祖父的双重身份代理政务，独揽朝政。866 年，藤原良房利用皇宫承天门失火事件，将世家贵族源信和伴善男排挤出朝廷，正式担任摄政之职。

藤原良房死后，清和天皇试图收回朝政大权，废除太政大臣一职，引起良房之子藤原基经的不满。877 年，藤原基经胁迫清和天皇退位，拥立 9 岁的皇太子为阳成天皇，随后又废除阳成天皇，另立 55 岁的时康亲王为光孝天皇。光孝天皇即位后，下诏让藤原基经代摄一切政务。887 年，光孝天皇去世，其子宇多天皇即位。宇多天皇即位后，慑于藤原基经的威势，下诏宣布"万机巨细，百官总已，皆关白于太政大臣，然后奏下，一如旧事"。从字面上看，"关白"本来是"禀报"之意，但后来转化为官职，天皇幼年时，辅政者称"摄

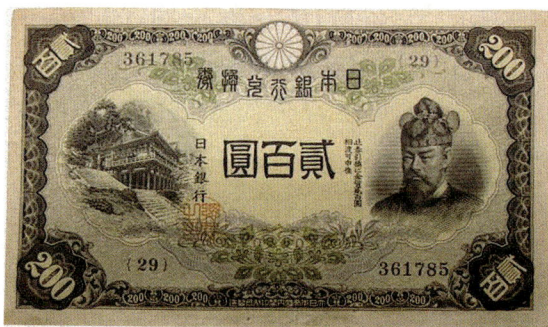

印有藤原镰足像的日元

藤原镰足，原名中臣镰足，
因在大化改革中有功，被
天智天皇赐姓藤原，成为
日本史上最大氏族藤原家
族的始祖。

政"；天皇成年后，辅政者称"关白"。史家称其为"摄关政治"。摄政或关白
不仅专擅朝政，甚至决定天皇的废立，凌驾于天皇之上。

从 9 世纪末到 10 世纪中叶，醍醐天皇和村上天皇在位期间曾进行了一系
列增强天皇统治地位的改革，抑制了藤原家族的专权。但随着特权庄园的不断
发展，藤原家族成为最大的庄园领主，为其操纵国政的摄关政治奠定了坚实的
经济基础。直到 11 世纪末，藤原家族利用担任摄政及关白职务独揽朝廷大权
的摄关政治持续了 200 多年。

武士和院政时代

随着日本庄园制的进一步发展，各庄园之间以及庄园与国家之间的矛盾和
斗争日益突出。一些有实力的庄园主为保护自己的利益，将一部分庄民武装起
来。最初时，这些人平时务农，战时从武，后来逐渐脱离农业，演变成为保卫
庄园和对外斗争的职业军人，称为"兵"。在一些大的寺院庄园里，也开始组
织以神职人员、僧人为主的武装力量。庄园武装的出现威胁到了地方治安以及
国司、郡司的权力和利益。为了保护自己的利益，地方官员也纷纷组织自己的
武装力量，其成员与国司、郡司形成主从关系。从 10 世纪开始，以地方贵族
为中心，出现了一些颇具实力的武士集团，其中以畿内地区的清和源氏和关东
地区的桓武平氏势力最为强大。

889 年，桓武天皇的曾孙高望王获赐"平"姓，然后被派往关东地区担任
官职。高望王任期届满后没有返回京都，他的子孙出任关东地区各国的官职，
私自组织武装，扩充势力。935 年，平氏家族发生内讧，孙辈的平将门杀死其

叔父国香，并纠集反抗国司的关东武士驱逐关东北部地方官。平将门攻城略地，占领了关东大部分地区。939 年，平将门宣布关东八国独立，自称"新皇"。940 年，京都朝廷派藤原忠文为征东大将军前往镇压，但还没等藤原忠文到达，平将门就已经被国香之子平贞盛消灭了。几乎就在同一时间，伊予国司藤原纯友在四国发动叛乱，攻打淡路、赞歧两国国府，甚至攻占了北九州的大宰府。京都朝廷再次任命藤原忠文为征西大将军，率兵前往镇压征讨，同样在军队到达之前，清和天皇之孙源经基于 941 年平息了藤原纯友的叛乱。这两起叛乱使朝廷和中央贵族认识到地方武士的实力，于是纷纷将其作为保护自己的"侍"，借武士团之力保卫自己。从这时起，地方武士的实力开始得到中央的承认。

在平将门叛乱之后，平氏家族仍然占据关东地区。1028 年，原上总国司平忠常发动叛乱，朝廷任命源赖信为甲装国司镇压叛乱。平忠常听说源赖信之名，不战而降，源氏家族由此开始进入关东。1051 年，陆奥地区势力强大的贵族安倍氏与国司发生纠纷，源赖信的儿子赖义和孙子义家率关东地区武士前去平定，经过 9 年苦战，平息了这场冲突。1083 年，陆奥地区大贵族清原氏家族内部发生纠纷，源义家经过 3 年征伐，平息了这起叛乱。这两起被称为"前九年之战"及"后三年之战"的战事，加强了源氏家族与关东武士集团的主从关系，巩固了其作为武士集团首领的地位。在这之后，关东地区的庄园领主纷纷寻求其保护，成为源氏的家人。到 11 世纪末期，源氏武士集团成为能够支配日本全国的武装力量，源氏家族首领以武士首领身份出入朝廷。此后，武士开始担任地方各国的行政官员。

1068 年，与藤原家族没有血缘关系的后三条天皇即位。后三条天皇不甘心做藤原家族的傀儡，即位后进行了一系列巩固天皇政权的改革。1069 年，朝廷颁布《延久庄园整理令》，对庄园进行整顿，没收未经天皇颁发文书的土地。结果，许多寄进在藤原名下的庄园纷纷脱离藤原家族，投靠皇室，使得天皇名下的庄园数目不断增加。后三条天皇打破门阀限制，起用地位较低的中下层贵族，改变了藤原家族独霸政权的局面。然而碍于摄关政治的成例，天皇还是无法随意下达自己的旨意。

1086 年，在后三条天皇之后即位的白河天皇为了抵制藤原家族，让位给年仅 8 岁的堀河天皇而成为太上天皇，继续听政。太上天皇在自己居住的宫殿内设立院厅，任命别当、判官代、主典代、藏人等院厅官吏，以及设立保卫太上天皇和院厅的北面武士，开创了太上天皇听政的"院政时代"。太上天皇通过设立北面武士，依靠源氏和平氏两大武士集团强化院厅的权力，院厅掌握了

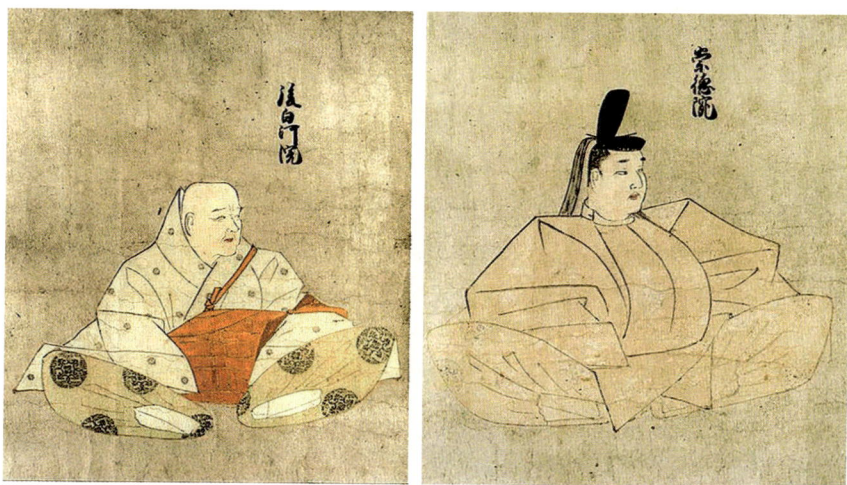

后白河天皇像与崇德上皇像

国政大权，拥有比摄政、关白更大的权威。太上天皇的改革得到了长期受藤原家族压抑的贵族的支持。

　　在院政时代，天皇为了对抗藤原家族的势力，拉拢大贵族和武士集团，扩大了"知行国"制度，也就是将一个国封给大贵族或武士，并以该国的赋税作为贵族或武士的俸禄。院政对武士的过度依赖为后来武家干预政治创造了条件。从 12 世纪初开始，源氏家族在中央担任重要官职的人数逐渐超过藤原家族。

　　与此同时，源氏家族的源义亲在出云国发动叛乱，结果在伊贺国平正盛的讨伐下被杀，源氏家族因此衰落一时。以伊势国及伊贺为势力范围的桓武平氏家族因为平叛有功，开始受到太上天皇的器重。平正盛因为平定源义亲叛乱被委以重任，担任高官。其子平忠盛因平定海盗受到鸟羽上皇的器重，获得贵族身份。到平忠盛之子平清盛时，平氏家族的势力达到顶峰。

　　在武士集团的支持下，鸟羽上皇通过控制庄园的方式不断强化皇权，但同时激化了争夺皇权的斗争。1156 年 7 月，鸟羽上皇去世，后白河天皇与崇德上皇之间发生冲突，各自与藤原氏、源氏、平氏各家族结成同盟。后白河天皇先发制人，将崇德上皇流放到赞岐国，史称"保元之乱"。

　　1159 年，源氏家族与平氏家族爆发冲突。冲突的原因是在保元之乱中立有大功的源氏家族首领源义朝不满自己的封位比平氏家族首领平清盛低，转而与院厅辅臣藤原信赖结成同盟。源义朝乘平氏家族离开京城参拜神社之机，联合藤原信赖拘禁了上皇和天皇，将天皇的亲信杀死。平清盛闻讯后立即率兵赶回京城，击败源义朝，诛杀藤原信赖。源义朝在逃亡时被手下杀死，源氏家族几乎全部株连，仅有源义朝的儿子源赖朝幸免于难，后来被流放到伊豆岛。此后，平氏家族彻底专揽了朝政。因这起政变发生在平治元年，史称"平治之乱"。在这两起叛乱中，源、平两大武士集团均参与其中，出现了武士参与国政的现象。随着源、平两大武士集团力量的消长，院厅权势逐渐衰弱，到源赖朝建立镰仓幕府时，院政时代宣告结束。此后，院政虽然仍断断续续地出现，但已经没了实权。

武家政权的建立和发展

11 至 12 世纪，日本天皇势力衰落，走向武士政治，武士阶层首领将军势力强盛。12 世纪末，由武士掌握实权的幕府登上历史舞台，建立武士政权，出现了武家政治和公家政治的对立局面，日本成为军事封建国家。此后日本经历了南北朝时期、室町幕府时代。

镰仓幕府

平治之乱后，平氏家族在中央的势力急剧增强，有着显赫的政治地位。其后，平清盛采取各种方式巩固自己的权力，掌握了朝政。平氏的专权引起了大贵族和地方武士集团的不满，他们纷纷起来斗争。1177 年，后白河法皇的近臣藤原成亲密谋推翻平氏，但因事情泄露而失败。1180 年，皇子以仁王联合寺院武装起兵反对平氏，结果被平清盛镇压了。1180 年 8 月，被流放到伊豆岛的源赖朝举兵讨伐平氏，结果被打败。后来在关东地区武士集团的支持下，源赖朝以镰仓为基地，集结反对平氏的势力。同年 10 月，源赖朝在富士川之战中击

《源氏物语》插图
《源氏物语》是世界上最早的长篇小说之一，主要讲述了光源氏与其他皇室成员之间错综复杂的情感纠葛。《源氏物语》原稿内含 150 多幅插图，但流传至今的只剩 20 多幅。本图就是其中之一—《铃虫寺篇》的插图。

败平氏大军。

　　源赖朝取得富士川之战的胜利后，在镰仓设置统率与源氏结成主从关系的御家人的"侍所"。1183 年，后白河法皇下诏承认源赖朝对关东、东北地区的统治权。同年 7 月，源赖朝堂兄源义仲击败平氏军队，将平氏家族赶出了京都。1184 年，源赖朝在其统治地区设置处理行政事务的公文所和审理御家人诉讼的问注所；1185 年，源赖朝获得向各国派守护、向各庄园及公领派地头的权力，掌握地方治安、征税和土地管理权。1184 年，源赖朝派其弟源义经率军攻灭了源义仲的势力；次年，源赖朝率军在坛浦之战中灭亡了平氏。随后，源赖朝与源义经交恶，于是将其放逐并诛杀，加强对诸国守护和地头的控制。1186 年，源赖朝在京都设立京都守护，担任京都的守卫，统帅在京的御家人。1189 年，源赖朝率军攻灭了割据陆奥国地区的奥州藤原氏势力，统一了全国。1190 年，源赖朝来到京都，被任命为近卫大将军，控制了各地军政大权。1192 年，二条上皇任命源赖朝为征夷大将军，建立了第一个武士政权——镰仓幕府。

　　镰仓幕府的统治基础为御家人制度，即以将军为首，御家人为骨干的武士政权。镰仓幕府成立后，将军委派御家人为各地的守护或地头等官职。同时，御家人定期前往京都或镰仓，负责警备任务。镰仓幕府通过这种方式建立起一套统治机构，与以天皇为首的朝廷并存，削弱了天皇朝廷的权力。随着幕府的权力不断增大，地头遍及全国所有土地，与守护一道成为幕府统治的重要支柱。

短暂的建武中兴与南北朝

　　1199 年，源赖朝去世，源氏外戚北条氏逐渐控制了幕府大权。1203 年，北条时政出任幕府政所别当。1213 年，北条时政的儿子义时兼任政所别当和侍所别当，掌握幕府大权，称"执权"，幕府由此开始了从将军独裁向北条氏执权的政治过渡。1221 年，后鸟羽上皇因不满北条氏执权的幕府，发动讨幕战争，时值承久三年，因此被称为"承久之乱"。然而不到一个月，后鸟羽上皇的朝廷军就被幕府军打败。幕府废除仲恭天皇，另立后堀河天皇，将包括后鸟羽在内的 3 个上皇流放到上岛。另外，幕府在京都设立六波罗探题，取代以往的京都守护，以监视皇室的活动，并没收参与叛乱的贵族与武士的 3000 多处庄园。承久之乱后，朝廷丧失了拥有军队的权利，上皇虽然继续主持院政，但皇位的继承以及主持院政的上皇由幕府决定，幕府的权力超过朝廷，武家掌握了国家大权。

　　1224 年，北条泰时任幕府执政，针对时弊进行一系列改革。1225 年，幕府设立联署，由北条同族人员担任，同时任命 15 名有势力的御家人组成评定众，与北条一同决定幕府重大决策。1232 年，北条氏公布第一个武士政权成文法《贞永式目》，该法成为武家法规之本，之后逐渐成为全国性的法律。

　　镰仓幕府后期，皇族在皇位继承的问题上出现分歧，划分为大觉寺系和持明院系两大派系。1317 年，在幕府的调解下，两大派系经过协商决定轮流继任天皇。1318 年，大觉寺派的后醍醐天皇即位。为了恢复天皇对国家大权的直接掌握，后醍醐天皇停止其父后宇多上皇的院政，亲自执政。1324 年，后醍醐天皇举兵倒幕，因计划泄露而未遂，史称"正中之变"。1331 年，后醍醐天皇再次派两个儿子发动倒幕运动，但计划再次泄露，天皇被迫逃出京都。随后，后醍醐天皇被捕，被流放到隐岐岛，持明院系的光严天皇即位，史称"元弘之变"。此后，各地不断发生反幕府运动。后醍醐天皇从隐岐岛逃到了伯耆国，在此集结了大批武士，准备举兵倒幕。1333 年，下野豪族足利高氏响应后醍醐天皇的倒幕运动，各地的武士纷纷倒戈。足利高氏与畿内的恶党攻陷六波罗府，上野豪族新田义贞攻入镰仓，镰仓幕府灭亡。后醍醐天皇返回京都亲政，废光严天皇，重新登上皇位。后醍醐天皇赐足利高氏为"尊氏"。

　　后醍醐天皇重新即位后于次年改年号"建武"，实施新政，史称"建武中兴时期"。后醍醐天皇废除了对皇权构成威胁的幕府和摄关制度，建立了天皇独裁政权，由天皇自行任命官职。后醍醐天皇重新恢复在中央机构处理重要政务的旧例，新设处理诉讼的杂诉决断所、统率军队的武者所、掌管奖赏的恩赏方等机构，在地方上保留了原有的守护和国司制度。地方和中央的官吏在大贵族和武士中选拔任命，以大贵族为主。

然而后醍醐天皇的新政实施不到 3 年就结束了。改革失败的原因主要是权力过于集中，赏赐不均。为了加强皇权，后醍醐天皇完全控制了朝廷的重要政务，恢复贵族、寺院的庄园统治权，但对武士的土地要求未能予以满足，引起武士的不满。此外，在百废待兴之际，后醍醐天皇却大兴土木，修筑宫殿，大大增加了农民的负担。在这种形势下，1335 年 7 月，建武中兴的功臣足利尊氏为恢复武家政权，在未经天皇允许的情况下攻打北条时行，夺回镰仓，同时宣

足利尊氏像
足利尊氏，室町幕府第一代征夷大将军。镰仓幕府灭亡后，由后醍醐天皇赐名为"尊氏"。此画现藏于神奈川县立历史博物馆。

布反对朝廷。1336 年，足利尊氏从九州攻入京都，废黜后醍醐天皇，另立持明院系的光明天皇。11 月，足利尊氏宣布建立室町幕府，建武中兴宣告结束。

12 月，后醍醐天皇逃出京都，逃到京都南部的吉野组建了另外一个朝廷，自称正统，形成南北两个朝廷对立的局面。最初的两年，南朝还能与北朝相对抗，但 1339 年后醍醐天皇死后，南朝势力衰退，已经没有实力与北朝对抗了。然而室町幕府内部发生动乱，无暇顾及南朝政权，缺乏武力的南朝维持了 57 年。直到第 3 代将军足利义满在 1368 年执政时，幕府的统治才达到全盛。1392 年，足利义满合并南北朝，得到南朝的响应，长达半个世纪的南北朝对立时代宣告结束。

室町时代

足利义满亲掌大权后，采取了多项措施完善统治机构，巩固幕府的统治。在将军下设立管领，辅助将军进行执政，由足利家族的守护斯波、细川及畠山轮流担任该职务，称为"三管领"。其下设立侍所、政所、问注所等机构，同时负责向守护传达幕府将军的命令。掌管京都守卫及诉讼的侍所长官称"所司"，由山名、赤松、一色、京极 4 个守护轮流担任，称为"四职"。掌管幕府财政以及行政事务的政所，由将军的家臣担任奉行。足利义满将足利氏的家臣、守护家族的武士等编成由将军直辖的军队，成员称为"奉公众"。奉公众除了定期在京都守卫幕府之外，还具有"代官"的身份，即将军直辖地的管理者。奉公众被分为 5 支军队，人数超过了 3000 人。足利义满依靠奉公众的力量，不断削弱守护的势力。1394 年，足利义满将将军职务让给儿子义持，自己出任朝廷的太政大臣职务，成为最高统治者。

在地方上，幕府在各国设立守护，专门在镰仓设立"镰仓府"，下设"关东管领"。镰仓府的长官为"镰仓公方"，由第二代将军足利义诠之弟足利基氏及其子孙世袭，统辖关东十国。除守护由将军任免外，其他关东事务均由关东管领负责。镰仓府下设的机构有政所、侍所、问注所、评定众等，与幕府的机构几乎相同，称为"第二幕府"。此外，幕府在九州设有九州探题，东北地方设有奥州探题和出羽探题，管辖当地的军事和行政事务。

室町幕府的主要经济来源是分散在全国各地的约 200 处将军的直辖地。将军的直辖地称为"御料所"，大部分为足利家族的旧领地以及在南北朝时期得

金阁寺
金阁寺，原名鹿苑寺，是足利义满将军的山庄，内外都贴满了金箔，是室町时代前期北山文化的代表建筑。

到的领地。直辖地主要由将军近臣"近习""奉公众"负责管理，代征年贡米、年贡钱。必要时，幕府也向诸国守护征税，但各守护常常不会从命。除了向诸国守护征收的赋税之外，幕府还经各地守护、地头向公田征收段钱，向房屋征收栋别钱。此外，幕府还对京都的仓库业者和金融业者征收仓役，对酒店、高利贷者征收酒屋役，在通往畿内的交通要道设立关所，征收关钱，或者征收港口使用费——津料。室町幕府的财政情况一直不稳定，为了扩大财政收入，与明朝进行勘合贸易。南北朝统一后，足利义满派使者前往明朝，以属国的名义进行朝贡贸易。1408 年，足利义满去世，其子足利义持掌握实权。他反对向明朝称臣，停止与明朝的贸易。1429 年，足利义教担任将军，由于财政出现困难，在琉球国王的斡旋下再开勘合贸易。1404 年到 1547 年间，幕府前后 17 次派遣贸易船前往中国。从 16 世纪中期以后，由于日本国内战事频繁，勘合贸易终止。

　　室町时代经济有了显著发展，农业生产技术不断提高，出现了多元化、集约化的趋势。在畿内地区出现了米、麦、荞麦等作物以及早稻、中稻、晚稻。水车、农家肥、草木灰等在农业中广泛使用，提高了单位产量。此外，在近畿地区，普遍种植了桑、麻、茶等经济作物，推动了以此作为原料的手工业的发展。这一时期出现了大和、京都等地的金属铸造业中心以及加贺、丹后、美浓、尾张等地的纺织业中心。在此基础上，室町时代的商业得到快速发展，出现了从事批发行业的"问屋"、工商领域的行会组织"座"等。由于各地商业贸易往来频繁，从事沿海运输的回船业、借车马的租赁业以及由工商业者构成的城下町也迅速发展起来。

应仁之乱

　　室町时代延续了238年，共有15任将军，除了第三代将军足利义满执政时期出现过短暂的社会稳定外，其余时期都处在动乱之中。特别是进入15世纪后，守护的势力不断崛起，成为割据一方的大领主。当时这样的守护被称作"守护大名"，其管辖地区称为"领国"或"分国"，室町幕府实际上是守护大名的联合体。自15世纪中期开始，幕府将军试图削弱守护的势力，但是没有取得太大的效果，幕府内部、幕府与守护大名以及守护大名之间的矛盾日渐尖锐，守护大名的叛乱事件时有发生。频繁的战乱和动荡局面使广大农民流离失所，同时农民承担着繁重的劳役和年贡。1462年，由于幕府和守护大名的残酷剥削以及连续几年的自然灾害，广大农民生活陷入困境，各地不断爆发称作"德政一揆"或"土一揆"的地侍、农民起义。

　　1443年，足利义政成为第八代将军，他耽于酒色、不理政事，导致社会动荡，各地不断发生德政暴动，幕府实权落入近臣和守护大名细川胜元、山名

细川胜元像
细川胜元与山名宗全是应仁之乱的始作俑者。

宗全等人手中。足利义政早年无子，本来内定足利义政之弟足利义视为下一任将军，但其妻日富生子义尚后推翻之前的决定，立义尚为下一代将军。二者争夺继嗣权导致中央发生分裂。细川胜元、山名宗全为各自利益分别支持其中一方，结果形成两大武装力量，于 1467 年爆发了持续 10 年之久的武装冲突。这场被称作"应仁之乱"的武装冲突将全国一半以上的守护大名卷入其中。没有分出胜负的应仁之乱严重削弱了幕府的权威，其控制的区域仅限于京都及其周边领地。一些有实力的守护大名发展成为拥兵自重、雄霸一方的割据势力，变为与幕府对立的战国大名，日本从室町时代进入战乱期，史称"战国时代"。

战国时代的混乱和统一

> 15 世纪中叶，大名势力崛起，成为统治当地土地及人民的强而有力的独立政权，日本进入群雄割据的战国时代。16 世纪中叶以后，一些有实力的战国大名决心以武力统一日本。在织田信长、丰臣秀吉的征战下，日本走向统一。

战国大名

　　战国大名（日本历史上的大封建主）不受幕府的制约，独立于幕府统治体制之外，以军事力量为基础，将管辖区域变成一个独立王国。战国大名为巩固自己的统治地位，在其控制的疆域内实行了一系列改革。在土地方面，将领地内的部分土地划分为大名的直属领地，派官员进行管理，剩余部分则以封地的形式授予家臣，受封的家臣必须忠于主君，同时根据封地的收入承担军役或各种义务。此外，大名进一步削弱小领主的经济和军事实力，虽然保留了其原来的领地，但是已在形式上变成了大名册封给他们的领地，并将这些领主纳入家臣队伍中，承担一定的兵役或各种义务。通过这些措施，战国大名成为其统辖疆域的最高领导者。

由领地变为封地的家臣与获得封地的家臣之间的身份有所不同：获得封地的家臣属于大名的亲信，为上层家臣，在大名周围担任重要的官职；由领地变为封地的家臣则属于地方上的下层家臣，很少参与政事。而那些拥有领地的武士称作"国人"，负责管理土地并领取俸禄的武士称作"地侍"。

战国大名的家臣主要集中居住在大名所在的城镇，形成城下町。为了更好地控制家臣，大部分大名都制定了被称作"分国法"的家法，规定了大名与家臣之间的地位关系以及家臣需要遵守的规则。这个家法有着浓厚的忠君色彩，主要内容包括：禁止领土的买卖和转移，实行嫡长子继承制，继承财产和缔结婚姻需要得到主君的许可，家臣之间不得发生争斗，对违反家法者根据情节进行惩罚等。

战国大名为了增加自己的实力，在与其他战国大名的争斗中占据优势，实行了一些富国强兵的措施：①大力发展金、银采矿业，出现了甲州的金矿、大森的银矿等著名矿产。②发展农业生产，完善水利设施，开垦农田，增加粮食产量。在战国时期的一个世纪里，日本全国的土地面积增加了70%以上。在农忙时节，尽量不征集农民进行战争，自应仁之乱至17世纪初德川幕府成立，期间共发生了数百次的大会战，其中大部分是在农闲时节进行的。③撤除各种关卡，采取各种政策吸引商人在城下町居住，比如织田氏在尾张国撤销了行会座，并实行可以自由买卖的乐市、乐座。④对包括地租在内的赋税制度进行整顿。大名直接管辖的领地很少，因此年贡也很少，其主要经济来源依靠征收段钱、栋别钱和夫役钱等。为了提高征税和征兵的数量，大部分战国大名都实行了检地制度，即对土地面积进行核实，并核算其实际收入的贯高。

战国时代工商业繁荣，以城下町为中心的城市快速发展起来。大城市挣脱封建领主的控制，取得自治，出现了堺、平野、博多等自治城市。如对外贸易中心堺市，市政运营主要掌握在由36家富豪组成的会合众手中，他们拥有一支雇佣军和自己的法庭，拒绝向大名交纳年贡。港口城市博多的市政运营则主要掌握在由当地名士组成的年行司手中。在另外一些规模较大的城市中，被称作"町众"的商人组成自治团体，制定专门的规则，进行集体活动。这些自治团体反对割据混战，要求统一。

战国时代的对外贸易十分发达，与中国、朝鲜以及东南亚等国家地区都有贸易往来，而战国大名基本控制了对外贸易活动。16世纪中叶以后，西方传教士和商人陆续来到日本进行活动，他们向大名提供枪炮，企图扩大自己在日本的殖民势力。一些战国大名利用西方人提供的枪炮，在商人的支持下，在兼并战争中逐渐形成了能够统一全国的势力。

安土桃山时代

就在战国大名互相争夺地盘时，欧洲人来到了日本。1543年，葡萄牙人来到九州岛地区，同时带来了火绳枪。此后火枪开始在日本各地传播，各国大名纷纷组建步兵火枪队。最初来到日本的欧洲人以葡萄牙人、西班牙人为主。他们一边进行商业活动，一边进行宗教活动。各国大名在与他们进行贸易的同时，不仅允许他们传教，自己也接受了他们的洗礼，成为天主教徒。在1546至1565年间，担任室町幕府第13代将军的足利义辉允许欧洲人进行宗教活动。

在这一时期，一些势力较强的战国大名开始积极谋划统一全国，其中以尾张、远江等国的大名最为积极。尾张国的领土并不大，但因地处交通要道以及最早种植棉花等经济作物，货币经济和农业经济比较发达。织田信长的父亲织田信秀是尾张国守护代理的家臣，一生致力于尾张的统一，逐渐掌握了尾张的实权。1555年，织田信长诛灭了尾张国守护代理，成为尾张国统治者。织田

南蛮人渡来图

南蛮人渡来图描绘了安土桃山时代日本与欧洲商人、传教士之间进行贸易往来、文化交流的场景。

信长掌握统治权后，一边发展经济实力，一边加强军事实力，实行"兵农分离"政策，上层农民脱离农业生产，组建名为"足轻"的步兵，采用梯队轮番射击的作战方式，极大地提高了火枪的效率，战斗力大大加强。

远江国是尾张国的邻国，其大名今川义元的势力比较强大，开始向外扩张。今川率先迫使三河国大名德川家康向自己称臣，随后与关东的北条氏康、武田信玄结成同盟。1560 年，该同盟以"上洛"为借口向尾张国发起进攻，初战告捷后开始轻敌。织田信长在失利后积极反扑，率领精锐部队在桶狭间击败今川。随后，织田与德川结成同盟，双方约定德川朝东面发展，织田朝西面发展。1567 年，织田信长击败其岳父美浓国的斋藤氏，并将其首府稻叶山城改为岐阜，作为自己的大本营。1568 年，在天皇和足利义昭的邀请下，织田信长率大军进入京都，废除幕府将军足利义荣，拥立义昭为幕府将军，挟持天皇和将军以号令天下。在这之后，织田信长开始了统一全国的步伐。

1569 年，织田信长迫使自治时间长达半个多世纪的堺市臣服，控制了近畿地区富裕的城市和农村。1570 年，织田信长击败越前国朝仓氏和近江国浅井氏的联军，并于翌年攻陷延历寺。1573 年，织田信长废黜足利义昭的将军职务，室町幕府宣告灭亡。1574 年，织田信长镇压了越前国、加贺国等地区的"一向宗"农民起义，数万起义军遭到屠杀。1575 年，织田信长和德川家康组成联军，在三河国长篠城击败了武田胜赖，灭掉了在关东地区的主要竞争对手。1576 年，织田信长修筑安土城，以控制近畿地区，此时织田信长控制的地方已占到全国面积的一半。1582 年，织田信长将目标转向西面，派遣羽柴秀吉征伐备中国的高松城。结果羽柴秀吉陷入重围，织田信长被迫率军前去救援。军队停留在京都本能寺时，派往援助秀吉的明智光秀军突然发动叛变，织田信长在叛乱中自焚而亡。

羽柴秀吉在织田信长死后继续推动统一全国的事业。羽柴秀吉出生于尾张国的一个下层农民家庭，参加织田信长的军队后，因表现出色而成长为军队的重要将领。1573 年，羽柴秀吉因军功受封为近江国今滨城城主，开始跻身于战国群雄之列。同年，羽柴秀吉取织田家名将丹羽长秀和柴田胜家姓中各一字，改木下姓为羽柴，以期成为像丹羽长秀、柴田胜家那样的织田家臣。在发生本能寺之变后，秀吉与对手毛利氏和好，随后率军返回京都击败明智光秀，以织田信长的继承者自居。1583 年，秀吉在近江击败柴田胜家，并在石山本愿寺的旧址上建大阪城，作为自己的大本营。1584 年，原先与秀吉合作的织田之子信雄联合德川家康反对秀吉，双方爆发战争，结果未分胜负就达成和战协议。

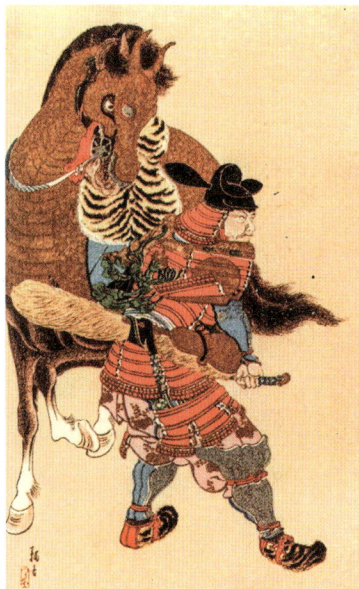

丰臣秀吉
丰臣秀吉原名木下藤吉郎、羽柴秀吉，著名政治家，是继室町幕府之后，首次以"天下人"的称号统一日本的战国三杰之一。

1585 年，秀吉派兵征服了刚统一四国的长宗我部氏。同年天皇授予其"关白"职务。1586 年，秀吉获天皇赐姓"丰臣"，称为"丰臣秀吉"，并出任太政大臣，确立了政权。1587 年，丰臣秀吉征伐南部的九州，攻打岛津义久的支城，迫使义久投降。1590 年，丰臣秀吉向关东地区的北条氏发动进攻，将小田原城团团包围，北条氏战败自杀，并迫使东北地区的伊达政宗称臣，基本完成统一。1591 年，丰臣秀吉将关白之位让给养子丰臣秀次，自称"大阁"。同年，丰臣秀吉派兵平定了九户政实的叛乱。1593 年，割据北海道南部地区的松前氏向丰臣秀吉称臣。至此，丰臣秀吉终于完成了日本全国的统一。丰臣秀吉晚年在京都伏山筑城居住，因为此地种植桃树而被称为"桃山"，因此织田信长、丰臣秀吉统治的时代也被称作"安土桃山时代"。

江户时代早期

　　江户时代是德川幕府统治日本的年代，是日本封建
统治的最后一个时代。这一时期虽然实现了国家的统一，
但各藩国仍具有相对独立性，于是形成了由幕府和各藩
国分割统治的政治体制。17 世纪以后，幕藩体制出现危
机，幕府统治走向没落。

德川幕府的"幕藩统治体制"

　　1598 年 8 月，丰臣秀吉去世，织田信长的另一部将德川家康趁势崛起。
1590 年时，德川家康被丰臣秀吉转封到关东六国。德川家康以江户城作为大
本营，不断发展势力，巩固统治。丰臣秀吉病逝前设立五大老和五奉行，家康
为五大老之首。

　　丰臣秀吉去世后，其近臣分裂成两大集团。1600 年 9 月，拥护丰臣秀吉
之子秀赖的五奉行之一的石田三成联合毛利辉元、小西行长等大名率领 8 万大
军向德川家康发动进攻，德川家康率领 10 万军队前去迎战。双方在美浓国关
原地区交战。最初时形势对德川军不利，后来西军队伍中出现叛乱，形势得以
扭转，德川军获胜。此战过后，德川家康确定了在全国的统治地位。1603 年，
德川家康出任征夷大将军，在江户创立幕府，称为"江户幕府"或"德川幕府"。

　　1605 年，德川家康将将军之位让给其三子德川秀忠，自称"大御所"。德
川家康表面上虽然隐退，但实际上仍然掌握着大权。1614 年，为巩固德川家
的统治，迫使丰臣秀赖臣服，德川家康借口丰臣秀赖铸造的钟铭内文有对德川
家不利的文句，在冬夏发动两场战役，攻陷大阪城，丰臣秀赖自尽，丰臣家族
正式灭亡。1616 年，家康去世，秀忠正式掌握将军的大权。1623 年，德川秀

忠把将军一职让给长子家光，自己效仿父亲家康成为大御所掌握实权，在江户城进行二元政治。德川幕府的前三代将军都有着强大的军事力量作为后盾，先后通过没收、减少、转封领地的方式逐渐削弱了大名的势力。通过这样的武力政治，德川幕府不仅稳固了统治地位，同时逐渐完善了政治体制。

在政权制度建设方面，德川幕府采取了"幕藩体制"。幕府是中央政权，在地方设立200多个半独立的藩。幕府机构分为负责全国事务的中央机构和负责幕府直辖领地的地方机构。在将军之下，中央机构设有大老、老中、若年寄3个职务。大老是辅佐将军的最高官员，只在非常时期设立；老中的职责主要是负责日常行政，在大老未设时是最高常设官职；若年寄负责管理老中职权范围以外的旗本、御家人等官员。此外，德川幕府还设立了监察大名的大目付，监察普通武士的目付，管理寺院的寺社奉行，管理幕府直辖领地的勘定奉行以及大番头、小姓组番头、书院番头等官职。在地方上设立京都司代、町奉行以及奉行等机构。京都司代是幕府在京都的代表，负责幕府与朝廷的交涉，同时监督朝廷、公家贵族；町奉行掌管幕府直辖领地的行政、司法；奉行掌管指定城市的行政事务。此外德川幕府还设立了等同于将军秘书的御用人，负责将将军的命令传达给老中，多由将军的亲信担任。

幕府凭借着雄厚的经济基础和军事实力，对全国拥有集权式的统治能力。幕府占有收获量400万石的直辖领地，另外还有300万石的家臣旗本封地，共有700万石，占全国总收获量3000万石的1/4，而最大的加贺藩前田氏领地收获量仅有102万石。同时，幕府对开采金银矿山和铸造货币实行垄断，京都、江户、长崎、大阪、堺等大城市的工商税金也在幕府的控制之下。幕府将军直接掌控全国的军事指挥权，将军有直辖的常备军，称为"家臣团"，成员有旗本、御家人。旗本的军队规模在8万人左右，御家人一般在2万人左右。旗本和御家人除了日常担任幕府的守卫外，还出任幕府的中下级官员以及幕府直辖领地的代官等职务。

幕府将直辖领地以及家臣封地之外的土地分封给200多个藩主，也就是大名。这些藩主依据与幕府的亲疏关系分为亲藩大名、谱代大名和外样大名。亲藩大名和德川家族有着血缘关系，其中有可以继承将军之位的御三家以及御三卿。谱代大名是在关原之战之前就臣服于德川家族的大名，外样大名则是在关原之战之后臣服于德川家族的大名。亲藩大名和谱代大名大都分封在一些较为重要的地区，前者被授予较高的名誉，然而没有实权；后者得到的领地较少，但是在幕府中担任重要的职务。外样大名分封的领地较大，但地处偏远地区，

德川家光接见大名
德川家光要求领主或名门在江户维系家庭，并每隔一年在那里居住几个月。

而且也不能参与幕政，时刻处在谱代大名的监视下。为了有效地控制各大名，幕府于 1615 年颁布了"一国一城令"，即一个藩只能建造一座城堡，大名只能在此居住和处理政务。1635 年，幕府颁布《武家诸法度》，其中规定大名负有"参觐交代制"的义务，要求大名须隔年到江户觐见、侍奉将军一年，并将大名家眷扣留在江户。同时，当幕府建设重大工程时，各大名须承担费用，大名还要负担幕府的军役等费用。在另一方面，各藩大名在领地内具有相对独立的统治权，设立机构和官职，组建以武士为主的家臣团。这种集权和分权相结合的统治制度，称为"幕藩体制"。德川幕府凭借这样的等级制度和防范体制，控制了各藩大名，维持了长达两个半世纪比较稳定的统治。

德川幕府的"锁国体制"

16 世纪末 17 世纪初，欧洲传教士在日本频繁活动。初时，幕府为了对外贸易而默许了传教士在日本的传教活动。然而天主教宣扬的人人平等教义与幕府的等级制存在着矛盾，同时，西方传教士在传教的同时也进行着殖民活动。为此，幕府开始禁止天主教，三令五申，严加取缔。1612 年，幕府禁止传教士在其直辖领地上进行传教活动。1613 年，幕府强迫天主教信徒改变其信仰。1622 年，幕府驱逐外国传教士，对长崎地区的传教士、信徒施以酷刑。幕府还规定日本人都要归属一个佛教寺院，证明其宗教身份。

　　1637 年，岛原、天草等地的农民因不堪大名的苛政而发动起义，其中大多数为天主教徒。一些不满幕府的天主教武士领导起义者据守岛原的原城。幕府调动 18 家大名，派 20 万大军进行镇压，包围原城 4 个月，才将起义镇压。为了进一步打击天主教，幕府实行"踏绘"制，即要求人们踩踏天主教圣像以表示自己不是信徒，否则将遭到严惩。此外，由寺院提供可以证明其信仰的"寺请证文"，所有人都须在寺院进行登记，形成了被称为"寺请"的户籍制度。德川幕府建立之初，允许各藩大名以及私人进行对外贸易，但是需要取得幕府颁发的许可书——朱印状。但随着禁教活动的不断深入以及幕府对对外贸易实行垄断，到 1635 年时，幕府全面禁止日本人到海外去，在海外的日本人也不允许回国。为了彻底禁止天主教，巩固幕府的统治地位，幕府决定"锁国"。1639 年，幕府发布最后一道锁国令，规定除中国、朝鲜和荷兰外，禁止日本人与外国通商，并禁止葡萄牙人进入日本。1641 年，幕府将荷兰人全都集中在长崎的出岛上。至此，日本的锁国体制最后完成，前后维持了200 年之久。

　　虽然日本在德川幕府时期没有与中国恢复邦交往来，但在锁国期间与中国保持着一定的贸易关系，日本从贸易往来中获得了丝绸、毛织品和武器等，且这种贸易完全由幕府垄断。在长崎的荷兰人在进行贸易时要保证不传教，其带来的商品有丝织品、钟表、工艺品等。荷兰人在与日本进行贸易的同时，每年还要前往江户参拜将军。幕府锁国的主要目的是禁止天主教和垄断对外贸易，以加强幕藩体制，维护日本的统一和独立，然而幕府闭关自守并没有将阻止欧洲殖民势力的渗透与正常的国家交往区分开来，遏制了日本资本主义的发展。

幕政改革

　　德川幕府前三代将军通过幕藩体制以及锁国政策巩固了统治政权。1651年，德川家纲任第四代将军后，开始实施"文治政治"，即利用儒家的治国理念维持其政权。1663 年，幕府颁布新的《武家诸法度》，提倡儒学的仁政、忠孝，同时废除将大名家眷扣留江户的制度。1664 年，幕府向大名颁布领地证明书，进一步加强了将军的权力基础。在此基础上，幕府经济不仅得到发展，一些藩还设立了讲授朱子学的学校。

二条城

二条城见证了德川幕府的荣枯兴衰。它始建于 1603 年，最早是德川家康在京都的寓所，方便保卫京都皇宫和拜访天皇时居住，也是幕府权力的象征。1867 年，德川幕府第十五代将军德川庆喜在此"大政奉还"于皇室朝廷，标志着德川幕府时代的结束。

　　1680 年，德川纲吉出任第五代将军，继续提倡儒学。德川纲吉不仅笃信、钻研儒学，同时还设立专门的机构，聘请著名学者讲授朱子学。然而德川纲吉晚年大兴土木，修建寺庙神社及其他建筑，使得政府开支过度，为弥补幕府财政亏空，德川纲吉下令大量铸造劣币，结果导致物价飞涨以及社会的不稳定。

　　1709 年，德川纲吉去世，其外甥德川家宣出任第六代将军，起用儒家学者新井白石辅政，实行一系列新政。如废除德川纲吉时的《怜悯生类令》；修改《武家诸法度》，提倡"仁政"；减少幕府财政开支，整顿财政与贸易，铸造新币等。然而德川家宣任将军 3 年后就去世了，其子家继出任第七代将军，新井白石继续辅助其推行家宣的改革政策。但家继任将军只有 5 年就去世了，改革未能取得较好的效果，从此幕府开始走向衰弱。

　　1716 年，德川家继死后无嗣，纪州藩主德川吉宗出任幕府第八代将军。当时社会阶级矛盾已经激化，幕府出现了严重的财政危机。为改变这种状况，吉宗决心进行改革。吉宗首先改变了三代将军以后不亲政的做法，独揽大权，提拔有能力的人担任重要官职，设立"足高制"以提高官员的俸禄，强化掌管民政与财政的勘定奉行所，对幕府财政进行改革。其主要内容有：调查全国土地和人口，颁布"节俭令"；颁布"上米令"，要求各藩大名依照 1% 的比例向幕府献米；推行"定免法"，将地租固定化；废除"检见法"，根据每年的收成决定地租的方式；对司法制度进行整顿，编纂法典；加强对工商业的管理，通过行会控制米价；颁布"流地禁止令"等。吉宗的改革取得一定的成果，幕府财政开始好转，他因此被誉为"幕府中兴的将军"。然而吉宗的一些改革措施遭到大名、新兴地主、商人的反对而没能完全实施。

1745年，德川家重出任幕府第九代将军，但其体弱多病，于1760年把将军位让给德川家治。在德川家重任将军时的幕臣田沼意次得到德川家治的宠信，于1772年出任老中一职。从此，田沼意次掌握了幕府权力，按照自己的理想改革幕政，史称"田沼时代"。当时的幕府正面临着财政危机。为改善幕府财政，田沼意次积极利用商品资本。他承认工商业行会组织的"株仲间"，向其征收"运上金""冥加金"的税金，同时扩大对铜、人参等商品的专卖；进行货币改革，扩大对外贸易，促进金银的输入；鼓励商人开垦新田等。然而，在田沼执政时期，贿赂政治盛行，同时由于浅间山火山的喷发、关东地区洪水泛滥，日本出现了前所未有的大饥馑。饥荒引起的难民潮使社会治安急剧恶化，全国数百座村庄及几十个城市爆发了反对藩政的暴动。1786年，田沼被迫辞职，其改革措施也宣告终止。

1787年，年仅15岁的德川家齐成为德川幕府的第十一代将军，白河藩主松平定信担任老中一职。松平定信继位幕府老中时正值连年天灾、农业歉收、米价暴涨，发生了严重的饥荒，史称"天明饥馑"。为了改变这一现状，松平定信决心进行改革。这场改革因从宽政元年（1789年）开始，因此被称为"宽政改革"。

松平定信改革的目标是稳定农村秩序，抑制商品经济的发展，巩固幕藩体制的统治。松平定信实行重农政策，鼓励农业生产，推动开垦荒地和修建水利工程，奖励业绩突出的代官；1789年，颁布《粮食储备令》，命令各大名按照收入的5‰比例储备粮食，以备荒年；颁布《旧里归农奖励令》，劝导在灾荒时进入城市的游民归乡务农，禁止农民离乡进城，以确保农村的劳动力。松平定信还实行抑商政策，废除田沼时代建立的商业行会，取消给予商人的专卖权，对庆长年间以来发展起来的御用商人进行整治，依靠大商人的力量稳定市场价格，在江户建立町会所，调整物价。在实施这些援救政策后，饥荒有所缓解，到次年基本平息。

松平定信实施的改革在一定程度上恢复了幕府的财政均衡，但是未能恢复农村经济，也没能阻止商品货币经济的发展，引起商人和广大农民的不满。1793年，松平定信被迫辞职，改革以失败而告终。

《富岳三十六景：神奈川冲浪里》
葛饰北斋是日本江户时代著名的浮世绘画家，他的绘画风格对后来的欧洲画坛影响很大，德加、马奈、梵高、高更等许多印象派绘画大师都临摹过他的作品。

幕府的衰退

1837 年，德川家齐将幕府将军位传给其次子德川家庆，自称"大御所"，仍然掌握幕府的实权。德川家齐幕后执政至 1841 年去世，史称"大御所时代"，因其年号为文化、文政，又称"化政时代"。

在德川幕府后期，西方列强由于资本主义工业的发展，急需扩大海外市场和增加原料来源，于是开始窥探日本。首先是沙俄，它于 18 世纪末沿千岛群岛南下，探测日本北方及本州沿岸，与北海道的虾夷族通商。1792 年，沙俄使节拉克斯曼到达北海道的根室，要求通商，遭到幕府的拒绝。1804 年，沙俄商人到长崎请求通商，同样遭到拒绝。此后双方在日本北方地区经常发生摩擦。1807 年，幕府将松前藩及虾夷地区设为将军直辖领地，同时设立松前奉行，以抵抗沙俄的入侵。在南方地区，英国自 1623 年关闭平户商馆后，一直谋划恢复与日本的贸易。19 世纪初，英国船只不断出没日本近海引起纠纷，幕府开始加紧海防。1825 年，幕府颁布《夷国船打拂令》，要求各藩驱逐靠近日本近海或港口的外国船只。

在这一时期，幕府财政出现了严重亏空，大量铸造被称作"化政小判"的恶币，结果导致物价急剧上涨，进一步推动了商品经济的发展，商人的实力不断增强，出现了以城市市民为中心的"化政文化"。

与此同时，广大农民的贫困和分化使得社会出现了严重的治安问题，幕府为此专门成立了"关东取缔出役"机构，严厉打击犯罪活动。但1832年至1833年间出现的大灾荒使粮食严重歉收，饿殍遍地，社会动荡不安，各地纷纷出现农民起义和市民暴动。在大阪地区，商人们借机囤积居奇，政府官员们不仅不去救济百姓，反而与奸商勾结起来哄抬物价。大盐平八郎是江户时代信奉阳明学派的儒者，原本是一个维持治安的下级武士，因为对幕府的腐败产生不满而辞职，随后在家开办私塾进行讲学。1837年初，大盐看到饿死的农民越来越多，当局却束手无策，于是决定率领门徒发动武装起义，攻打市区，烧毁大商人的住宅、米店、布店等一万多间房屋。起义虽然很快被幕府大军镇压下去了，但大盐领导的起义提出了改革幕藩体制的要求，鼓舞了有志之士进行武力倒幕斗争，被推崇为"民权的开宗"，对幕府产生了巨大的冲击。

1841年8月，德川家齐去世，第十二代将军德川家庆任命水野忠邦为幕府首席老中，进行"天保改革"。改革的内容有：精简政府机构人员，禁止奢侈，抑制物价上涨，严禁买卖高价物品；抑制商业和手工业，颁布《解散行会令》，解散"株仲间"，以废除其对商品的垄断，实行商品自由流通，实现物价的下降；颁布《返乡令》，禁止农民进入城市，严格限制农民外出务工期限；为增强幕府经济实力，稳定财政收入，颁布《禁止藩国产专卖令》，试图减弱各藩的经济实力，并将江户、大阪周围的大名、旗本领地收作幕府直辖领地；取消1825年颁布的《驱逐异国船只令》，缓和与西方列强的紧张关系，同时实行富国强兵政策，巩固海防，防止外敌入侵。

幕府实行的改革措施实质是抑制商品经济的发展，维护封建领主所有制，然而改革措施遭到商人、大名等社会各阶层的不满，未能得到贯彻执行。1843年9月，水野忠邦下台，改革失败。这场改革失败的最大原因是商品经济的迅速发展，使得建立在自然经济基础上的幕藩体制难以适应。这场改革不仅没能取得成功，反而进一步激化了社会矛盾、阶级矛盾。

在幕府改革前后，许多藩地也进行了改革。为解决财政困难，实现富国强兵的目标，许多藩地推行藩政改革，积极适应商品经济的发展。各藩推行藩营专卖制度，建立藩营的工场；同时实行殖产兴业政策，成立造船厂、纺织厂、玻璃厂；购买西方武器装备军队等。其中地处西南的萨摩、长州、肥前等藩的改革取得了成功，成为实力较强的"雄藩"，奠定了左右幕府政局的经济、军事力量，对日后的维新政权运动产生了巨大的影响。

02

东南亚出现的封建国家

东南亚诸国有着悠久的历史和灿烂的文化。东南亚地区作为一个整体，在文化上既有相同之处，又存在着多样性和差异之处。中世纪，东南亚地区进入封建社会时期，吴哥王朝时期的柬埔寨、郡县时期和独立以后的越南已经处在封建统一集权制度的统治之下。

越南的发展历史

越南国家的形成和发展经历了漫长的历史阶段。越南自东汉初年设置封建郡县并逐步进入封建社会，几经改朝换代，先后经历了丁朝、前黎朝、李朝、陈朝、胡朝等封建国家，一直延续到 19 世纪下半期，到越南民主共和国时代，封建制度才逐渐消亡。

早期历史和郡县时代

越南有着悠久的历史和文化。距今约 40 万年的远古时代，越南地区就已经有原始人类生活。考古学家在今越南北部、中部地区发现了距今 30 万年的旧石器时代的遗址，以渡山文化和山围文化为代表；距今 1 万年的中石器时代有和平文化遗址；距今 5000 年的新石器时代则出现了北山文化遗址。根据这些遗址，考古学家认为，越南地区在石器时代就已经出现了农业，人们学会了种植水稻和畜牧。

东山文化玉缕铜鼓纹样

相传在青铜器时代，越南建立了第一个国家文朗国，以东山文化为代表，代表文物为玉缕铜鼓。传说文朗国沿袭了几十个世纪，出现了18代雄王当权的雄王时代。公元前4世纪时，居住在红河中下游一带的雒越人建立了名为"瓯雒"的部落联盟。公元前3世纪后半叶，瓯雒国成立。

公元前214年，秦朝征服百越，并设置了南海、桂林、象三郡，将越南中部、北部置于象郡管辖范围内。公元前203年，南海郡尉赵佗在三郡地区建立"南越国"，自称"南越武王"。公元前196年，汉高祖正式分封他为南越王。南越国成立后，不断征服邻近地区，攻打瓯雒国。公元前179年，南越国灭亡瓯雒国。当时的南越国疆域与秦设三郡辖区相当，包括现今的广东、广西大部分地区以及越南北部地区，都城设在番禺。赵佗将象郡分为交趾和九真两个郡。交趾位于今河内一带，九真位于今清化一带，此时越南北部实际上归南越国统治。南越国作为中国的一个地方割据政权，存在了近一个世纪。

公元前113年，汉武帝派兵征伐南越国，于公元前111年灭亡了南越政权，并在其地设置南海、苍梧、郁林、合浦、交趾、九真、日南、珠崖、儋耳9个郡县。自此，越南大部均处于中国封建王朝的直接管辖之下，直至中国宋朝以前都属于中国封建王朝的郡县，史称"郡县时代"。

越南自主建国之初

从秦末至汉初，为了摆脱中国封建王朝的统治，越南人民进行了长期不懈的反抗斗争，然而均遭到了镇压。679年，唐朝在越南地区设置"安南都护府"，进一步加强对该地区的控制，越南人民的反抗斗争越来越激烈。

唐朝末年藩镇割据，政局混乱。904年，越南本地封建主曲承裕借唐末混乱之机，自称静海军节度使，掌管安南地区事务。唐朝无力镇压，于次年被迫承认其职位。曲承裕虽是节度使，但实际上处于自主地位。曲氏节度使传了三代，至930年时被南汉灭亡。南汉攻破曲氏后，派骁将梁克正、交州刺史李进驻守，而曲氏旧将杨廷艺则被南汉授以爵命，成为南汉的臣僚。

931年，杨廷艺起兵攻打南汉交趾刺史李进，占据交州，南汉被迫封其为节度使。杨氏政权仅维持了5年。936年，杨廷艺部将矫公羡发动兵变，杀死杨廷艺，宣布自立。938年，杨廷艺旧将吴权在爱州起兵，向矫公羡发动进攻。矫公羡向南汉求救，南汉主刘龑命令皇子刘洪操率军沿海路援救矫公羡。

吴权像

939 年，吴权先诛杀了矫公羡，然后在白藤江设下埋伏，击败了南汉军队，取得胜利。此后，吴权自立为王，定都古螺，史称"吴朝"。

吴权建立政权后，为脱离中国封建王朝统治而建立独立自主的区域性封建政权，在官制、朝仪等方面进行了改革。然而越南在独立后政权并不稳固，944 年吴权去世，各地封建主割据称雄，不断发生混战，史称"十二使君之乱"。

十二使君之乱和丁朝的建立

939 年，吴权称王，立杨廷艺的女儿为王后，并在临终前将长子吴昌岌委托给杨后的兄弟杨三哥。吴权死后，杨三哥篡位，自称"杨平王"。吴昌岌随即出逃，杨三哥派兵追捕，范令公将吴昌岌隐藏在山林间，追兵无功而返。

从杨三哥篡位称王开始，各地豪强纷纷起兵，割据一方，互相混战。950 年，太平地方发生叛乱，杨三哥派吴权次子吴昌文领兵前去镇压。途中，吴昌文发动兵变，回兵攻打平王，擒获杨三哥。吴昌文成为吴朝新君，次年派遣使者迎回其兄吴昌岌，两人一同称王，共理国事。吴氏虽然重新掌权，但各地使君仍然不肯向吴王臣服，朝廷与地方的矛盾冲突不断加剧。951 年，华闾洞的丁部领自恃据地险要，不肯向吴王称臣，两王于是出兵前去征伐，但也未能剿灭丁部领，只是将丁部领的儿子丁琏带回做人质。

963 年，吴昌文率兵征伐太平、唐阮二村，结果被箭射中身亡。吴昌文战死后，其侄儿吴昌炽继任王位，然而此时的王室已经有名无实，吴朝就此灭亡。

自此，越南国内形成了 12 个大封建主割据混战的局面，史称"十二使君之乱"。参加割据混战的十二使君是：矫公罕、矫顺、阮宽、吴日庆、杜景硕、李奎、阮守捷、吕唐、阮超、范白虎、陈览、吴昌炽。十二使君之乱持续 20 多年，连年的战乱给广大人民带来了极大的灾难。在混战过程中，丁部领势力不断强大，逐次击败了各地的封建主。968 年，丁部领平定十二使君之乱，统一越南，建立大瞿越国。

968 年丁部领建立大瞿越国，自称"大胜明皇帝"，定都华闾，建元太平，册封其嫡长子丁琏为南越王。在古代与中国接壤的各国中，一般都是由中国王朝的皇帝封各国的国君为王或是其他称号，没有"皇帝"称号。丁部领成为越南古代历史上封建王朝的开国皇帝。

丁部领建立丁朝后，着手制定朝仪、设置百官、确定文武僧道阶品，建立了比较稳固的封建阶品。为了巩固丁朝的统治，丁部领制定了严酷的刑法，稳定了国内的局势。在兵制方面，丁部领于 974 年将全国分为十道，组建十道军，一道十军，一军十旅，一旅十卒，一卒十伍，封黎桓为十道将军。在对外关系方面，丁朝与中国的宋朝通好。972 年，丁部领派长子南越王丁琏到宋朝，以示通好。其后，丁朝与宋朝的使节来往频繁。973 年，宋太祖册封丁部领为交趾郡王，封丁琏为静海军节度使安南都护。975 年，宋朝加授丁琏开府仪同三司，交趾郡王。丁朝与中国封建王朝保持着"藩属关系"。

丁朝因为统治阶级内讧，仅存在了十几年。978 年，丁部领弃长立幼，立幼子项郎为太子。长子丁琏自寒微时就跟随父亲南征北战，立下汗马功劳，却不能继承帝业，心生不满。979 年，丁琏派人杀死项郎，意图篡位。同年 10 月，祗候内人杜释发动政变，杀死丁部领和丁琏，企图掌握大权。其后，大臣定国公阮匐处死杜释，与十道将军黎桓共同拥立丁部领幼子丁璇为帝，即丁废帝，追谥丁部领为先皇帝，史称"丁先皇"。丁废帝继位时年仅 10 岁，由十道将军黎桓摄政，黎桓自称"副王"。阮匐、丁佃、范盍等大臣不满黎桓的逾越行径，于是在各地起兵，讨伐黎桓。黎桓联合丁朝太后杨氏共谋平乱，派兵击败丁佃、阮匐的军队，诛杀二人，随后又击败范盍。于是，丁朝再也没有制衡黎桓的力量，黎桓掌控了朝政大权。

980 年，宋朝得知丁朝内乱，于是发兵南下攻打越南。杨太后派黎桓率军抵抗宋军，黎桓借口废帝年幼，无法处理朝政，篡位自立，丁朝灭亡，前黎朝建立。黎桓在夺取丁朝江山后，发兵迎战宋军。981年，黎桓打败来袭的宋军，巩固了前黎朝政权。

前黎朝和李朝

980年，黎桓称帝，年号天福，国都仍然设在华闾，史称前黎朝（980—1009年）。981年，黎桓率军击败宋军，担心宋军再次征伐，仍然与宋朝通好，希望得到宋朝的正式册封。从982年至994年间，黎桓先后5次派使者出使宋朝。986年，宋太宗册封黎桓为京兆郡王。993年，黎桓又被册封为交趾郡王。

前黎朝建立初期，为了巩固中央集权，黎桓推行了一系列措施，包括：制定律例，整顿政务，开凿运河，发展农业、手工业和对外贸易业等。黎桓分封11子为王，镇守各地，以巩固前黎朝政权。黎桓在位期间，越南国内曾发生数次民众起事，局势不稳，黎桓对其进行残酷镇压，率军平定了以芒人为主的内乱。

1005年，黎桓去世，诸子为了争夺王位展开激烈的斗争。南封王黎龙钺为黎桓第三子，在黎桓去世前被册立太子，继承帝位，年号中宗。然而3天后，黎龙钺就被开明王龙铤杀死。黎龙铤为黎桓第五子，夺位后因患有痔疾，只能卧着视朝，故又被称为"卧朝皇帝"。黎龙铤即位后，中国王黎龙镜和御北王黎龙钎联合起来，在扶兰进行反抗。黎龙铤亲自率军征伐扶兰，围困扶兰数月，

丁、前黎两朝国都华闾

黎龙钦计穷势屈，于是俘虏黎龙镜后向黎龙铤投降。与此同时，黎桓第四子御蛮王黎龙钉据守峰州反对黎龙铤，黎龙铤随即率兵前去讨伐，获得胜利。至此，黎龙铤平息了诸王的叛乱，基本稳定了局势。

黎龙铤巩固了自己的帝位后，继续征讨国内的反抗势力。1008 年，黎龙铤亲征都良、渭龙两州，取得胜利。黎龙铤生性残暴，在平定都良、渭龙时，下令杖击俘虏、用火烧死罪犯，以此来取乐。1009 年，黎龙铤被其下属杀死，年仅 24 岁。他的儿子黎乍仅有 10 岁，两个弟弟争夺皇位，交趾一时大乱。1010 年，殿前指挥使李公蕴乘前黎朝嗣主幼冲，篡位自立，改元顺天，建立李朝，前黎朝灭亡。

李公蕴即位后，实行了一系列巩固政权的措施。1010 年，李公蕴将首都从华间迁往大罗城（今河内），改称升龙城，在此兴修宫室寺院，使其成为全国的政治、经济、文化和军事中心。除营建新都外，李公蕴分封中央军政诸臣职位，大封宗室，改组地方政治机构，分全国为 24 路，设定税收制度等，加强中央集权。

1028 年，李公蕴去世，太子李德政平定诸皇子的叛乱，继皇帝位，是为太宗。太宗在位时，对法律制度、刑罚及审讯的法令进行改革，制定越南历史

李公蕴像
越南李朝的开国君主，庙号太祖，谥号神武皇帝。

上第一部成文法——《刑书》，统一全国法律，局势趋于稳定。1054年10月，太宗去世，长子李日尊即位，是为圣宗。圣宗改国号为"大越"，并成为此后越南数个朝代的国号。圣宗时期对文化教育相当重视，提倡学习儒学，普及儒家文化，兴修文庙，塑孔子、周公等七十二圣贤像，规定四季祭祀，开启了越南奉祀孔子以及诸先贤文庙的先河。在军事方面，李圣宗改革兵种编制，加强军队战斗力。此外，圣宗时期不断对外扩张，于1059年入侵宋朝的钦州地区，于1069年入侵南方的占城国。1072年，圣宗去世，年仅7岁的太子李乾德继位，即仁宗。因仁宗年幼，由太师李道成辅政。1075年，李朝实行科举考试，选拔人才担任官职。这是越南历史上最早的一次科举考试。仁宗在位时，多次与宋朝发生战争。从太祖建国到仁宗在位的100多年里，李朝处于政治集中、国家统一、国势强盛的时期。1127年，仁宗去世，李朝开始衰弱。

仁宗无嗣，其侄李阳焕继位，是为神宗。神宗登基时只有13岁，有大臣张伯玉、刘庆潭等辅政。神宗时，李朝政权出现动荡，农民暴动时有发生，但持续时间较短，没有影响政权的稳定。1138年，神宗在位10年后去世。长子李天祚即位，即英宗。英宗继位时年仅3岁，由太后黎氏摄政，黎氏宠信大臣杜英武。杜英武控制朝政大权，独断专行，并诛杀了反对自己的武带、阮杨、阮国和杨嗣明等大臣。但因朝中仍有如苏宪诚、黄义贤、李公信等忠臣，杜英武一直不敢篡位。1158年，杜英武去世，英宗在苏宪诚的辅佐下，整顿军制和发展文化事业，李朝有所振兴。1174年，宋孝宗改交趾郡为安南国，封英宗为安南国王。

1175年，英宗去世，年仅3岁的太子李龙翰继位，是为高宗。苏宪诚辅佐高宗3年后去世。在苏宪诚辅政期间，李朝政局稳定。高宗亲政后，喜好狩猎出游，兴建宫室。朝廷庞大的开支和劳役使百姓痛苦万分，怨声载道。李朝政治腐败，各地土豪纷纷扩大私人田地，皇室田也被劫掠殆尽，国库也被掏空。1192年至1212年间，各地不断爆发大规模的农民起义，李朝政权陷于瘫痪。

1211年，太子李旵即位，是为惠宗。惠宗患有疾病，终日卧床不起，将政事委任后戚陈氏，以陈承为辅国太尉，以皇后的堂弟陈守度为殿前指挥使。此后，朝中大小政事由陈守度裁决，陈守度实际上掌握了朝政大权。1224年，惠宗让位给皇太女。1225年，年仅7岁的昭圣公主即位，是为李昭皇。昭皇年幼，陈守度出任辅国太尉。昭皇即位后，陈守度安排其8岁的侄子陈日煚娶昭皇为妻。不久，陈守度逼迫昭皇让位给陈日煚，降昭皇为昭圣皇后，改元建中，建立陈朝，李朝灭亡。

陈朝

陈朝建立初期，太宗陈日煚年幼，陈守度统揽朝政大权。当时的大越国内动乱频繁，地方封建势力纷纷起兵，为了巩固陈家天下，陈守度亲自督师，平定了各地割据政权，统一了国内各州县。1226 年，陈守度就任太师，掌握实权。陈朝建立后，获得南宋的支持，1229 年南宋理宗封太宗为安南国王。

陈朝初期，陈守度颁布了一系列政策，如将文武百官和百姓记入账籍、稳定政府财政税收、修改刑律、将全国分为 12 路、提倡儒学、实施科举制度等，巩固和促进了陈朝的统治和发展。

1258 年，陈太宗退位，太子陈晃即位，是为圣宗。太宗自称"上皇"，实际上当时圣宗年幼，一切国事均由上皇裁决。1264 年，陈守度去世。圣宗后期，蒙古开始入侵越南，但是仅停留了数日，然后北上进攻南宋。这成为蒙古和陈朝交战的开始。忽必烈即位后，派使者前往陈朝，封圣宗为王，规定陈朝必须对元朝三年一贡，并设置达鲁花赤。1275 年，圣宗派使者到元朝，请求将达鲁花赤改为引进使，忽必烈拒绝了这个要求，并要求陈朝遵守"六事"表示臣服元朝，圣宗同样拒绝了元朝的苛刻要求。自此，元朝与陈朝矛盾激化。

1277 年 4 月，上皇太宗去世。次年 10 月，圣宗退位，太子陈昑即位，是

越南陈太宗墓
越南陈朝开国皇帝陈日煚在位 33 年，庙号太宗，后世称陈太宗。越南陈太宗墓位于越南太平省兴河县。

为仁宗。仁宗在位十几年，与元朝关系不睦，不时爆发战争。元朝征服西南地区后，决心征伐陈朝，从 1285 年至 1288 年，元朝先后三次发动对陈朝的大规模进攻，结果三战俱北，征伐陈朝以失败而告终。陈朝虽然取得了胜利，但经历战乱后的国家已是千疮百孔，无力再和元朝周旋，于是向元朝谢罪，请求宽恕。忽必烈也无心恋战，答应了陈朝请和的要求，双方恢复了以往的宗藩关系。

1293 年，仁宗退位，太子陈烇即位，是为英宗。英宗喜欢饮酒，经常微服出巡，还受中国儒学影响，好作诗文，以示有才。英宗在位期间致力于与元朝修好关系，使陈朝与元朝之间长期保持和平，社会经济文化有了较大发展，陈朝一度达到鼎盛时期。1314 年，英宗让位，太子陈奣即位，是为明宗。英宗被尊为太上皇，继续执政 6 年直至逝世。明宗在位期间，朝中为立太子分为两派，导致朝政混乱。明宗听信谗言，诛杀功臣陈国瑱。在对外方面，明宗沿用了英宗的政策，继续与元朝保持良好关系，对占城则加紧了侵略步伐。

1329 年，明宗退位，儿子陈旺即位，是为宪宗。宪宗继位时年仅 10 岁，由上皇明宗执掌朝政。宪宗在位 13 年，朝政一直被上皇明宗掌管，宪宗无所事事。1341 年，宪宗去世，无嗣，上皇明宗于是立第十子陈暭为皇帝，即裕宗。裕宗继位时年仅 6 岁，上皇明宗仍然执掌朝政。1357 年，明宗去世，裕宗开始亲政。裕宗是一个昏庸无能的皇帝，喜好酒色，大肆兴建宫室，荒淫无度，导致人民起义蜂起，陈朝开始走向衰弱。

1369 年，裕宗去世，无嗣。裕宗临终前指定由兄长陈元昱的养子陈日礼继位。陈日礼并没有陈朝皇室的血统，即位后欲改回原姓杨。这引起了陈朝宗室的愤怒，于是合力推翻了杨日礼，拥立陈暊为帝，即艺宗。艺宗即位后，废杨日礼为昏德公，不久后将其杀死。艺宗执政时期，大臣离心、叛乱，外戚逐渐掌握大权，政局出现动荡，陈朝处于快速衰落的状态。

1372 年，艺宗退位，弟弟陈曔即位，是为睿宗。艺宗为太上皇，仍然掌握朝政大权。1376 年 5 月，占城军侵犯陈朝，睿宗决定亲征。结果次年正月陈军在攻打占城京城时被占军围攻，大败，睿宗战死。睿宗死后，上皇立睿宗的儿子陈晛继承皇位，即陈废帝。此后，占城军多次北上，数年之内 3 次攻占升龙，上皇和废帝 3 次弃城而逃，陈朝遭受重大损失。陈朝虽然在与占城的战争中最终获胜，但也因此元气大伤。

废帝在位期间，外戚胡季犛的权势越来越大，使废帝感到恐惧。废帝见上皇宠信胡季犛，于是与大臣合谋除掉胡季犛以增强皇权。但胡季犛抢先一步向太上皇进谗言，致使陈废帝被迫于 1388 年让位给长子陈颙。陈颙继承皇位，是为顺宗。顺宗名义上是陈朝的皇帝，但实权掌握在太上皇艺宗和胡季犛手中。1389 年至 1390 年，占城国王制蓬峨率大军进攻陈朝。胡季犛率军抵御，双方激战数月，最终击败占城军，制蓬峨战死，占军溃逃。胡季犛平定占城有功，骄横无比，导致全国各地王侯反叛。1398 年 10 月，僧人范师温发动叛乱，攻打国都升龙城，上皇、顺宗被迫出逃，范师温占领升龙城。陈朝将领黄奉世率军讨伐，平定叛乱，杀死范师温。

1395 年，艺宗去世，朝政大权完全落入胡季犛手中。1398 年，顺宗被迫禅位给 3 岁的皇太子，即陈少帝。不久后，胡季犛将顺宗杀死。忠于陈朝的陈渴真等将领欲起兵讨伐胡季犛，结果事败被杀。1400 年，胡季犛废黜陈少帝，自立为帝，陈朝灭亡。

短暂的胡朝

胡季犛于 1400 年废黜陈少帝后，恢复祖先的胡姓，自称是虞舜的后代，将国号"大越"改为"大虞"，定都清化，年号圣元，史称"胡朝"。同年 12 月，胡季犛让位给儿子胡汉苍，自称"太上皇"，仍然掌握朝政大权。胡季犛当政期间，在陈朝的基础上，进一步推行中央集权君主专制制度，实行一系列改革。其主要内容有：改组中央机构、限制名田、限制豢养家奴和奴婢、制定赋税、改革币制、统一度量衡、制定科举文体等。胡季犛的改革内容虽然很多，但效果并不大，其原因在于缺乏改革的政治和经济基础。胡季犛骄横专权，随意杀害朝臣、忠良及前朝宗室，触犯众怒，使胡朝处于孤立无援、政局不稳的局面。由于连年出现灾荒，农作物歉收，胡朝国库空虚。

胡季犛有着很大的野心，在建立胡朝后多次对占城发动战争，劳民伤财，引起人民的不满。此外，胡朝在建立之初就侵犯明朝边境地区，失去明朝的支持。1405 年，明朝仍然认可陈朝为正统，派兵护送逃到明朝的艺宗之孙陈天平回国复位，陈天平却被胡季犛杀死，由此引发了明朝与胡朝的战争。1406 年，明成祖发兵 80 万讨伐胡季犛。为对抗明军，胡季犛父子发兵与明军对峙富良江。明军在富良江上游强渡古河，兵分两路攻克多邦城，然后沿着富良江南下，一举攻占东都升龙城。胡季犛父子逃往清化，明军继续追击，攻占清化，胡季犛父子逃往义安。不久，胡季犛父子被明军俘虏，胡朝灭亡。随后，胡氏

胡朝时期的城堡

胡朝时期的城堡遗址现存于越南清化省永禄县,是 14 世纪末至 15 世纪初越南京城的中心,也是 14 世纪末期传到越南及东南亚其他地区新儒家思想发扬光大的见证。2011 年联合国教科文组织将其列入为世界文化遗产名录。

父子被送往金陵囚禁起来。据说胡季犛后来被赦免释放,并被派到广西任职,其子胡汉苍因为丰富的兵器知识也受到重用。1407 年,明成祖下令将安南改为交趾,设置都指挥司、布政司、按察司,建立对越南的直接统治,安南重新划入中国版图。

后黎朝早期

　　1407 年,中国明朝灭亡越南胡朝后,吞并了越南。因明朝在越南多有扰民之举,所以当地人民希望脱离明朝的统治,反明事件不断爆发。1418 年,清化当地豪族黎利在蓝山起义,自称"平定王"。在少尉黎只的建议下,黎利于 1424 年率先占领了越南中部地区,随后占领东都。1427 年,黎利打败明军,迫使明军退出越南,明朝放弃对越南的直接统治。黎利在击退明军后,对明朝还有顾忌,没有立即称帝,于是立陈朝后裔陈嵩为安南国王,在明军撤离越南后，黎利废除陈嵩，胁迫其自杀。

1428 年，黎利建立黎朝（又称后黎朝），定都东京（今河内），是为黎太祖。黎太祖在位之初，多次遣使向中国求封和朝贡。1431 年，明朝宣宗册封黎利为安南国王。黎利登基后颁布了一系列政策，封赏功臣、制定科举制度、颁布法令制度、颁布均田法、改革兵制等，巩固了黎朝的政权。

1433 年，黎利去世，次子黎元龙即位，是为太宗。太宗继位时只有 10 岁，由黎察辅政。黎察骄横跋扈，陷害忠臣，于 1438 年被处决。此后，太宗亲理朝政。太宗在位时，仿照中国科举制度，重新整顿国内科举制度，取得了一定的成就。太宗喜好女色，品德不端，1442 年，太宗在阅兵时，强迫侍奉阮荐的婢女阮氏随驾侍候，不久暴毙，年仅 20 岁。

太宗死后，其子黎邦基即位，是为仁宗。仁宗年仅 2 岁，由太后阮氏英摄政。太后当政期间国内相对和平繁荣，并且向占城扩张。然而太后听信谗言，杀死后黎朝开国功臣郑可，引起众怒。1453 年，仁宗亲政，为郑可平反。1459 年，谅山王黎宜民发动兵变，仁宗被杀。谅山王篡位后听信谗言，诛杀旧臣，引起众怒，大臣阮炽、丁烈等杀死谅山王，改立太宗四子黎思诚为帝，

越南还剑湖
相传越南后黎朝太祖黎利在发动反抗明朝的起义之前，在该湖中捞得一把刻着"顺天"二字的宝剑。等到后来黎利称帝后再次在此湖乘船时，一只金龟突然浮出水面，叼住黎利的宝剑潜入水底。黎利派人去寻，却一无所获。人们就说这是金龟要回了宝剑，此湖从此便被称为"还剑湖"。

是为圣宗。黎宜民在位仅 9 个月。

　　黎圣宗是一个有着雄才大略的君主。他深受儒学的影响，即位后以中国宋朝理学为样本着手进行改革，厘定法律制度，重视孔子学说，将儒家经典作为立国治民的国策。当时黎朝的科举考试断断续续举行，为了使更多豪门之外的人入仕，圣宗重启科举制度，以先德后文的方式，颁布乡试条例，规定有德之人才能应试。

　　圣宗将全国划为 12 道，以方便中央对地方的统治。1470 年，圣宗颁布越南历史上较为完备的首部法典 ——《洪德律例》。该法典以唐律、唐令作为蓝本，结合越南的风俗习惯和旧法令制度编撰而成，包含刑法、民事法、诉讼法、婚姻和家庭法，是一部复合法典。1477 年，圣宗颁布了授田条例和俸禄制，确定赋税和兵制。

　　圣宗当政时期，政局稳定，经济得到极大发展，军事实力不断增强。在这一时期，黎朝对内围剿北方的海盗，对外征伐占城。1471 年，圣宗发兵征伐占城，占领占城首都毗阇耶，俘虏占城王盘罗茶全，占领占城北部、中部地区，保留独立地位的南部地区成为黎朝的保护国。圣宗攻陷占城后，快速向南扩张，国威盛极一时。1479 年，圣宗又派兵攻打南掌，攻陷南掌首都琅勃拉邦，迫使南掌向黎朝朝贡。圣宗在位 38 年，除武功显赫之外，在文学方面也有建树。圣宗喜好诗书，曾组织"骚坛会诗社"，促进了越南诗歌的发展。他还命人编撰了《大越史记全书》，成为越南古代重要的史书著作。

　　1497 年，圣宗去世，长子黎晖即位，是为宪宗。宪宗是个守成的君主，政事遵照太祖、圣宗时期的法令制度，没有任何变革。此时黎朝国内没有出现叛乱，对外没有战事征伐，国家处于太平时期。

　　1504 年，宪宗在位 7 年后去世，其子黎敬甫即位，是为肃宗。但肃宗在位 6 个月就去世了，朝臣拥立其兄黎潏即位，是为威穆帝。威穆帝登基以后，沉湎于酒色，恣行暴政，残害宗亲，反对朝廷和篡位的事件不断发生。威穆帝信赖外戚，为了保护自己的安全，四处寻找那些力气大的人作为宿卫。以捕鱼为生的莫登庸因此被征召，于 1508 年被威穆帝任命为天武卫都指挥使。威穆帝在位时，莫登庸逐渐掌握了军政大权。

　　1509 年，简修公黎晭杀死威穆帝，即皇帝位，是为襄翼帝。襄翼帝在位时大兴土木，使得士卒疲劳、民众困苦，结果在 1516 年被朝臣杀死。襄翼帝死后黎光治继位，是为中废帝。然而中废帝在位 3 天就被废黜，黎椅被拥立为

越南升龙皇城

越南升龙皇城位于越南河内市，又被称为河内故宫，于李朝时期建成，然后在陈朝、后黎朝和阮朝时进行了不同程度的扩建。

帝，是为昭宗。昭宗在位时，权臣互相争斗，一派为莫登庸党，另一派则是郑氏、阮氏两个家族。1522 年，昭宗因内乱逃离首都，莫登庸于是另立黎椿为帝，是为恭皇帝。1527 年，莫登庸胁迫恭皇帝让位，自封为太祖，改元明德，建立莫朝。

南北对峙时期和后黎朝晚期

莫登庸篡位建立莫朝后，黎朝旧臣阮淦于 1531 年拥立昭宗少子黎维宁为帝，改元元和，是为黎庄宗，恢复后黎朝。黎庄宗控制着清化以南地区，与莫朝形成南北对峙的局面。此后，后黎朝又与莫朝多次交战，互有胜负。1591 年，莫朝开始走向衰落，后黎朝发动反攻，击溃莫朝军队主力，莫朝从此一蹶不振。在后黎朝打算一举歼灭莫朝的残余力量时，盘踞顺化的阮氏开始建立政权，实力不断壮大。1592 年，后黎朝大臣郑松率大军攻陷莫朝首都升龙城，消灭莫朝，后黎朝名义上基本统一了越南。1599 年，郑松被后黎世宗授予平安王的爵位，据守升龙。此后，后黎朝实权被郑松控制，形成"黎皇郑王"的局面。顺化的阮氏政权对郑松的专权不服，于是积极发展生产，整顿军队，积蓄力量，准备征伐郑氏。

从 1600 年到 1627 年，后黎朝筹谋征伐据守高平的莫朝残余力量，而南方的阮氏还没有足够的力量发动对郑氏的战争，于是双方暂时缓和了下来。在经过二十多年的准备后，郑氏认为有实力一举歼灭阮氏，于是发动了对阮氏的战争。1627 年，郑松长子郑梉在掌握大权后，向阮氏发动了战争，结果被阮氏打败。在此后的半个世纪里，郑、阮双方爆发了数次大规模的战争，结果互有胜负。长期的战争使双方精疲力竭，最后以灵江为界，形成对峙局面。

当时阮氏政权没有名字，一些外国人在广南省会安港进行贸易活动，因此外国人称其国为"广南国"。当时广南国的南方是占城国。早在郑、阮发生战争之前，广南国阮氏就以保护侨民和领土为名，侵占占城国大片土地，大大拓展了阮氏的疆域。

1661 年，广南国入侵占城国，并建立了富安府。在郑、阮休兵后的 1675 年，广南国又借口占城国入侵富安，举兵攻打占城藩郎以北地区，将占城人驱逐到藩郎南部狭小地区内。1692 年，广南国以占城不按时进贡为名，再次发兵攻打占城。广南国军队深入占城内地，活捉占王婆争以及众大臣，然后押回富春。阮氏将藩郎南部地区改为顺城镇，并于 1697 年改为平顺府。至此，占城国家灭亡，其全部领土被广南国吞并。

在灭亡占城以后，广南国将下一个侵略目标对准了真腊。1698 年，广南国阮氏政权第七任君主阮福凋废黜了水真腊国王匿翁嫩，直接统治东浦地区。广南国在该地区设置嘉定府，又设立镇边营和藩镇营进行驻守。自 17 世纪开始，至 18 世纪中叶止，广南国对真腊持续用兵，最终将真腊蚕食殆尽，湄公河三角洲地区被纳入广南国的版图。

广南国后期出现了大规模的土地兼并现象，大部分土地落入几个大地主贵族手中，人民生活更加困苦。阮氏贵族骄奢淫逸，官员贪污腐败现象十分严重。政治的腐败，加上灾荒不断，终于导致广南国境内爆发了农民起义。

1771 年，广南国境内西山地区的阮文岳、阮文侣及阮文惠三兄弟率领农民起义，企图推翻广南国的统治。盘踞越南北部的郑氏趁机讨伐广南国阮氏，并与西山起义军联合起来。1775 年，起义军攻陷阮氏的都城富春，推翻广南国的统治，阮氏政权覆灭。起义军在歼灭广南国后，一路扩张，灭亡了北方的郑氏政权以及后黎朝，结束了越南自莫朝建立开始，长达 250 多年的混乱割据状态，建立西山政权。

大越国阮福永镇之宝
第七代广南国君主阮福凋自称"国主"，铸"大越国阮福永镇之宝"印玺，世代相传于其后广南阮主。

西山政权建立后，内部出现分裂，仅维持了 20 多年。1802 年，南逃暹罗的阮氏宗室后裔阮福映在法国人的帮助下打败西山政权，平定全国，自称"皇帝"，改元嘉隆，建都顺化，建立阮朝。

柬埔寨的发展历史

　　柬埔寨是个历史悠久的文明古国。1 世纪下半叶，柬埔寨地区开始出现国家，历经扶南、真腊、吴哥等时期，其中 9 世纪至 14 世纪的吴哥王朝为鼎盛时期，国力强盛，文化发达，创造了举世闻名的吴哥文明。从 16 世纪末开始，柬埔寨走向衰落。

扶南时期

　　柬埔寨是一个历史悠久的文明古国，远在 4000 年以前，高棉人就已经在湄公河下游和洞里萨湖地区活动。柬埔寨的主要民族为高棉族，中国史书称为

"吉蔑"，两者为同名异译。高棉族是南亚语系中的一个古老民族，大约在1世纪时建立了东南亚地区最早的古代国家之一——扶南国。从1世纪至7世纪初，扶南国经历了3个王朝，分别是1世纪末至3世纪初的混氏王朝、3世纪至4世纪中叶的范氏王朝、4世纪下半期至7世纪初的跋摩王朝。

扶南国时期处于封建社会初期，已经开始实行分封制。3世纪至4世纪范氏王朝的统治时期是国力最强盛时期，范式王朝通过武力征服周围国家，将其纳入扶南国的版图。这一时期的扶南国领土包括了今柬埔寨全部、越南南部、泰国南部以及马来半岛北部地区，成为统治中南半岛南部的一个强盛国家。

扶南国的历代王朝都十分重视农业发展，兴修灌溉设施，还有着较发达的手工业，能制作出各种金银器皿，并拥有较高的建筑水平。在对外方面，当时扶南国的高船可以载近百人，经常往来于印度和中国等地区，进行贸易活动。

扶南国与中国保持着密切交往。225年，扶南国王范旃派遣使者来到吴国。吴王孙权派遣朱应、康泰出使扶南国，加强了中国与扶南以及中南半岛各国家之间的关系。扶南国被真腊灭亡之前，中国与扶南国之间多次互相派遣使者出访。扶南深受印度文化的影响，奉印度教为国教，引入了南印度文字和历法。佛教在扶南国也十分盛行，人们信佛而乐善好施。7世纪中叶，扶南国被北方属国真腊灭亡。

真腊的崛起

在公元前至公元初年后的一段时间，大约在中国的秦汉时代，真腊国为扶南的属国，在扶南国的北方。6世纪中叶，真腊国公主嫁给扶南国王子巴法瓦尔曼。后来真腊国王去世，巴法瓦尔曼继位为真腊国王。此后，扶南国王去世，真腊国王巴法瓦尔曼欲兼任扶南王，与扶南国王法定继承人、扶南国太子发生冲突。巴法瓦尔曼于是发兵攻伐扶南国，兼并了扶南国，将扶南变为真腊的属国，建都伊奢那城。扶南太子流亡爪哇，建立夏连特拉王国。统治阶级的内讧导致国内出现动乱，扶南国急剧衰落。7世纪末叶，真腊国王刹利·质多斯那彻底消灭了扶南国的残余势力，扶南国灭亡。

真腊建立统一的高棉王国后，社会进入了新的发展阶段。7世纪末期，真腊国在政治、经济、文化方面有了较快发展。国王为最高统治者，其下设立众

空中宫殿

空中宫殿原为真腊国王在兴建王宫的同时，建造的湿婆庙，后被改建成为须弥山式印度教寺庙。

多由皇亲国戚组成的官僚机构，构成了一套相对完善、等级森严的封建秩序。灌溉技术的进步促进了农业的发展，真腊国时期出现了发达的封建农业经济。发达的农业经济又进一步推动了手工业的发展。真腊国此时已经能够制造出耒、镰、锄等农业工具，也促进了海水制盐、酿酒、织布等行业的发展。经济的发展促进了文化的进步，真腊国时期已经出现了能够推算星移斗转等天文规律的学者。

　　8 世纪初，真腊国内政治动荡，最终导致真腊国的分裂。705 年至 707 年，真腊国分裂为北方的陆真腊和南方的水真腊。8 世纪末叶，水真腊被当时爪哇地区的夏连特拉王国所控制，成为其属国。

吴哥时期

　　802 年，被带到爪哇的真腊王子阇耶跋摩回到故国，被水真腊的旧臣拥立为王，号"阇耶跋摩二世"。在阇耶跋摩二世的领导下，水真腊最终驱逐了爪哇人，脱离爪哇的统治，宣布独立，定都考仑山的摩诃因陀罗跋伐多城。9 世纪初，在经过了数十年的努力后，水陆真腊最终得到统一。由于阇耶跋摩二世以及之后的真腊国王都将都城定在今柬埔寨暹粒省的吴哥地区，因此这一时期被称为"吴哥王朝"。

吴哥王朝共有 600 多年的历史，其发展历程主要分为初期、第二时期、第三时期。吴哥王朝初期主要为 9 世纪至 10 世纪时期。在这一时期，王朝加强了中央集权制，建立了王室体制，划定了王朝宗室的等级，兴修农业灌溉设施，促进了农业的生产，粮食多年获得丰收。许多印度教寺院就是这一时期修建的，其中有巴孔庙、波利科寺等采用砖石结构的建筑，标志着高棉古典建筑艺术的开端。这一时期吴哥王朝的疆域不断拓展，其范围与扶南王国全盛时期的疆域相当。

吴哥王朝的第二时期为 11 世纪至 12 世纪上半期。这一时期主要经历了 5 个国王的统治，吴哥王国日益繁荣昌盛。优陀耶迭多跋摩二世在吴哥城西郊挖掘了西巴莱湖。该湖长 8 千米，宽 2.2 千米，是一个重要的水利灌溉设施，促进了吴哥农业的发展。这一时期最著名的国王是苏利耶跋摩二世，他于 1128 年征伐越南李朝末期的大越国，占领占婆王国长达 5 年之久。此外他不断向东、西方进行扩张，拓展吴哥王朝的疆域。苏利耶跋摩二世主持修建了闻名世界的吴哥窟，这个建筑物占地广阔，宏伟壮丽，是世界第一大宗教建筑物，为高棉古典艺术代表作。

吴哥窟是一座献给毗湿奴神的须弥山寺，也是当时的国寺，占地总面积大约为 40000 平方米，建有十几个有着重要艺术价值的建筑物。吴哥统治者好大喜功，大肆修建庞大的神庙建筑，耗费了大量财力，国力开始衰弱，从而招致占城的入侵。大约在 1175 至 1181 年间，吴哥王朝处在占城国的统治之下。

吴哥王朝的第三时期为 12 世纪末至 13 世纪初。1181 年，当时还是王子的阇耶跋摩七世驱逐占城人，登基为王。阇耶跋摩七世在位 23 年，开疆扩土，吴哥王朝达到鼎盛时期。其疆域除真腊本土之外，还包括今泰国、老挝和缅甸的部分地区以及马来半岛的北部地区。

阇耶跋摩七世在位时加强中央集权制，进一步发展农业经济，在京城附近开凿了东池、西池和北池 3 个人工湖。这些人工湖与河道相通，形成了一个密集的灌溉系统，促进了农业生产。这一时期还出现了发达的工商业，人民富裕，国家强大。

鉴于真腊先前被占城入侵的经历，阇耶跋摩七世决定修建一座牢不可破的

吴哥窟

是世界上最大的庙宇类建筑，同时也是世界上最早的高棉式建筑。1992 年联合国教科文
组织将吴哥古迹列入世界文化遗产。

都城，这就是吴哥通城。吴哥通城为方城，城墙又高又厚实，长约 12 千米，以赤色石块砌成，城外有护城河。城内修建有王宫以及大量的寺庙等建筑。城中央的巴戎寺是仅次于吴哥窟的庙宇，其中供奉的是观世音菩萨，这说明阇耶跋摩七世笃信佛教，是一名佛教徒。在巴戎寺中也可以看到印度教与佛教并存的特殊风格。因为阇耶跋摩七世笃信佛教，吴哥王朝的信仰开始由印度教转变为佛教。

阇耶跋摩七世在位时期，吴哥王朝处于鼎盛时代。然而阇耶跋摩七世好大喜功，挥金如土，连年对外用兵，大肆修建规模宏大的王城和皇宫、寺院，耗尽了吴哥的国力，农业生产遭到破坏。1219 年，阇耶跋摩七世去世，吴哥王朝的国力开始渐渐衰退。

1238 年，暹罗人在吴哥王朝的西北要塞可泰城建立了素可泰王国。1350 年，暹罗阿瑜陀耶王朝兴起并强大起来。它借吴哥国力衰微之机，在 1351 年至 1432 年间向吴哥王朝发动了 3 次大规模的侵略战争。1351 年至 1357 年间，暹罗人占领吴哥城达 6 年之久；1393 年和 1431 年，暹罗人又先后两次攻占吴

提洛塔玛山墙
这是一件雕刻于柬埔寨吴哥城外女王宫上的浮雕。雕刻题材取自古印度史诗
《摩诃婆罗多》，提洛塔玛则是古印度神话中的飞天。

"高棉的微笑"
坐落在吴哥城的中心巴戎寺中，有 49 座高大的四面佛像。佛像略带微笑，象征着慈、悲、喜、舍四种无量之心，被誉为"高棉的微笑"。

哥城。暹罗人占领吴哥城后，大肆破坏建筑和灌溉设施，1432 年吴哥国王蓬黑阿·亚特被迫搬离吴哥城，并于 1434 年将都城迁到金边。之后吴哥城区除了作为佛教圣地之用的吴哥窟外，几乎遭到全面荒废。吴哥城的荒废，标志着自 9 世纪兴起的吴哥王国彻底在中南半岛的政治舞台上消失了。

03

印度的发展历史

印度是世界上较早从奴隶制过渡到封建制的地区之一。中世纪时，印度处于封建生产关系上升时期，出现了本土封建王朝和外来伊斯兰教封建王朝，其中4世纪至10世纪为本土封建王朝统治时期；从11世纪起，伊斯兰教封建王朝成为统治者，表现出浓厚的伊斯兰教封建社会的特点。

笈多王朝和戒日王朝的建立

　　3 世纪至 7 世纪中叶，印度先后建立了笈多和戒日两个封建王朝。笈多、戒日王朝时期中央集权统治体制逐步完善，政治、经济、文化繁荣发展，对南亚诸国影响深远。7 世纪中叶以后，帝国解体，印度次大陆再次出现分裂。

贵霜王朝的建立

　　贵霜帝国是 1 世纪到 3 世纪统治中亚地区以及印度北部的国家，鼎盛时期非常强盛，和中国汉朝、帕提亚、罗马并列为当时的四大帝国。不过因为历史资料缺失严重等原因，贵霜帝国的历史远没有其他三国那样清晰明确，很多重大事件包括王位更迭都没有明确的说法，始终笼罩着一层迷雾，让后人无法看清。所以现代人所了解的贵霜帝国只能说是一个大致的历史框架。通常认为，贵霜帝国的建立和大月氏人有着密切的关系。这个古老的民族在公元前 2 世纪以前居住在中国西北部地区，在中国古籍中将其称为"月氏"。在河西走廊敦煌到张掖一带游牧的月氏人一度与匈奴人争雄，但是后来为其所败。公元前 174 年以后，大部分月氏人西迁至伊犁河流域和伊塞克湖附近，而原来居住在此的塞种人则被迫南迁到兴都库什山以南。没有西迁而留在河西走廊的月氏人与祁连山间的羌族融合，号称"小月氏"，西迁的便称"大月氏"。公元前 139 年到公元前 129 年间，大月氏为乌孙所败，失去伊犁河流域的地盘，被迫南迁到阿姆河北岸，随后又将南岸的大夏征服。在公元前 1 世纪初期，大月氏分为五大部落，首领称为"翕侯"，后来建立贵霜帝国的便是五翕侯之一。不过对于贵霜翕侯的来源到底是大月氏还是大夏，现在还有争议。总而言之，在 1 世纪 40 年代，贵霜翕侯丘就却统一五大翕侯后，自立为王，创立贵霜王朝，定都喀布尔。到 1 世纪 60 年代，贵霜的版图内已经辖有索格狄亚那、巴克特里亚、喀布尔、呾叉始罗、犍陀罗、罽宾，可能还有西旁遮普地区；1 世纪末，贵霜帝国向西直达赫拉特，控制了整个河间地区以及康居和大宛；1 世纪 90 年代，曾与中国汉朝班超所率军队一战，后纳礼求和；2 世纪前 30 年左右，贵霜帝国再次扩张，势力远及花剌子模，吞并锡斯坦，在中亚形成了一个庞大的帝国。在迦腻色伽一世在位时，贵霜帝国统治着中亚和南亚的广大地区，东起巴特那，西到赫拉特，南至纳马达河，北到咸海，都城则在白沙瓦。不过到了 2 世纪末期，贵霜帝国开始走下坡路，不少地区都逐渐脱离了中央控制。233 年至 237 年，萨珊王朝的建立者阿尔达希尔一世率军入侵，横扫贵霜大片土地。此后，贵霜帝国的实际控制领土日渐缩小，最终随着嚈哒人的兴起而消亡。

笈多王朝的建立和统治

自 3 世纪 30 年代开始，印度西北部的贵霜帝国和南部的安度罗国开始衰落，印度北部地区出现了小国林立的局面。320 年，在恒河下游摩揭陀国境内，

贵霜王朝的弥勒菩萨雕塑

旃陀罗·笈多二世在位时期的金币

一个名叫旃陀罗·笈多的王公起兵占领曲女城，建立了笈多王朝。旃陀罗·笈多一世即位后，定都吠舍离。在旃陀罗·笈多一世统治时期，笈多王朝征服了附近的小国，驱逐大月氏人，使印度西北部地区处于王朝的统治之下。

旃陀罗·笈多一世之子海护王沙摩陀罗·笈多（335—380 年在位）统治时代，笈多王朝开始大规模向外扩张。笈多王朝征服了恒河上游以及印度河流域东部地区，随后挥师东进，征服恒河下游以及孟加拉湾，最后南下征伐德干高原一带，势力直抵苏门答腊及爪哇地区。

海护王之子超日王旃陀罗·笈多二世（308—415 年在位）向西部地区扩张，征服了纳巴达河下游地区，领土扩至阿拉伯海沿岸，印度东西海岸的城市及港口均在笈多王朝的控制之下。到 409 年前后，除克什米尔以及印度南部的一些小王国外，笈多王朝统一印度全境，其疆域与孔雀王朝相当，笈多王国的国势达到鼎盛，成为中世纪时期印度的封建帝国。此外，超日王将首都迁至华氏城，并在马尔瓦建立行宫。

笈多王朝实行中央集权制，最高的统治者是大王，全国分为若干省，省下设县，分别由总督和县长负责管辖，协助国王进行统治。各级官员从国王府库中领取俸禄。笈多王朝的建立，促进了印度北部地区经济和文化的发展，在较长时期内维持了北部国境的安宁，阻挡了中亚游牧民族对印度的侵袭。

超日王之后，笈多帝国开始由盛转衰。超日王之子鸠摩罗·笈多一世（415—455 年在位）时，由于封建阶级的残酷剥削，社会经济遭到破坏，广大农民陷入贫困的境地，各地纷纷爆发叛乱事件。

从 5 世纪中叶开始，中亚的嚈哒人开始入侵笈多王朝。当时嚈哒人消灭了印度河上游的贵霜残余力量，大举入侵笈多，占领恒河流域大部分地区。6 世纪初，嚈哒人以旁遮普的奢羯罗城作为首都，建立嚈哒帝国，北印度成为嚈哒帝国的一个省。但嚈哒统治印度的时间十分短暂。528 年，以摩腊婆国王耶输达摩为首的北印度各国军队联合起来打败了嚈哒人。567 年，嚈哒帝国在萨珊王朝和西突厥人的夹击下灭亡。但是，嚈哒人的入侵使笈多帝国的政治经济遭受严重破坏，笈多帝国陷入分崩离析状态，最后几代国王的统治区域仅局限于恒河下游的有限地区。570 年，笈多王朝的地方官员纷纷脱离统治，在地方称王，笈多王朝的统治彻底结束，印度再次分裂成许多小国。

戒日王朝的建立和短暂强大

6 世纪末至 7 世纪初，印度处于分裂状态，各地诸侯割据。经过征伐，印度仅剩下 4 个实力较强的王国，并形成两大敌对的政治联盟。坦尼沙王国与穆克里王国联姻结盟，对抗高达王国与摩腊婆王国的联盟。606 年，坦尼沙国王的次子曷利沙在大臣的拥立下即位，是为戒日王。戒日王即位后，与迦摩缕波王结盟，收复了曲女城。612 年，在穆克里王国的贵族和大臣的请求下，戒日王继承了曲女城的王位，两国正式合并为戒日王国，定都曲女城。

戒日王朝建立后，戒日王继续北征，随后试图南下征服南印度，完成统一印度的大业。620 年至 634 年间，戒日王进军德干地区，结果败退，从此放弃了征服南印度的企图。戒日王在东、西方向的征讨接连获得胜利。637 年，戒日王征服孟加拉地区。东北部的迦摩缕波王国与戒日王结盟，承认戒日王对其的宗主权。643 年，戒日王又征服戈康达地区，疆域不断向东南扩展，建立对

大忏悔浮雕群
大忏悔浮雕群位于印度泰米尔纳德邦，上面雕刻了各种人物和动物，创作灵感来源于古印度神话。

摩揭陀的统治。这一时期，戒日王还征服了摩腊婆国及西北的伐腊毗国。在数年之内，戒日王统一了北印度，其疆域大体与笈多帝国极盛时代相当。

戒日王朝时期，封建制度已经充分确立，全国划分为30个封建藩国，戒日王成为联盟的盟主。随着封建关系的不断发展，各地封臣藩王的势力不断增强，到王朝末期，地方势力割据的现象加剧，各封建主自成一个小王国，国王的权力削弱。647年，戒日王去世，因封建制度形成而增加势力的封建主纷纷在各地割据称雄，帝国随即瓦解，北印度重新分裂。这种分裂局面从7世纪中叶一直延续到12世纪，印度的防御力量因分散而变弱，外族借机入侵。

印度教的兴起

戒日王朝时期，随着封建制度的形成，传统的婆罗门教和佛教已经不适应新形势的需要。早在4世纪时，婆罗门教吸收佛教、耆那教等教义，逐渐形成新婆罗门教。8世纪时，新婆罗门教在商羯罗的改革下，形成了印度教。

印度教主要信仰3个主神，分别是梵天、毗湿奴和湿婆。梵天是创造世界之神；毗湿奴是赐福神，主管维持世界；湿婆是破坏之神。印度教认为，各个宗教的主神都是毗湿奴或湿婆的化身，佛教的创始人释迦牟尼也被看作是毗湿奴神的一个化身。印度教的主要经典有吠陀、奥义书、往世书、《摩诃婆罗多》、《罗摩衍那》等。

印度教的教义，既把婆罗门教严格的种姓制度保存下来，又吸收了佛教的禁欲、不抵抗和业力轮回学说。所谓法，即人们在日常生活中的行为规范，每个种姓必须依照指定的法来约束自己的行为。印度教通过业力轮回学说宣称，人如果能够在现世根据指定的法去生活，那么死后灵魂可以转生为高级的种姓，反之则会转生为低级的种姓，并称现世的不平等是前生所注定的，是无法改变的。这种欺人的说教，本质是奴化广大劳动人民，让他们循规蹈矩地生活，维护贵族统治阶级的地位。到9世纪时，印度教受到封建统治阶级的重视、保护和支持，成为全国占统治地位的宗教，佛教开始衰落。

德里苏丹国和莫卧儿帝国

　　12世纪中叶之后，伊斯兰教势力逐渐向南印度渗透和扩展。13世纪初，印度北部地区基本被伊斯兰教政权德里苏丹国控制，伊斯兰教与印度教在这一时期出现碰撞和对峙，使印度封建文明更趋复杂化，印度封建社会进入一个新的重要历史阶段。

阿拉伯人的入侵和德里苏丹国的建立

　　7世纪末，中亚的阿拉伯人开始向印度北部入侵。711年，倭马亚朝将领穆罕默德·伊本·卡西姆从巴士拉经海上入侵印度河下游地区。8世纪中叶，在印度的反击下，阿拉伯人被击败，只能退出印度。10世纪中叶，伽色尼王朝在中亚阿富汗地区逐渐兴起，该王朝由信奉伊斯兰教的突厥人建立。自1001年开始，伽色尼王朝的苏丹马赫穆德在20多年中，一共入侵印度15次之多。伽色尼军队每次入侵时都对城市、乡村进行大肆破坏，掠夺印度人民的财富。1019年，伽色尼军队攻陷曲女城，曲女城几乎被夷为平地；1025年，西海岸的苏姆那特城被攻陷，宏伟壮丽的湿婆神庙被抢劫一空，近5万人惨遭屠戮。

　　外族的接连入侵，使得印度北部地区遭到严重破坏，旁遮普曾一度被并入伽色尼王朝的版图，一些印度教封建主被迫改变信仰而信奉伊斯兰教，与定居在这里的阿富汗人、突厥人逐渐融合。1175年，兴起于阿富汗境内赫拉特的廓尔王朝入侵印度。1186年，廓尔王朝击败伽色尼王朝的军队，俘虏其国王，伽色尼王朝灭亡。廓尔王朝灭亡伽色尼王朝后，占领北印度地区，定都德里。此后直到莫卧儿王朝建立，北印度一直处在德里苏丹国的统治之下。

　　1206年，廓尔王朝统治德里的总督库特布·乌德·丁·艾巴克自立为苏丹，定都德里，统治被穆斯林征服的北印度地区，标志着德里苏丹国统治印度的开始。此后的 300 多年里，德里苏丹国经历了 5 个王朝、32 个苏丹的统治。这 5 个王朝分别是奴隶王朝、卡尔吉王朝、图格鲁克王朝、赛义德王朝和洛迪王朝。这些王朝的统治者都出身突厥、阿富汗等地，伊斯兰教封建主位居国家的高官显位，当地的印度封建主则遭到排挤。在德里苏丹统治时期，北印度的封建制度有了较大发展。

库特布原本是奴隶出身的突厥人，因此其统治时期被称为"奴隶王朝"。库特布是一位虔诚的穆斯林，他在位期间修建了清真寺。1210 年，库特布去世，舍姆斯丁·伊勒图米什继承王位。其后的几任苏丹都为舍姆斯丁的后裔。

1290 年，奴隶王朝的将领菲鲁兹·卡尔吉取代当时的奴隶王朝苏丹，建立卡尔吉王朝。菲鲁兹死后，其子阿拉乌德丁·卡尔吉继任王朝的苏丹，为德里苏丹国统治印度时期最强大的穆斯林君主。阿拉乌德丁在位期间大力加强中央集权，并整顿了财政和行政，建立了一支强大的军队向南面的德干苏丹国发动猛烈攻势，扩大了王国的疆域。1320 年，卡尔吉王朝最后一任苏丹被杀，王朝宣告灭亡。

图格鲁克王朝是德里苏丹国的第 3 个王朝，创建者为加兹·图格鲁克。图

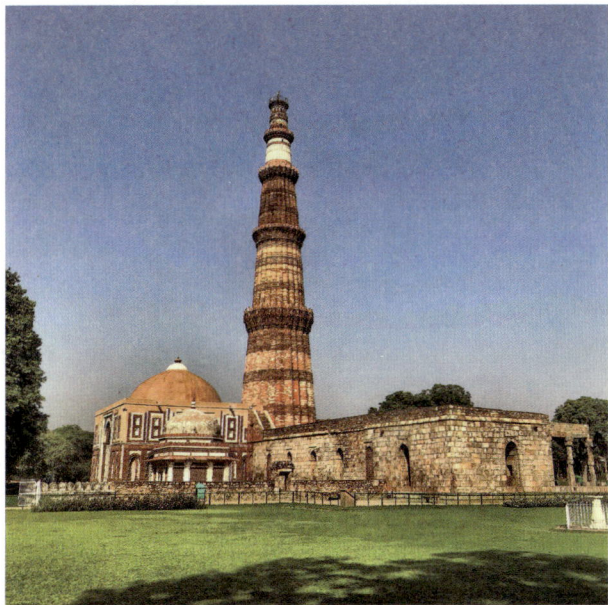

库特布塔
库特布塔是德里最高的宣礼塔，被列入《世界遗产名录》。相传库特布打败德里最后一个印度教国王后，修建了这座伊斯兰风格的胜利之塔。

格鲁克王朝在苏丹穆罕默德·伊本·图格鲁克时进入鼎盛时期，曾4次派军队征伐南印度，几乎占领了整个南印度地区，德里苏丹国达到鼎盛时代。

1335年到1351年，印度北部地区出现了干旱和饥荒。但是穆罕默德仍然连年对外征伐，没有调动粮食进行赈灾，导致各地出现叛乱，甚至德里也出现了叛乱活动。1351年，穆罕默德在平定古吉拉特叛乱时，殁于信德松达，其表弟菲鲁兹继位。菲鲁兹是一个颇有成就的苏丹。他放弃了对南部印度的征讨，将重心放在建设德里上，修建了许多清真寺、医院和学校；修建了新的水利设施，将一些田地改造为良田，促进了农业的发展；废除了严刑酷法，努力改善统治者与广大人民的关系。1388年，菲鲁兹去世，苏丹国分裂成为几个敌对的小集团，逐渐走向衰落。

1398年，帖木儿大举入侵印度，攻占德里，这对已经出现分裂的德里苏丹国是致命的打击。各省总督纷纷宣布独立，图格鲁克王朝灭亡。1414年，帖木儿帝国原旁遮普总督赫兹尔汗占领德里，建立赛义德王朝。赛义德王朝共历经4代苏丹，管辖范围包括旁遮普等北部地区。1451年，锡林德总督巴赫鲁尔·洛迪占领德里，建立洛迪王朝，赛义德王朝灭亡。此时的德里苏丹国管辖范围仅限于德里及拉合尔地区的小邦，形同德里的地方诸侯，已经无力统治全国。印度北部地区分裂成为孟加拉、古扎拉特、克什米尔、马尔瓦、拉其普坦那等独立王邦，这些邦国为了争夺土地彼此混战。1526年，帖木儿的后裔巴布尔趁印度内乱之际发动进攻，打败易卜拉欣·洛迪率领的德里苏丹国军队，德里苏丹国灭亡。

莫卧儿帝国的建立和早期统治

1526年，巴布尔乘印度分裂之际南下入侵印度，在帕尼帕特大战中击败德里苏丹军队，攻占德里，自称"印度斯坦大帝"，建立了印度历史上著名的莫卧儿帝国。次年，巴布尔又在坎努击溃印度诸侯的联军，统一了北印度大部分地区。

1530年，巴布尔去世，其子胡马雍继位。1540年，胡马雍在曲女城战役中被比哈尔地区的阿富汗人首领舍尔沙打败，被迫流亡波斯和阿富汗，舍尔沙建立苏尔王朝，恢复了阿富汗人在印度的统治。莫卧儿帝国在印度的统治暂告一段落。

舍尔沙称王后，平定了孟加拉地区的叛乱，并将其划分为 19 个小行政单位；随后征服瓜廖尔，将拉其普特人领袖马尔德夫击败。在 5 年之内，舍尔沙几乎征服了印度北部地区。舍尔沙在北印度进行了一系列改革，建立了行政管理机构，实行土地清丈以统一税额，并实行了货币改革。舍尔沙的这些改革，实际上为莫卧儿帝国的行政、财政、司法等制度的建立奠定了基础。

1545 年 5 月，舍尔沙在对拉杰普特人的征战中阵亡。舍尔沙死后，胡马雍在波斯国王太美斯普一世的支持下重返印度。1555 年，胡马雍趁苏尔王朝内乱之机，打败了舍尔沙的继承人之一扎吉达尔汗，占领德里，恢复了莫卧儿王朝在印度的统治。然而胡马雍在复位后不久就因为发生意外身亡，其子阿克巴继位。

1556 年，阿克巴年仅 13 岁，由大臣拜拉姆汗摄政。1560 年，阿克巴开始亲政，为了加强帝国的统治，允许印度教徒在朝中担任高官显职，并与拉杰普特人结成了同盟，实力不断增强。此后，为了扩大莫卧儿帝国的疆域，阿克巴四处征伐，到 1576 年时，莫卧儿帝国的疆域大大增加，形成了一个北起中亚，南达文迪亚山脉，东和西都抵于海的帝国。为了巩固莫卧儿帝国的统治，促进经济繁荣，阿克巴实行了一系列的改革。

首先是整顿财政。在帝国推行统一的度量衡制度；下令丈量全国土地，根据产量分别制定等级，作为征收地租的标准，规定租额为收成的 1/3；取消包税制，改由财务官征收，以减少收税的舞弊行为。这些措施既保证了国家的财政收入，同时也有利于社会生产的发展。

在行政方面，阿克巴采取多项措施加强中央集权，防止地方割据。阿克巴将全国分成 15 省，以总督为行政长官，并设有财政、军事、司法等官职，协助总督管理事务。这些地方官员直属于中央，以分散地方权力。省下面设有县和区，分别设立行政机构。

为了获得印度教徒的支持，阿克巴采取了一系列政策调和伊斯兰教与印度教、帝国统治阶级与印度本地封建主之间的关系。他极力怀柔印度封建主，迎娶印度教封建主的女儿为王后。在选用文武官员时，他在任用伊斯兰教徒的同时，不歧视印度教徒，授以他们重要的职位；在地方官员的任命上，他采取了伊斯兰教徒与印度教徒相间杂的方式。

此外，阿克巴实行宽容的宗教政策，于 1564 年废除了对非伊斯兰教徒征课人头税的制度；1593 年再次颁布敕令，允许那些被迫改信伊斯兰教的印度教徒恢复原来的信仰；阿克巴还综合了伊斯兰教、印度教、基督教和琐罗亚斯德

阿克巴骑大象哈瓦伊冒险
该图描绘的是阿克巴骑在一头名叫
"哈瓦伊"的大象背上去追赶另一头
大象的场景，生动地展现了阿克巴的
英勇无畏。

教等教的教义，创立所谓"神圣宗教"，自任教长，希望以此来调和不同宗教
信仰的臣民之间的矛盾。

　　这些改革措施对缓和伊斯兰教与印度教、外来人与土著之间的矛盾，巩固
帝国的统一和促进文化的融合，都起到了一些积极的作用。但阿克巴的改革并
没有解决根本问题，只是暂时缓和了一下阶级矛盾、宗教矛盾、民族矛盾等各
种错综复杂的社会矛盾。阿克巴死后，矛盾再度被激化，伊斯兰教与印度教封
建主间的斗争再次爆发。17世纪中叶以后，莫卧儿帝国在这些不可克服的矛盾
中逐渐衰落了。

04

15世纪末以前的撒哈拉以南非洲

按自然地理和历史发展状况，非洲可以划分为北非、东非、西非和中南非洲 4 个部分。东非和西非地区为撒哈拉沙漠以南、赤道以北的辽阔地带，北非为撒哈拉沙漠以北地区，中南非洲为赤道以南地区。中世纪时期，非洲地区的社会发展很不平衡，一些国家已经进入了封建社会，一些氏族部落则还处于原始社会的不同发展阶段。

东非诸国的发展

　　埃塞俄比亚和苏丹都是有着悠久历史的东非古国，曾建立过强大的奴隶制国家，创造了较高的文明。从7世纪起，埃塞俄比亚和苏丹开始向封建社会过渡，但在很长一段时期内，奴隶制在两国的社会经济中尚占有十分重要的地位。

埃塞俄比亚王国

　　公元前3000年，埃塞俄比亚地区就已经有人类进行农耕活动，创造了灿烂的文化。公元前1000年中叶，埃塞俄比亚领土上建立了第一个国家——阿克苏姆，都城为阿克苏姆城。阿克苏姆人的经济主要以农业为主。公元后，阿克苏姆人已经普遍使用铁制工具，出现了灌溉农业，并开始使用牛耕；手工业也有了较大发展，出现了铁匠、陶工、石工、建筑工等；商品经济发达，市场上有金、银、铜三种货币流通。公元前3世纪建造的阿杜利斯港，成为阿克苏姆人进行对外贸易的集散地。这里集中了该地区的黄金、香料、树胶、龟板、象牙、犀角，以及来自印度、斯里兰卡、埃及、希腊和罗马等国家和地区的商品。繁荣的对外贸易促进了阿克苏姆国内经济的发展。

　　3世纪至6世纪时，阿克苏姆王国进入鼎盛时期。3世纪时，阿克苏姆王国的声名已远达波斯，被称为"世界四大帝国之一"。350年，阿克苏姆国王埃扎纳派军征服了库施。525年，阿克苏姆王国军队渡过红海攻占也门，并袭击红海西岸，占领了部分沿海属地和通商市场。阿克苏姆王国的疆域东抵也门，西至撒哈拉，北达埃及，南至索马里。

　　6 世纪到 7 世纪时，阿拉伯哈里发国家兴起，对外发展商业贸易，阿杜利斯港丧失了东西方贸易中心的地位。从 7 世纪末开始，阿拉伯帝国的统治者不断与阿克苏姆王国发生战争。710 年，阿拉伯帝国占领非洲红海岸，阿杜利斯港遭到破坏，阿克苏姆丧失了海上贸易门户，对外经济联系遭到破坏，开始走向衰落。

　　9 世纪到 10 世纪时，阿克苏姆王国国力得到恢复，重新占领了红海的部分沿海地区，征服了埃塞俄比亚中部的许多部族。10 世纪末期，阿加乌部落发动叛乱，占领阿克苏姆城，建立扎格维王朝。阿克苏姆国王被迫将朝廷迁往绍阿，直至 13 世纪时才重新强大起来，并将扎格维王朝推翻，建立了由所罗门王朝统治的埃塞俄比亚王国。

　　所罗门王朝的统治疆域在今埃塞俄比亚中部和北部地区。经过长期的四处征伐，到 16 世纪初，王朝的版图从红海之滨的马萨瓦一直延伸到西南的阿巴亚湖，大大扩展了疆域面积。在所罗门王朝统治时期，埃塞俄比亚开始从奴隶

阿克苏姆墓碑
阿克苏姆墓碑是阿克苏姆王国留存的最重要的文化遗产之一。图中的这组墓碑高约十三层楼，被认为是阿克苏姆贵族墓地的地标。

制向封建制转变。埃塞俄比亚王国的土地属于皇帝，耕种土地的农民必须服徭役和交纳实物地租。皇帝将土地分封给有军功的贵族，大贵族再将自己的封地分封给中小贵族，封建等级制度在这种土地层层分封的基础上建立起来了。大小贵族之间为争夺土地互相混战，皇帝也经常征伐那些不服从命令的贵族。

木版画《圣母玛利亚和小基督》
这幅木版画是 15 世纪时由埃塞俄比亚的宫廷御用画师绘制而成。画中不仅有圣母玛利亚和幼年基督，还有站立在后面的大天使米迦勒和加百列。

苏丹的历史

　　苏丹在古埃及时被称为"努比亚"。公元前 4000 年时，苏丹东北部地区居住着努比亚人。埃及法老为了掠夺黄金、象牙和奴隶，经常入侵苏丹地区。大约从公元前 2600 年开始，埃及人沿尼罗河向南扩张，在努比亚建立了固定的居留地，将其变成了属地。

公元前 11 世纪左右，古埃及发生内乱，努比亚人乘机摆脱埃及的统治，建立了自己的政权，名为"库施"，定都纳帕塔。公元前 8 世纪中期，库施国王阿拉拉征服了整个埃及，建立了埃及历史上的第二十五王朝，又称"努比亚王朝"，迁都底比斯。公元前 7 世纪中期，库施在埃及的统治受到亚述人的挑战，库施军队被亚述人打败，被迫撤出埃及，退回纳帕塔。公元前 530 年左右，库施国王将都城迁至麦罗埃。库施利用当地的资源，大力发展冶铁业，使其成为非洲内陆的冶铁中心。

直到 1 世纪时，库施王国仍然是一个强大的国家。到 4 世纪中叶，库施王国内部出现分裂，结果被强大起来的阿克苏姆王国灭亡。6 世纪中叶，基督教从埃及传入阿克苏姆王国，苏丹地区也受到影响。6 世纪末期，阿克苏姆王国走向衰落，苏丹地区出现了两个独立的基督教国家，分别是 6 世纪建立的穆库拉王国和 7 世纪形成的阿尔瓦王国。穆库拉王国的都城在栋古拉，主要统治阿特巴拉河口以北地区。阿尔瓦王国的都城在索巴，主要统治阿特巴拉河口以南地区。

穆库拉王国属于早期封建国家。从 7 世纪中叶开始，阿拉伯的埃及总督不断派兵入侵穆库拉王国，穆库拉人进行了顽强抵抗，数次击退入侵者，最终与阿拉伯人达成和解。穆库拉王国每年献给阿拉伯人数百名奴隶，阿拉伯人则给予王国一定的粮食。阿拉伯人的这种剥削方式延续到了法提玛朝，前后长达数百年。12 世纪后期，阿尤布王朝的萨拉丁派大军征伐穆库拉王国。13 世纪中叶，马木路克王朝再次入侵穆库拉王国，占领了王国的北部地区，伊斯兰教在

出土于苏丹北部的花岗石狮身人面像

这是一件塔哈尔卡的花岗石狮身人面像，出土于苏丹北部。塔哈尔卡是古埃及第二十五王朝（努比亚王朝）法老（公元前 689—公元前 663 年在位）。

这一地区开始传播开来。

　　阿尔瓦封建王国时期仍然保留了大量奴隶制残余。首都索巴是全国的商业中心，对外贸易成为国家重要的经济来源。11 世纪至 13 世纪，阿尔瓦王国进入鼎盛时期。16 世纪时，阿尔瓦王国与穆库拉一起被并入了丰吉苏丹国。

墓葬头像
这是一件创作于公元 200 年左右的砂岩雕塑，出土于苏丹努比亚地区。现存于苏丹国家博物馆。

西非诸国的发展

　　西非是非洲较早进入文明社会的地区。正像尼罗河孕育了古代埃及文明一样，塞内加尔河和尼日尔河同样孕育了古代西非文明。中世纪时期，塞内加尔河和尼日尔河流域的加纳、马里和桑海是西非重要的古国，已经建立了早期封建国家。

加纳的历史

　　在新石器时代，人类就开始在西非地区从事农业活动，种植稻、黍、豆类植物。大约在公元前 8 世纪到公元前 2 世纪，西非地区出现了铁器。随着原始公社制的瓦解，西非地区先后诞生了许多奴隶制国家。

加纳是目前已知的西非最古老的奴隶制国家，大约建立于 3 世纪，首都在昆比萨利赫。8 世纪时，索宁凯族的统治者不断征服周围各族，使加纳疆域西达海边，东抵尼日尔河，南至塞内加尔河和色累河，成为一个强盛的国家。

中世纪阿拉伯作家的描述和 20 世纪以来的考古发掘可以大致说明加纳国家的政治经济情况。加纳国被划分为若干个领地，在各个领地设立总督，协助国王进行管理。此外，加纳国还有一些附属国，主要由当地的酋长负责治理。国王拥有一支强大的军队，以此来维护奴隶主阶级的统治和进行对外战争。加纳有着较为发达的农业和畜牧业。在农业生产上，出现了较先进的锄耕灌溉技术，种植的农作物主要有稻谷、麦类、高粱和黍子。冶铁业有了很大发展，已经普遍使用铁制农具、工具和武器。商品经济也得到了一定发展，出现了一种称为"考黎"的货币。

加纳以产黄金而著称，被称为"黄金之国"。按照规定，国王拥有金矿的采掘权，人们采到的金块全部被国王强行征收，人们只能淘取河中的沙金。8 世纪，阿拉伯人在征服北非后，获悉加纳盛产黄金，于是立即派商队沿着撒哈拉沙漠古商道来到加纳，用盐、马匹、织物等交换西非的黄金、象牙和奴隶。在开辟美洲的新航路以前，地中海沿岸各国的黄金主要来自西非，因此地中海沿岸国家与加纳有着频繁的贸易往来。

阿坎人祭祀雕像
用烧制头像来纪念值得尊敬的首领是加纳地区阿坎人的传统。这件烧制陶像大约制作于 18 世纪，就是为了纪念某位首领。

首都昆比萨利赫是全国的贸易中心，专门设有供来自北非和地中海沿岸地区的商人居住的商贾城。加纳国王通过垄断金矿和征收商品课税，获得巨额财富。与此同时，随着频繁的贸易活动，伊斯兰教开始传入加纳，阿拉伯文在加纳传播开来。许多城市兴办了伊斯兰学校，加纳逐渐发展成为西非的文化中心。9世纪至10世纪，加纳国力达到鼎盛，征服了西非大片地区，南抵塞内加尔河上游的黄金产地班布克和万加拉，北至撒哈拉的奥达果斯特，西起大西洋，东到尼日尔河中游的湖泊地区，全都处于加纳的统治之下。

自11世纪中期起，阿尔穆拉比特人不断入侵加纳。1048年至1049年，阿尔穆拉比特首领阿布·贝克尔攻陷加纳首都，并将其洗劫一空。1055年，阿尔穆拉比特人占领奥古戈斯特。1076年，加纳被阿尔穆拉比特人征服，国王被迫改宗伊斯兰教，向其称臣纳贡。1087年，加纳人民不堪阿尔穆拉比特人的统治，发动起义杀死了阿布·贝克尔，恢复了加纳的独立。然而复国后，加纳已经衰败不振，原先被征服的部落和属国纷纷宣布独立。1203年，加纳被原先的藩属苏苏部落征服。1235年，马里王国击败苏苏部落；1240年，加纳被马里王国吞并。

马里的历史

马里原来附属于加纳，在尼日尔河及巴科伊河上游活动。大约在7世纪初，马林凯人的凯塔家族建立了马里国。此外有史书记载，马里的第一个国王为11世纪时的巴拉门达纳。大约在1050年，巴拉门达纳皈依伊斯兰教，曾前往麦加朝觐，获得了苏丹称号。他控制了全国的金矿生产，以此与北非进行贸易，国势不断增强，并借加纳衰落之际宣布脱离加纳独立。国王穆萨·阿拉科伊自1212年开始，曾先后3次前往麦加朝觐，大大提升了他的声望，以至人们认为是他缔造了马里王国。

1224年，马里王国在与苏苏人的战争中战败，王室惨遭屠戮，只有王子松迪亚塔幸免于难。1230年，松迪亚塔统一了曼丁哥诸部落，组建了一支军队，开展反对苏苏人压迫的斗争。1235年，松迪亚塔在吉里纳战役中彻底击败苏苏人的军队，杀死了苏苏国王苏曼古鲁，随后征服了苏苏部落。

1240年，马里灭亡加纳王国。从塞内加尔河到尼日尔河中游地区，都成为马里王国的领土。紧接着，松迪亚塔将都城迁至康加巴南面的尼亚尼，被公

骑马武士
该陶制雕像出土于马里内陆尼日尔河三角洲地区，大约制作于 9—12 世纪之间。蓄须武士骑在马上，形象栩栩如生。

推为"曼萨",建立了马里帝国。松迪亚塔建立帝国后,加强中央集权,完善各级行政机构,在各地设置总督,管理地方事务。

松迪亚塔在统治时期垄断了原来由加纳控制的黄金贸易,开发金矿,发展农业经济,扩大耕地,发展稻谷、高粱、棉花生产等,使得国内外贸易逐渐繁荣起来。随着马里国力的不断强大,松迪亚塔的儿子武莱在即位后给自己加上了"曼萨"的尊号,意即"王之王"。武莱之后,马里王国出现了持续十几年的内讧,导致国家分裂。1285 年,宫廷奴隶萨库拉夺取王位,建立了新的马里政权。这个新建立的政权重新统一了马里,继续扩大疆域。1300 年,萨库拉从麦加朝觐回国,结果被人刺杀。此后,凯塔家族重新继承王位。

14 世纪前期,马里王国达到鼎盛时期。曼萨·穆萨在位时(1307—1337年),马里王国拥有军队 10 万余人,包括 1 万名骑兵。1325 年,马里征服桑海,将其领土吞并。当时马里的领土东达日尔河大河湾,西至大西洋,南起赤道,北接撒哈拉沙漠,成为继加纳之后西非历史上的大国。

曼萨·穆萨在统治时期奖励农业生产,发展商业经济,出现了迭内、瓦拉塔、廷巴克图和加奥等商业城市,国外贸易进一步繁荣起来。马里控制了穿过撒哈拉大沙漠的贸易,与北边的摩洛哥、阿尔及利亚和东边的埃及建立了广泛的贸易联系。埃及、马格里布的阿拉伯商队带着各种商品来到马里交换黄金和奴隶。廷巴克图成为当时字宁克人和上苏丹人交换商品的中转站,其中的一个街区成为外国商人的住地。

随着马里的不断强大,曼萨·穆萨于 1324 年至 1325 年间前往麦加朝圣。

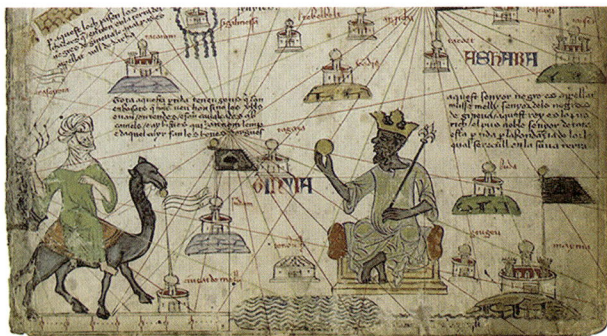

曼萨·穆萨图
此图出自中世纪手稿《加泰罗尼亚地图集》,图中居中心位置的就是当时的"世界首富"——曼萨·穆萨。

曼萨·穆萨率领大批随从经开罗前往麦加，由 500 个手执金杖的奴隶在前面开道，后面跟着 100 头骆驼驮着黄金。据说他在开罗挥金如土，致使当地黄金持续贬值 20 年。曼萨·穆萨的富强给伊斯兰世界留下了深刻印象，马里的声名自此远扬欧洲。14 世纪 30 年代后，一些欧洲国家绘制的地图上首次出现了马里和曼萨·穆萨的图像。

曼萨·穆萨回国后，聘请阿拉伯建筑师，在加奥和廷巴克图修建了许多清真寺和图书馆。曼萨·穆萨非常尊重学者、重视教育事业，在廷巴克图设立大学，将廷巴克图建成重要的学术与艺术中心。

桑海在乌罕统治时期（1332—1336 年）摆脱马里控制恢复独立。苏来曼在位时（1336—1359 年），马里仍然繁荣富强。摩洛哥旅行家伊本·巴图塔大约于 1352 年至 1353 年曾到过马里，他在游记中记述了当时马里境内的情况，社会秩序井然，商队来往频繁。

自 14 世纪 60 年代起，马里王国内部出现权力之争，开始走向衰落。15 世纪，马里国力下降，下属各族纷纷独立，周围的部落不断入侵。1400 年，莫西人入侵马里东部各省；1435 年，图阿雷格人侵占阿腊旺、廷巴克图、瓦拉塔等重要城市；15 世纪后期，马里尼日尔河地区各省被桑海兼并。14 世纪中叶，马里属国加奥发展成为强大的桑海帝国。1508 年，桑海将势力扩大到了塞内加尔河上游，并袭击了马里首都。在桑海的袭击下，马里东部的领土不断被兼并。16 世纪中期，西北地区的富尔人兴起，兼并了台克鲁尔。马里王国领土不断被蚕食，国势日衰，一蹶不振。1599 年，马里国王试图收复迪内，结果被摩洛哥军队击败。1645 年，马里末代国王的军队被塞古军队打败，马里王国灭亡。

桑海的历史

桑海人起源于达荷美北部地区，7 世纪时迁移到尼日尔河上游。传说桑海人建立的第一个国家叫迪阿王朝（690—1335 年），首都为库吉亚，统治北至班巴，南达鲁普的尼日尔河两岸地区。890 年，迪阿王朝占领加奥城。1010 年，迪阿王朝第 15 任国王科塞伊将都城迁到加奥，并在穆斯林的影响下改宗伊斯兰教。1325 年，马里军队入侵加奥，桑海成为马里的附属国。1335 年，被马里扣留作为人质的桑海王子阿里·格伦和塞尔马·纳尔逃回加奥，恢复了桑海的独立，建立桑尼王朝。

15 世纪后期，桑海国开始强盛。桑尼王朝第 15 任国王桑尼·阿里（1464—1492 年在位）组建了一支强大的军队，四处征伐。1469 年，桑尼王朝占领了图阿累格人控制下的廷巴克图，一度侵占马里王国首都；1473 年，攻占马里的杰内和马西纳部分地区，随后又击溃了试图从马西纳往东进行扩张的富尔人，占领了瓦拉塔；1483 年，在德保湖南面击败莫西人，乘胜追击，攻入莫西国内。1492 年 11 月，桑尼·阿里在一次军事行动中意外身亡。

桑尼·阿里死后其子巴罗即位。次年，王国将领索林凯人穆罕默德·杜尔发动政变，夺取王位，推翻了桑尼王朝，自称"阿斯基亚·穆罕默德一世"，建立桑海历史上的阿斯基亚王朝。穆罕默德一世在政治、经济和文化等方面实行一系列改革，使桑海国家进入鼎盛时期，桑海王国开始由奴隶制过渡到封建制。

在政治上，他建立中央集权制，在中央设立一系列官职，分别负责管理财政、交通、农业、宗教等；将全国划分为 4 个行省和许多行政区，选派王室人员担任行省长官，建立起一套完整的行政机构。

在军事上，他组建由奴隶和战俘为主的常备军，替代加纳、马里王国时期实行的战时征兵制。这样既使农民和手工业者不脱离生产活动，同时又保证了各地区有国王的驻军。他延续了桑尼·阿里的扩张政策，依靠常备军四处征伐，使桑海王国的疆域西起塞内加尔河上游，东到艾尔高原，南抵塞古，北达中央撒哈拉的辽阔地区。

在经济方面，他在尼日尔河上游开凿运河，发展农业经济，开采盐矿，统一度量衡，建立税收制度。加奥、廷巴克图、杰内等商业城市发展迅速，手工业发达，尤其是纺织业，在廷巴克图的裁缝作坊就有 26 所，拥有几十至上百名徒工。

在文化方面，穆罕默德一世推崇伊斯兰教，鼓励文化事业，广泛招徕各地的学者文人。设在廷巴克图的桑科尔大学有几千名学生，学校除了研究《古兰经》外，还研习法律、文学、历史、地理、天文、数学等学科。廷巴克图成为当时西非最大的穆斯林文化中心，促进了阿拉伯文化的发展。桑海王国培养出了许多学者，他们的著作只有少数得以保存下来，成为现今研究苏丹历史的珍贵史料。

1517 年至 1528 年，桑海发生内乱，先是尼日尔河东岸的凯比王康塔起兵叛乱，紧接着穆罕默德一世的 3 个儿子发动战争反对父亲的统治。1528 年，穆罕默德一世战败，被其儿子剜眼，放逐到尼日尔河的一个小岛上。此后，王室内部爆发了争夺王位的战争。1537 年，伊斯迈尔夺得帝位，迎回了穆罕默德一世。次年，穆罕默德一世去世，桑海帝国因为内乱不断很快就四分五裂。到达乌德（1549—1582 年在位）统治时，桑海帝国虽然有所振兴，但是已经无法挽回颓势。

1590 年，摩洛哥苏丹艾哈迈德·曼苏尔派大军入侵桑海。1591 年 4 月，数万桑海军被 2000 多人的带着火枪的摩洛哥军队击败。桑海国王仓皇逃到古马避难，结果被当地居民杀死。摩洛哥军队迅速占领了加奥、廷巴克图和杰内，将其洗劫一空，然后大肆破坏。桑科尔大学在这场劫难中被付之一炬，十几万金币和 1000 多名奴隶成为摩洛哥军队的战利品。

桑海国王的军队被摩洛哥军队击溃以后，迪奥果腊尼奴隶部落迅速发动起义。1591 年 10 月，起义部队曾向廷巴克图进攻。1593 年，起义部队又联合图阿累格人向加奥到杰内的地区发动进攻，迫使摩洛哥军队的活动区域局限于加奥、杰内和廷巴克图等少数城市及其附近地区。桑海王室战败后，撤退到了登迪，试图以游击战术抵抗摩洛哥侵略军的深入进攻，但已经无力进行反击。在登迪的桑海王室的影响力逐渐消失，到 17 世纪初，桑海王国彻底瓦解，不复存在。

赤道非洲及其以南各国

公元初，在赤道以北居住的班图人受到北方民族的压迫，于是向赤道以南地区迁徙，一直持续到了 19 世纪。班图人在迁徙过程中与中、南非洲各民族相互碰撞、融合，形成了一些文明国家，其中最重要的有刚果和津巴布韦。

刚果王国

刚果王国是由位于非洲刚果河河口的西班图族的部落联盟建立的国家。早

刚果王国国王使用的金权杖

在前 1000 年，刚果人就已经开始了农业生产活动，在大约前 400 年时就已经出现了冶铁业。随着社会生产力的不断发展，大约在 10 世纪到 11 世纪，刚果河河口地区出现了早期的农业聚居部落，成为刚果王国的雏形。

据传说，刚果王国是由刚果河北岸的崩古王国小王子尼米·卢克基创立的。大约在 14 世纪时，他率领西班图族的刚果人向赤道及其以南地区迁徙，先是征服了人口众多的巴刚果地区，建立起自己的国家，都城为姆班扎。新建立的刚果王国通过武力和联姻的方式，逐步吞并了许多小王国和部落，疆域面积不断扩大。

15 世纪中叶，刚果王国的国势达到鼎盛时期，其疆域覆盖了西起大西洋海岸，东到开赛河和赞比西河上游，北起奥戈韦河，南至本格拉的广大地区。16 世纪初，由于周围各国纷纷宣布独立，刚果王国的疆域有所缩小，但仍然拥有西临大西洋，东抵刚果河，北起卡奔达，南至罗安达的广大地区。

刚果王国是在原始公社制解体基础上建立的国家，氏族制度与发展中的封建关系紧密地交织在一起。刚果的国家体制相对完备，拥有较为完整的从中央到地方的行政管理机构。国王为一国之首，在中央设立分管财政、外交、军队等事务的大臣，各部大臣由国王从贵族中指派。在地方上，全国划分为 6 省，省下面设有州。国王任命王亲和贵族担任省、州行政长官职务，并赐予他们省州"马尼"的称谓。各省州的马尼每年必须向国王纳贡，国王可以随时撤换他们。但随着地方经济的不断发展，一些省州逐渐成了王亲和贵族的世袭领地。王国在全国各地设有常备军，发生战争时，所有成年男子都要去服兵役，由军事大臣负责向各省发布征兵令。

刚果王国的基本居民是自由农民，向国王和贵族纳税服役。农村还保留着公社组织，土地归公社所有，分给各户耕种。公社划定一些土地共同耕种，向国王缴纳实物贡赋。王室田地主要由自由农民服徭役和奴隶耕作。奴隶主要来自战俘，也有债务奴隶以及罪犯，当时十分盛行奴隶买卖。王室和贵族占有大量奴隶，这些奴隶用于家庭服徭役、从事农业生产以及开采矿产等。

刚果王国资源丰富，为发展经济奠定了良好的基础。刚果的经济以农业为主，农业生产以铁制工具为主，种植的作物有高粱、小米、麦类和稻谷等。16 世纪初，葡萄牙人从南美洲引进木薯和玉米后，刚果开始种植木薯和玉米，此外还种植蔬菜和瓜果等。农田劳动主要由妇女担任，男子则主要从事砍伐树木、开辟耕地、渔猎等重劳动。

刚果王国拥有较为发达的手工业和商业。在手工业方面，刚果人民很早就掌握了冶铁技术，其生产的铁制武器、生产工具，以及金、银、铜器和装饰品等，都有着比较高的水平。传说最初的刚果国王就是从那些技艺精湛的铁匠当中挑选出来的。刚果人制造陶器、木器，用象牙雕刻工艺品，用棕榈纤维织布、织渔网、做鱼篓和各种精巧的篮子，用棕榈叶编织成席子然后制作门扉、栅栏等。刚果的造船业较为发达，使对外贸易得到了很大的发展。刚果的商业贸易十分发达，各地都有定期的集市。从沿海地区到内陆，有盐、渔的商道，从沿海地区运进食盐，从内地把象牙、毛皮、编织品和金属制品等运往沿海地区。货币以贝壳、金块为主。为了维持商业贸易的正常进行，王国规定地方官吏必须保障道路的通畅，修缮桥梁、渡船和驿站等。首都姆班扎的人口有数万人，不仅是全国的政治中心，也是最大的商业中心，往来的商旅络绎不绝。

15 世纪后期，葡萄牙人到达刚果河地区，成为最先与刚果王国进行接触的欧洲人。1482 年，葡萄牙人侵入刚果河口，并于 1487 年进入刚果首都。1491 年，刚果国王和一些贵族接受了基督教洗礼。此后，葡萄牙传教士和商人陆续来到刚果，传播基督教，进行黄金和奴隶贸易。1506 年，葡萄牙将接受洗礼的王子阿方索一世（1506—1543 年在位）扶植上台。此后，葡萄牙人在刚果加紧传播基督教，到处修教堂，并将首都改名为"圣萨尔瓦多"。自 1514 年开始，葡萄牙人深入王国腹地，掠夺黄金和奴隶，大批刚果人被掠走，甚至包括王室成员。1536 年，在奴隶贸易中心姆潘达港，超过 5000 名黑人被抓走成为奴隶。葡萄牙人的入侵给刚果带来了深重的灾难，大量的黄金被劫掠、成千上万的壮丁被抓走，严重破坏了刚果的社会生产，阻碍了刚果经济、政治、文化的发展，刚果国势日趋衰落。

津巴布韦的历史

津巴布韦意为"石头城"，是南部非洲古国莫诺莫塔帕的首都，也是南部非洲重要的文明发源地。12 世纪至 16 世纪，莫诺莫塔帕国是南部非洲的一个强大国家。它在 15 世纪鼎盛时期的版图北起赞比西河，南抵林波波河，东达印度河沿岸，大体包括现今津巴布韦、南非共和国北部德兰士瓦部分地区和莫桑比克的大部。

莫诺莫塔帕国的居民为南班图语系马绍纳族的卡兰加人，社会经济以农业和畜牧业为主。种植的谷物有玉米、高粱和豆类，还饲养家畜。在津巴布韦东部以及莫桑比克西部的山坡梯田遗址绵延很广，梯田周围开凿有水井，还有许多长达几千米的用以灌溉的水渠。这些灌溉设施除了可以进行农业灌溉之外，

鸟形立碑
这件石刻鸟形雕像出土于大津巴布韦遗址，它原先所在位置正处于遗址的圣殿中心，因此具有很强的宗教意义。

津巴布韦古城遗址

还可以用来饲养家畜。

莫诺莫塔帕国的手工业也较为发达，出现了织布、制陶、雕刻和金属冶炼等行业。人们在津巴布韦发现了大量古代开采金和铜的矿场，大约在 4 世纪或 6 世纪时，炼铁业已经有了较大发展，制造出了弓箭、农具以及各种金属饰品。

莫诺莫塔帕国的建筑水平也非常高，以雄伟的花岗石建筑闻名于世。津巴布韦 400 多处遗址中最著名的是津巴布韦古城遗址，主要建筑有卫城和围场。卫城建在山坡上，围场建在山谷里，长约 90 米，宽约 60 米，围墙高达 9 米多，厚达 6 米多，气势宏伟。古城遗址还包括高塔、神庙、宫殿、库房、水井、地窖等建筑，这些建筑物主要是由花岗石砌成。在津巴布韦古城遗址内还发现了用以铸造铜钱的泥模和中国的瓷器，表明当时莫诺莫塔帕国的商业已经有了很大发展，出现了对外贸易。索法拉是古代津巴布韦重要的港口城市，这里每年输出大量的黄金、象牙、铁、铜和奴隶等，输入棉织品和奢侈品等。

在 16 世纪欧洲人到达之前，莫诺莫塔帕是一个在原始公社解体基础上形成的专制主义奴隶制的国家。国王是国家的最高统治者，掌握着全国臣民的生杀予夺大权。中央建立了一套较为完整的行政管理机构，设有国王卫队和警察等。国家的一切皆属于国王，臣民的一切财物都是国王贷给的，国王有权随时收回。国王后宫里有 9 个王后、几千名嫔妃和女奴,其中王后享有决定王位继承人的大权,表明在莫诺莫塔帕国中还保留着母系氏族制的残余。在社会生产中,农业生产主要以自由农民为主,奴隶则从事采矿、建筑和农业生产等领域的活动。自由农民在公社的管理下进行生产,并向国王缴纳实物贡赋。

15 世纪末,葡萄牙人入侵东非海岸。16 世纪,葡萄牙人入侵莫诺莫塔帕王国。16 世纪初,莫诺莫塔帕王国日趋衰落。一方面是由于王国出现内讧和战乱,另一方面则是葡萄牙人垄断了海上贸易,破坏了王国最重要的经济来源。为了控制莫诺莫塔帕国,葡萄牙千方百计进行渗透和侵略。1560 年,葡萄牙的一个耶稣会教士给国王施行了洗礼,进而干预王国事务。莫诺莫塔帕人民处决了这个传教士,紧接着又击败了葡萄牙人派来的侵略军,迫使葡萄牙人向国王交纳商业税。但在 16 世纪后,莫诺莫塔帕王国像东、西非许多沿海国家一样,遭到了葡萄牙人的侵袭和掠夺,莫诺莫塔帕王国逐渐走向衰落。1693 年,莫诺莫塔帕王国被马绍纳族的罗兹维人灭亡。

莫诺莫塔帕王国石筑堡垒废墟

05

15世纪末以前的美洲

　　美洲是亚美利加洲的简称，可以分为北美洲和拉丁美洲两大部分。在 15 世纪末以前，美洲是独立发展的，出现许多不同文化和语言的部落集团，创造出了堪与世界优秀文化媲美的玛雅文化、阿斯特克文化和印加文化。到 15 世纪末，北美印第安人还处于原始公社制阶段，而南美、中美和墨西哥的部分地区已经开始进入阶级社会。

北美的印第安人

　　印第安人是美洲的土著居民，是 15 世纪末欧洲殖民者入侵之前南、北美洲各族人民的总称。在殖民统治时期以前，北美印第安人的部落集团处在氏族公社制的不同阶段，生活方式各异，分别从事采集、渔猎、游牧和农业。

北美印第安人的社会

　　在 15 世纪末欧洲人抵达美洲以前，美洲有着独特的历史。哥伦布于 1492 年 10 月初次抵达美洲时，误以为抵达了印度，因此将当地的居民称为"印第安人"（印度人），此后虽然发现了错误，但这一称呼已经普及，这一历史名称也就一直沿用了下来。15 世纪时，大约有 150 万印第安人居住在北美洲，分属于不同的部族和部落，根据他们的社会以及经济状况，大致可以划分为 7 个部落集团。

　　北冰洋沿岸地区的因纽特人和阿留申人是北极圈地区的猎人和渔民，他们建造雪屋，制造以及使用雪橇，使用鱼叉和镖枪等工具进行渔猎来维持生活。特林基特人和海达人居住在北美西北沿海，是以猎人和渔人为代表的部落，通过镖枪、矛和渔网来猎捕各种动物和鱼类，他们还不懂得制造陶器，处于从母系氏族向父系氏族过渡的阶段，出现了从事杂务和渔猎的战俘奴隶。阿塔帕斯克人和阿尔衮琴人等部落集团主要居住在加拿大和美国北部原始森林地带，使用弓箭、长矛等工具进行狩猎活动。

　　北美东部和东南部主要居住着易洛魁人、穆斯科格人以及部分阿尔衮琴人部落。这些部落已经开始从事农业生产，并进行狩猎和采集活动。易洛魁人种植的作物有玉米、豆类、南瓜、向日葵和烟草等。穆斯科格人则主要种植玉米，

开口旗石

这件制作于约公元前 2000 年的旗石属于北美
原住民。以前的学者普遍认为旗石是一种装
饰品或者一种"旗帜"，后来随着考古的不断
发展，现在的学者们一般认为这种旗石应该
是绑在梭镖投射器上的平衡器。而梭镖投射
器是古代的一种常见捕猎工具。

制造陶器，通过纺织和鞣制鹿皮制作衣服。氏族共同占有土地，集体进行生产
劳动，共同消费。氏族实行外婚制。氏族成员有权利选举和更换世袭酋长和军
事领袖。

美国中西部大草原地区主要居住着科曼奇、达科他、夏延等部落集团。他
们主要使用弓箭进行狩猎活动，部落居民主要居住在牛皮制作成的帐篷内，社
会制度处于从母系氏族向父系氏族过渡的阶段。

居住在美国太平洋沿岸的加利福尼亚人部落集团，是北美土著居民中最落
后的部落之一。他们采集野生食物，进行渔猎活动，居住在用树叶、兽皮制成
的房屋中，过着半游牧半定居的生活。部落还保留着浓厚的母系氏族制，妇
女在生产活动中有着特殊地位。在美国西南部和墨西哥北部的普埃布洛印第
安人部落已经开始定居生活，有着较为发达的灌溉农业。他们种植的作物有
玉米、豆类、棉花等，使用土砖来建造房屋，出现了较高的制陶和纺织技术。
部落处于从氏族公社向农村公社过渡的阶段。总之，北美印第安人的社会形态
在 16 世纪以前还处于原始公社制时期。

玛雅文明的历史

玛雅文明是拉丁美洲古代印第安文明的杰出代表，主要分布在中美洲地区。玛雅文明虽然处于新石器时代，但在天文学、数学、农业、艺术、文字等方面有着杰出的成就，为世界文化史的发展作出了卓越的贡献。

玛雅文明发展的历史

大约在距今 1 万年以前，墨西哥地区出现了较高级的石器时代文化。在墨西哥中部地区发现了大约在 1.1 万年以前的梯贝希班人人类化石。至公元前 2000 年左右，墨西哥地区的人类部落进入原始公社的繁荣时期。许多地区的部落过着定居的农业生活，种植玉米、豆类和棉花等作物，出现了管理组织和宗教组织，使用石杵和石臼，大量制作陶器，进行纺线织布等。

大约在公元前 2 世纪中期，墨西哥地区出现了第一个较高级的文化——奥尔梅克文化。奥尔梅克人创造出了象形文字、历法和计数法，用重达数吨或数十吨的巨石雕琢石刻头像，留下了许多脸型奇特的石刻人像。奥尔梅克文化是墨西哥古典文化的先驱，被称为"前古典时期"。

自公元前 2 世纪末期开始，中美洲的较发达地区进入"古典时期"，文化有了重大发展。这一时期原始公社逐步解体，开始向阶级社会过渡，建立了奴隶制国家，出现了城邦、巨型金字塔台庙建筑群、宫殿、天文观象台等。古典时期出现了四大文化和艺术中心，即特奥蒂瓦坎文化、托尔特克文化、萨波特克文化、玛雅文化。其中又以玛雅文化的水平最高，是古典时期文化的高峰。大约在 300 年至 900 年间，玛雅文化处在繁荣时期。

玛雅人主要分布在包括今天墨西哥境内的恰帕斯州东部、塔巴斯科州东部、尤卡坦州、坎佩切州和金塔纳罗奥州，以及今天的危地马拉、洪都拉斯、萨尔瓦多西部地区。据考古发现，在公元初期，玛雅人就已经在尤卡坦半岛南部的贝登伊查湖东北地区建立了一些奴隶制城邦。人们在这一地区发现了大量古代城邦遗址，其中以科潘和蒂卡尔的城邦规模最大。科潘城遗址地处尤卡坦半岛南端、乌苏马辛塔河流域，长、宽达数千米，中央的建筑群主要有 5 个广场和神庙、殿堂、宫室、球场等。这里有玛雅文明特有的纪念性建筑物——象形文字梯道，梯道宽 8 米多，有 90 多级石阶，上面刻有 2000 多个象形文字符号。古典时期的另一个大城市蒂卡尔，地处内陆流向加勒比海和墨西哥湾的河流之间，是中美洲的商业中心，有着发达的商品经济，成为玛雅文明的主要经济来源。据估计，蒂卡尔在古典晚期大约有 7 万人。

　　到 9 世纪末时，玛雅的城邦突然衰落，人们将 9 世纪末之前的玛雅城邦称为"旧国时期"。或许是因为遭到外族的入侵，旧国时期的一部分玛雅人在 5 世纪时开始往尤卡坦半岛北部地区迁徙，在 5 世纪至 6 世纪时建立起了奇琴伊察城邦。7 世纪时，奇琴伊察城的居民放弃了这座城市，迁徙到半岛西南地区。10 世纪中叶，由于受到托尔特克人的入侵，伊察人被迫返回了奇琴伊察，尤卡坦半岛上的玛雅城邦再次得到复兴。

仪式集会组雕
该组雕出土于墨西哥的拉文塔遗址，展现的是 16 个排列好的奥尔梅克人进行祭祀仪式的场景。

巴加尔二世头像
该头像出土于巴加尔二世陵墓，巴加尔二世
是玛雅文明时期重要城邦帕伦克的国王。现
存于墨西哥城的国家人类学博物馆。

　　10 世纪后，在奇琴伊察西南出现了乌斯马尔和玛雅潘两个城邦。11 世纪初，奇琴伊察和这两个城邦结成联盟。1194 年，在墨西哥人的协助下，玛雅潘击败奇琴伊察和乌斯马尔，取得领导地位。"玛雅"一名或许就是在玛雅潘成为尤卡坦半岛北部政治中心时确立下来的。1441 年，乌斯马尔联合其他城邦击败玛雅潘，并对其洗劫一空。从此，尤卡坦半岛进入内战时期，分裂成许多独立的城邦，互相混战。1485 年半岛发生大瘟疫，并在各城邦肆虐，各城邦渐趋没落。人们将从 10 世纪到 16 世纪初西班牙殖民者到达尤卡坦时的这段历史称为"新国时期"。1521 年，西班牙殖民者到达尤卡坦，玛雅文化也随之终结。

玛雅文明早期的奴隶制和宗教

　　当玛雅人建立城邦时，已经从原始社会进入奴隶社会，到玛雅潘成为尤卡坦的政治中心时，奴隶制已经有了较大发展。奴隶的主要来源是战俘，贵族军人最初占有奴隶。那些有着较高名望的战俘被用来当作祭祀神灵的供品，有的人在缴纳一定数目的金钱后也可以赎身。除了战俘之外，小偷也会被贬为奴隶，奴隶的子女在没有获得赎身之前也属于奴隶。离婚的妇女、孤儿、杀人犯、无力偿还债务的人以及与奴隶结合的自由人都成为奴隶。在尤卡坦地区买卖奴隶的风气十分盛行。奴隶为贵族耕种土地、修建住宅，为商人搬运货物，乃至当纤夫和渔夫等。

而在自由民当中已经分化出贵族和僧侣，他们属于社会的上层。最高统治者职位采取世袭制，掌管所有大权。贵族有权占有世袭领地和剥削奴隶劳动。各个村庄由最高统治者任命的地方长官进行管理，"村长"是终身职位，对最高统治者必须绝对服从。他们的职责是向管辖地区的居民征收赋税，审理各种纠纷案件等，出现战事时率领村社居民进行作战。

僧侣是贵族当中较为特殊的阶层，主要由僧侣的儿子或是贵族的小儿子担任。最高僧侣的职位实行世袭制。僧侣不仅负责一切宗教仪式，最高僧侣还是玛雅最高首领的顾问，各村社的僧侣也担任着地方行政长官的顾问职务。僧侣掌握了科学知识和文化艺术，是城邦中唯一通晓历法的人，因此何时进行农业劳作都由他们决定。由于僧侣代表和执行神的意志，因此他们担任起了社会诉讼裁决者的角色。

玛雅社会的基层是农村公社，保留了许多氏族制度的残余。公社拥有土地，分给各家进行耕种，原则上 3 年后重新分配。由于经常需要轮种和休耕，因此土地没能成为各家的固定财产。一些长期不需要变动的果园、可可园等，成为贵族的固定地产。公社成员背负各种徭役和贡赋，为贵族耕种田地，修建房子、庙宇和道路等，向贵族交纳赋税，赠送僧侣礼品，战时还要承担军队的开支。此外，一些贵族军人甚至将那些处于附庸地位的公社成员卖掉，使其变成奴隶，导致了阶级矛盾的不断激化。

雅克齐兰门楣
这是一件比较罕见的玛雅艺术作品，该雕刻主要展现的是左边的国王手持火炬照亮右边正在做祭祀仪式的王后的场景。现存于大英博物馆。

玛雅文明的经济和科技发展

大约在公元前 2 世纪初期，玛雅人就已经开始了定居的农业生活，他们采取烧林耕作的方法，从野生植物中培植了玉米、甘薯、南瓜、番茄、豆类、辣椒等作物，此外他们还培植各种果树和种植棉花。玛雅人还饲养狗、火鸡和蜜蜂等，从事集体渔猎活动。在手工业方面，玛雅人已经开始使用陶土、石头以及木头制作器具，使用黑曜石和燧石制造工具和武器等，用羽毛编织成各种颇具特色的纺织品，用金、银、铜、锡等金属制成各种金属器具和装饰品。玛雅人的物品交换也较为发达，在城市和村落的广场中出现了物品交易的场所，人们可以在市场上买到各种食物和日常用品，可可和豆子开始成为交换的媒介。

玛雅文化是印第安人文化当中最发达的文化，是世界最重要的古代文明之一。由于农业生产的需要，玛雅人在天文、历法、数学方面有着卓越的成就。他们将一年划分为 18 个月，每月 20 天，另加 5 天，共计 365 天，这与现代的历法非常类似。他们还有自己的纪元，并将其与神话中的一个年代联系在一起。玛雅人通过肉眼观察，推算出月亮和行星运转的周期，以此来确定时刻。玛雅

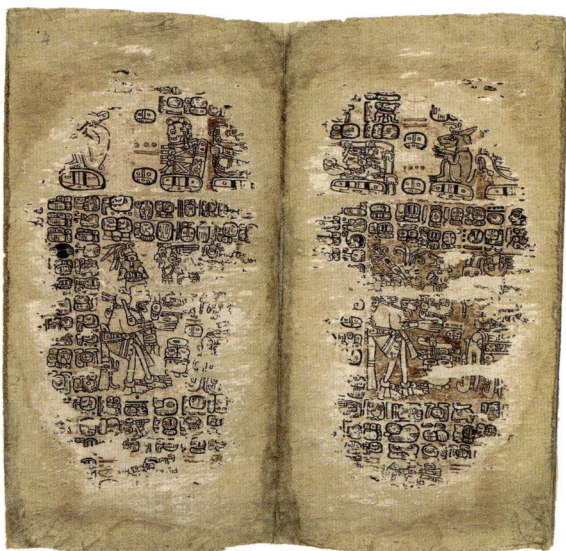

玛雅古抄本
是玛雅文明的重要文献，是以玛雅文字写在脱毛榕木的内树皮制成的纸上。

人以人的手和脚指头数作为基础，创造出了 20 进位计数法。玛雅人还将"零"的符号应用到数字计算上，这比欧洲人早了几百年。

公元前后，玛雅人已经创造了类似于古代埃及、巴比伦、中国文字体系的象形文字。这些文字主要由许多图形和符号组成，其中符号有 800 多种，词汇约有 3 万多个。象形文字通常刻在石柱、木头、玉石以及贝壳上。玛雅人还用树皮制成的纸和鞣制过的鹿皮写书，书籍主要涉及天文、历象等，也包括神话、历史、诗歌、戏剧等内容。他们曾留下大量的手抄本，但 16 世纪初西班牙殖民者入侵后，这些珍贵的写本被付之一炬，仅有 4 种写本保存了下来，大部分为玛雅祭司使用的祭祀礼典。到现在为止，学者还没有完全释读出玛雅人的文字。

玛雅人十分注重记载历史，许多玛雅城邦通常每隔 20 年就要立一块石碑，并用象形文字在上面刻述各种历史事件，因此玛雅文化是古代美洲唯一有明确年代可考的文化。现今人们发现了几百个玛雅人石柱，已知最早的石柱记载的年代大约为 292 年，最后一块石柱刻述的年代则是 1516 年。

玛雅人有着杰出的建筑和艺术水平，主要反映在建筑、雕刻和绘画上。在古玛雅城邦皮德拉斯尼格拉斯附近的博南帕克遗址保留了一些大约 8 世纪时的彩色壁画，它们是保存至今的唯一完整的古玛雅壁画。这些壁画色彩绚丽，线条挺拔，人

皇家人像石碑
这是一座出土于洪都拉斯科潘遗址的石碑，上面雕刻的人像是科潘王国的第十三任统治者。

物形象千姿百态，栩栩如生。壁画内容包括贵族出行、战争和凯旋、游行、审判战俘、呈献贡赋等场面，生动再现了玛雅的社会状况，富有现实主义的表现力，是世界古典壁画的艺术宝库之一。

古玛雅城邦遗址保存了许多宫殿和神庙建筑。这些建筑主要由碎石、石灰合成混凝土或者用石块建造而成。奇琴伊察的库库尔坎神庙建在高 29 米、周边各宽 55 米长的金字塔台上。金字塔塔身有 9 层，四面有宽阔的石阶，每一面有 90 级石阶。神庙高 6 米，呈正方形。金字塔正面的底部雕刻有带羽毛的蛇头，高 1.43 米、宽 1.07 米、长 1.87 米。每逢春分和秋分，夕阳西下，阳光照在北石阶边墙的栏杆时，整个塔身从上到下，直到蛇头，看上去起起伏伏，犹如一条巨蛇从塔顶爬向地面。

奇琴伊察还建造有天文观象台。它是一个圆形建筑物，高 22.5 米，内部建有螺旋形梯道和回廊，可以通到塔顶的观象台，整个塔就像是一个蜗牛壳。塔壁上设计有 8 个窗口，以此观察天象。观象台上层的观测室已经被严重毁坏，但从残存部分仍然可以了解到该建筑的精确结构。此外，奇琴伊察还建设有规模庞大的古建筑群，包括总督府、修女宫、勇士庙等。这些建筑的外墙、门框、石楣都雕刻有精美的浮雕。

玛雅金字塔

阿兹特克文明的历史

阿兹特克文明是美洲地区重要的古代文明之一，在 15 世纪到 16 世纪统治了现今墨西哥中部地区 100 多年。阿兹特克人建立了一个强大的帝国，并创造了颇具民族特色的文化，成为墨西哥古代文明中最璀璨的明珠。

阿兹特克文明的发展历史

公元前 200 年时，特奥蒂瓦坎人出现在墨西哥中部地区，并在 1 至 150 年间于特斯科科湖东北地区建造了特奥蒂瓦坎城，创造了特奥蒂瓦坎文明。大约在 4 世纪至 5 世纪时，托尔特克人的一支从南部地区来到墨西哥谷地，继承了特奥蒂瓦坎文明，创造了新的文明。

特奥蒂瓦坎城遗址的面积为 21 平方千米，中心部分为 6 平方千米。遗址有一条南北向的中心大道，长约 2.5 千米，主要建筑物分布在大道两侧，以金字塔和庙宇为主，有太阳金字塔、月亮金字塔。大道的终点是长方形广场，著

特奥蒂瓦坎祈祷面具
该面具最初埋藏于墨西哥战神神庙主要出入口的地下，由密实的软玉制成。硕大的耳环表明该面具应该是举行仪式时使用，或作为陪葬物。

雄鹰武士
这件雕塑曾位于阿兹特克大庙旁的一个住宅入口，其雕刻工艺成熟，具有很强的审美性。现存于墨西哥城阿兹特克大庙博物馆。

名的太阳金字塔就耸立在广场上。月亮金字塔耸立在广场的北面，比太阳金字塔略小一些。特奥蒂瓦坎又是宗教祭祀的中心，建有奎特扎尔考特神庙等祭祀建筑。10世纪时，大量托尔特克人向南迁徙，在墨西哥东南部以及尤卡坦创造了新的玛雅人和托尔特克人相结合的文化。12世纪末叶，由于北方部族阿兹特克人的入侵，托尔特克人逐渐衰亡。

根据传说，阿兹特克人最初居住在墨西哥西部一个名叫"阿兹特兰"的岛屿上，阿兹特克因此而得名。11世纪中叶，阿兹特克人开始向墨西哥谷地迁徙。他们根据战神威齐洛波特利的启示，往南来到阿纳瓦克谷的特斯科科湖。当他们抵达湖中央的岛屿时，他们看到一只叼着蛇的老鹰停在仙人掌上。这个情形告诉他们，这就是他们定居的地方。今天墨西哥的名称就是来自战神的另一名字——墨西特利，意为"战神指定的地方"，鹰衔着蛇的图案成为今天墨西哥的国徽。1325年，阿兹特克人遵照威齐洛波特利的指示，在这个地方建立了特诺奇蒂特兰这座巨大的人工岛，即今天墨西哥城的地下。

15世纪起，阿兹特克人不断强盛起来。1426年，在领袖伊茨夸特尔的领导下，阿兹特克人相继征服了周围的部落，并与特拉科潘人、特斯科人结成部落联盟，建立起庞大的部落联盟。此后，阿兹特克人不断对外扩张，势力范围达到了墨西哥湾和太平洋沿岸，向东达到了危地马拉。15世纪中期以后，阿兹特克人掌握了部落联盟的领导权，阿兹特克的军事酋长成为联盟军的总指挥，另外两个部落各派军事首脑参加联盟的领导。该联盟规定各部落按照一定的比例分配战利品，向被征服的部落征取贡物。因此，15 世纪时的阿兹特克部落联盟实际上已经发展成了早期奴隶制国家。

阿兹特克的国家组织和社会经济生活

在社会制度方面，阿兹特克有两个最高统治者，分别为西华夸特尔、特拉卡特库赫特利，前者负责管理行政，后者主管军事和祭祀，前者服从于后者。最高统治者在形式上由部落议事会选举产生，实际上则由家族世袭。祭司和其他公职人员主要由贵族家族人员担任。两个统治者在各部落议事会的协助下进行统治。

阿兹特克的社会基础仍然属于氏族制，土地还归公社所有，由各家族共同耕种。男子在婚后可以分到份地，但是不能继承或转让。除了大家族共同耕种的土地外，还有供养祭司、军事首领以及供应军需的土地。这一时期也出现了土地私有制的萌芽，在新征服的地区，获得战功的军官、士兵可以分到一定数量的土地，并可以世代继承下去。由于阿兹特克人常年对外征战，这种私人占有土地的现象越来越普遍。

随着社会经济的发展，财富分配出现了明显的不均，社会内部分化变得明显起来，出现了"奴隶"阶层。奴隶主要出于本族，有的因为犯罪被罚为奴隶，有的因为负债卖身为奴，也有穷贱者自愿为奴的。这里的奴隶与欧洲的奴隶制完全不同，不仅可以成家，也可以拥有属于自己的财产，甚至还能够购买其他奴隶。此外，还有战俘奴隶，部分战俘被用来作为祭献的牺牲品。在 16 世纪初西班牙殖民者入侵前，阿兹特克自由民和奴隶之间的界线已经很明显了，出现了阶级和早期国家的萌芽。

在经济方面，阿兹特克人主要以农业为主，狩猎已经居于次要地位，种植的作物有玉米、豆类、棉花、烟叶和剑麻等。为了扩大作物的种植面积，阿兹特克人把湖泥和堆肥铺在木筏上，建成可供常年灌溉施肥的菜园，这类菜园被称为"浮动园圃"。而沿海地区的居民则从事渔业。在手工业方面，冶炼业有了较大发展，可以锻冶除铁之外的各种天然金属，还能铸造和模压黄金，制作金器等。阿兹特克人还是很精巧的手工工匠，制作木器、石器等生产工具，也使用投枪和弓箭，用黑曜石制成刀刃和枪尖等。阿兹特克人制作出的陶器造型优美，质地精良，多以褐地黑纹为主，纹样繁多，包括几何、花鸟鱼虫等图案。

阿兹特克文明的文化艺术与宗教

阿兹特克文明在发展过程中，吸收、发展和丰富了托尔特克人和玛雅人的文化，除了象形文字之外，在天文历法和医学方面也有所发展。阿兹特克人的文字仍属于图画文字，但受托尔特克人象形文字的影响，已经含有象形文字成分。在天文历法方面，阿兹特克人沿袭玛雅人计算时间的方法，使用太阳历和圣年历。他们以 365 天为一年，每逢闰年补加一天。此外阿兹特克人可以准确地推算出日食的时间。

阿兹特克人不仅通过图画表达自己的思想，同时还会制作书籍。保存至今的两本用阿兹特克象形文字写成的《贡税册》，记录了关于阿兹特克人活动范围、各地区组织以及缴纳贡税等珍贵材料。阿兹特克人还对 1000 多种植物及昆虫、矿物等进行分类，并记录了下来。但是随着殖民主义者的入侵，阿兹特克人大部分书籍惨遭损毁，只有极少部分得以幸存下来。在医学方面，阿兹特克人已经知道如何利用各种草药治病，比如用洋地黄治疗心脏病、用奎宁治疗疟疾等。此外他们已经开始使用一种名叫"亚乌特利"的麻药，并使用土法进行麻醉。

博尔吉亚手抄本
博尔吉亚手抄本是墨西哥现存最精美的手抄本之一，这幅图是其中的一页。博尔吉亚手抄本包含大量宗教、历表、天文和历史等信息，它的存在对后人了解阿兹特克文化有重要意义。

　　宗教在阿兹特克人生活中占有十分重要的地位。阿兹特克人相信灵魂永存，相信至高无上的主宰。他们崇拜自然神，包括太阳神、月神、云神、雨神、花神、玉米神及部落神等。最高首领也被看成神的化身，祭神时往往以战俘作为牺牲献祭，每年有几千人被用于祭祀神灵。在特诺奇蒂特兰的神庙中，供养着5000多名僧侣。

印加文明的历史

　　印加文明是在南美洲西部、中安第斯山区发展起来的印第安古代文明，与玛雅文明、阿兹特克文明并称为"印第安三大古老文明"。印加文明最早出现于1200年，活动范围仅限于库斯科地区。印加文明时期，安第斯山区的各个部落实现统一，在整合统一民族和文化方面作出了巨大贡献。

印加文明的发展历史

　　古代美洲文明的另一个发祥地是南美安第斯高原，早在玛雅文明和阿兹特克文明形成之前，印第安人的莫奇卡族、艾马拉族和克丘亚族就已经散居在安第斯山的各个谷地了。印加人属于克丘亚族的一支。

　　考古发掘的结果表明，大约在公元前8500年，安第斯高原就已经出现了以采集和渔猎为生的人类；大约在公元前4000年，该地区的人类已经开始从事原始农业；公元前1200年左右，该地区的人类制作出了陶器，金属冶炼、水利灌溉、建筑等也相继出现。安第斯高原先后出现了查文、莫奇卡、蒂亚瓦纳科、奇穆等文化时期，印加文明就是在继承、发扬了这些古老文化的基础上创立起来的。

　　大约在公元前900年，查文文化在秘鲁境内莫纳斯河畔的小山村就已存在。

查文文化以石刻、陶器大石建筑而闻名。其在宗教上信奉虎神，因此在庙宇、石刻和陶器上的图案主要以虎纹为主。

莫奇卡文化出现在公元前200年至700年，分布于秘鲁北部沿海地区，中心地区在莫奇卡和奇卡马两河谷。这一时期已经发明了银和铜的合金。灌溉农业有了很大发展，修建了许多灌溉工程，排灌渠道纵横交错，最长的可达百余千米。莫奇卡时期的陶器造型多样，别具特色，器身通常被制作成人物、鸟兽形状。从陶器图纹上可以发现，莫奇卡时期社会已经开始分化，出现了贵族、平民和奴隶。

蒂亚瓦纳科文化出现在10世纪至13世纪。该文化以精美的石造建筑闻名，其中太阳门是古代美洲最卓越的遗迹之一。从11世纪起，北部沿海的奇穆国家开始强盛起来。奇穆文化继承和发展了莫奇卡文化，在金属冶炼和锻造技术方面有着杰出的成就。这一时期人们以青铜、金、银和铜制作工具和装饰物。印加文化就是在这些文化的基础上逐渐发展起来的。

关于印加人的起源地，有这样一种传说。印加人的祖先太阳神在的的喀喀湖中的岛屿上创造了一对男女，并让他们结为夫妻。后来，这对夫妻按照太阳神的指示，率领自己繁育的后代寻找有发展前景的沃土。他们带着一根金杖四处寻找这个地方，当走到一个地方时，金杖突然钻入地下消失了，他们于是在这里停留下来，兴建城邦，建立国家。这个地方就是安第斯高原肥沃的谷地库斯科。

11世纪时，印加人和一些小部落定居在安第斯山区的中部，大概在13世纪时，印加人才进入库斯科地区，并在此建立起地方性的国家。在这以后，印加人不断扩张自己的势力和领地。到帕查库蒂（1438—1471年在位）和托帕（1471—1493年在位）统治时期，印加人逐渐征服了周围的许多部落，印加国

美洲羊驼雕塑
美洲羊驼雕塑一般是印加人的祭品，而这件披有背毯的美洲羊驼雕塑很可能是作为印加皇帝的吉祥物而留存下来的。现存于美国自然历史博物馆。

油画《阿塔瓦尔帕的葬礼》
阿塔瓦尔帕被俘后，希望能用填满他囚室的黄金赎回自己，但是背信弃义的西班牙人在收到赎金后，仍然处死了他。

迅速强盛起来。

16 世纪初，印加国进入鼎盛时期，其版图以秘鲁为中心，从哥伦比亚的南端延伸到智利中部，包括厄瓜多尔、玻利维亚大部分地区，甚至深入巴西荒原和阿根廷北部。印加国的疆域南北长 4800 千米，西达太平洋沿岸，东至亚马孙丛林，控制了 90 万平方千米的土地，大约有 400 万到 600 万人居住在这一广大地区，印加成为美洲空前的帝国。然而，帕托后的印加国却因为争夺王位内战不止，严重削弱了自身的力量，国势逐渐衰微。这也让欧洲殖民者有了可乘之机。1525 年 1 月，西班牙殖民者侵入印加。1533 年，印加最后一任国王阿塔瓦尔帕被西班牙殖民者处死，印加灭亡，结束了长达 400 多年的统治。

印加文明的国家和社会组织

印加国是一个早期奴隶制国家，最高统治者是印加王，他既是行政的首领，也是宗教、军事的首领。王室贵族、官吏以及寺庙祭司属于统治阶级。印加人的贵族有着大小之分，大贵族出自印加部落，小贵族主要是那些被征服部落的酋长。印加国家的官员、军官、僧侣都从贵族当中任命。贵族和平民之间的界线非常明显。所有 20 岁到 50 岁的男子必须承担义务劳动，缴纳各种赋税。平民缴纳较高的赋税，但社会中还未出现明显的贫富不均现象。

印加平民被分为 10 个等级，有着严密的组织，最低一级称为"昌卡"，由 10 户家庭组成；较高的一级称为"皮查"，由 50 户家庭组成；再往上即为百户家庭的"帕查卡"……如此以十进制逐级增加直到包括 10000 户的"乌努"，或直到包括 40000 户的"图库伊里库克"。印加全境以库斯科为中心，分为 4 个行政区，由印加贵族担任行政官吏进行管理。

印加社会的基层组织是以氏族为基础的农村公社，称为"艾柳"。艾柳是集政治、经济和宗教于一体的组织。印加国家的土地被划分为太阳田、印加田、公社田 3 种。太阳田主要供祭祀或宗教活动用，归祭司和寺庙所有；印加田供王室和公共开支使用；公社田归村社成员使用。公社田属于村社共同所有的土地，根据家庭人口的多少进行分配，由各家耕种。分给各家的土地在原则上每年都要根据人口的变动重新分配，如果人口没有发生变化，那么再重新分配时仍然可以耕种之前的土地。由此可见，印加国家的土地由分配给各家耕种开始向终身使用过渡。除田地之外，住宅、庭院、谷仓等也属于私有财产，可以继承。耕种土地的次序是先种太阳田，再种印加田，最后是公社田。印加田收获的作物除了供应王室、军队和公共消费之外，也用于救灾、补助老弱病残等。被印加征服的部落的村社男子要接受国家征调的强制性劳役，称为"米塔"，从事修路、开矿等劳役。

印加贵族和平民有着明显的区别，他们有着特殊的服饰和头饰。印加王出行时，平民要匍匐迎送。印加王占有大量的生产资料，严格控制商品贸易。统治阶级从艾柳中挑选有高超技艺的工匠，为他们制作各种物品。印加时期商品交换不发达，没有出现大规模的市场和货币流通。

文化艺术与宗教

印加文明是南美洲最重要的文明之一，是世界文化史上一颗璀璨的明珠。印加首都库斯科城建在海拔 3400 米的高原山谷中，被誉为"安第斯山王冠上的明珠"。库斯科城遭遇了三番五次被毁又重建的命运，所幸大部分印加时代的宫殿、庙宇和房屋建筑遗迹仍保留了下来。城市的中心广场是举行各种宗教仪式和节庆狂欢的场所，广场周围环绕着各种庙宇建筑。建在高耸金字塔顶的太阳神庙、月亮神庙和星神庙位于广场东北，太阳神庙是用黄金和宝石装饰的巨大建筑，左右对峙的蛇神殿和太阳女神大厦的墙壁遗迹则位于广场东南。

在距离库斯科城西北 120 千米处，有一个处于丛山诸峰间的古代城镇废墟——马丘比丘。马丘比丘城大约建立于 15 世纪中期，由于城堡建在深山之中，因此没有被欧洲殖民者发现，能较完整地保存下来，被称为印加帝国的"失落之城"。马丘比丘古城建在两峰相连的陡峭而狭窄的山脊上，海拔 2743 米，居高临下，地势十分险要。城市四周的墙垣全部用大块花岗石砌成，只留有一个城门用以出入。马丘比丘城内有许多用白色大理石建筑的神庙、宫殿、堡垒、民宅、广场等。这些建筑之间用纵横其间的阶梯连接起来，有的石阶多达 160 层。马丘比丘的建筑属于印加传统风格，其住宅和庙宇都用巨石垒砌而

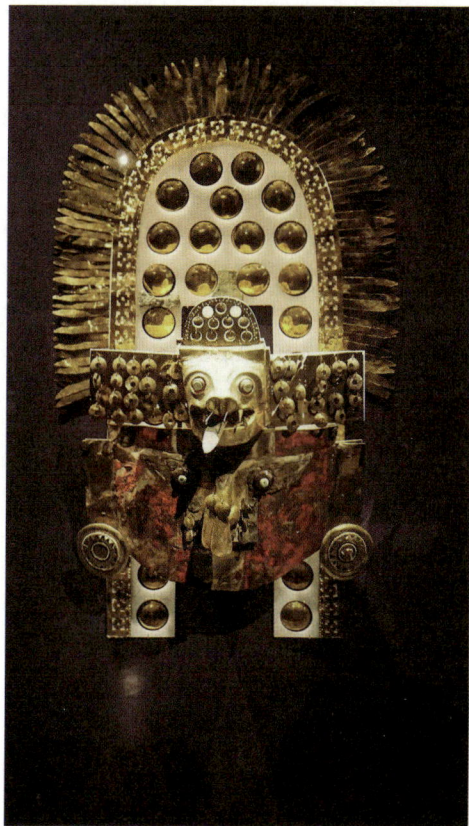

印加帝国黄金面具

成，并继承了石头建筑的传统，石块和石块之间没用任何黏合剂，却能做到严丝合缝，连匕首都无法插进去。

印加人在矿产开采、冶金、纺织和手工艺方面都有着较高水平。他们不但懂得冶炼金、银、铜、锡等多种金属，还会冶炼各种合金，用青铜制作武器和镰、锄等工具，用金、银制作装饰品和祭器。印加人崇尚黄金并大量使用黄金，因此印加帝国被称为"黄金帝国"。

印加人的纺织技术发展到了较高水平。他们的纺织品花色多样，花纹精美，有螺纹、几何纹图案，还有花鸟鱼虫等景物。他们用羊毛和棉织出起绒的布匹来缝制衣服、制作毡毯等。印加时期的制陶业也有所发展，陶器样式繁多，图案优美，色彩绚丽。

印加人在医药学方面有着杰出的成就。他们已经能制作木乃伊，并掌握开颅手术等外科手术技术，从古柯叶中提取可卡因进行麻醉。此外，他们已经使用金鸡纳、藿香膏、吐根、番木鳖等药物。

印加人崇拜天体，因此他们的天文知识与宗教密切相关。由于农业生产的需要，印加人已有一定的天文历法知识。他们采用阴阳合历，用太阴月，以月亮圆缺1次为1月，1年12个月，每月30日，以10天为1星期，每月3星期。为了适应1年的天数，每年加1个5天的短周，每4年再加1天。太阳年以冬至日为岁首。为了观察太阳的位置以确定冬至和春分的日期，印加人在库斯科城的东面和西面建造了4座圆塔。此外，他们还在库斯科城中央广场上树立1根石柱，通过太阳的影子测定时间。

印加人的宗教信仰是以太阳为核心的，认为自己是太阳的后代。此外，印加人还崇拜月亮及其他星宿，但是地位较低。印加时期还保留着图腾崇拜和祖先崇拜的残余，各公社通过动物来命名，将祖先看作是公社的保护神。印加人已经确立了国家信仰及祭司教阶制度，祭司阶层在社会中享有很高的地位。库斯科城中的太阳神庙是印加帝国的宗教中心。在每年的宗教日，印加人都要举办宗教仪式，每过一个宗教日，也就是经过了一个农业周期。

近代篇（上）

01

新航路的开辟和扩张

　　对于西欧人来说，所谓的新航路，是针对原来的经地中海地区的中转而和东方诸国进行贸易的旧航路而言。在 15 世纪末 16 世纪初，由于种种原因，西欧各国对开辟新航路有了迫切的需求，这其中的开路先锋不是英、法、德、俄等后来欧洲乃至世界舞台上的大国，而是伊比利亚半岛上两个在近代史的大部分篇幅上出镜率相对不高的国家——西班牙和葡萄牙。

开路先锋——葡萄牙和西班牙的建立

西班牙和葡萄牙是欧洲大陆上两个较早形成民族君主国的国家。葡萄牙也是欧洲最早开始海上冒险活动的国家，西班牙紧随其后。很难想到，经济上最封建、宗教上最保守的伊比利亚半岛在资本主义扩张的历史上反倒走在了前头。

收复失地运动和西班牙统一国家的形成

西班牙和葡萄牙这两个民族君主国都是在和入侵伊比利亚半岛的阿拉伯人斗争中形成的。这场斗争最早可以追溯到中世纪的 8 世纪，共持续了 8 个世纪，史称"收复失地运动"。这段历史对这两个国家成为开路先锋有着重要影响。收复失地运动又被称为"雷康吉斯达"，这个词在西班牙语中的意思为"再征服""收复"。

711 年，阿拉伯帝国的倭马亚王朝征服北非的马格里布地区以后，渡过直布罗陀海峡，入侵伊比利亚半岛。阿拉伯人将西哥特王国灭亡，在这里建立了自己的王国，首府设在科尔多瓦。一部分西哥特人逃到了半岛的北部，此后在半岛的北部先后出现了阿斯图里亚斯、莱昂、卡斯蒂利亚、阿拉贡、纳瓦尔、巴塞罗那等一些信奉基督教的小国家。756 年，倭马亚王朝的后裔阿卜杜·拉赫曼在西班牙建立了后倭马亚王朝，半岛实现伊斯兰化和阿拉伯化。

11 世纪中期以后，后倭马亚王朝瓦解，塞维利亚、萨拉戈萨、巴伦西亚和萨拉多等地先后被一些伊斯兰教割据王朝统治。1086 年起，来自北非的穆拉比特王朝入侵西班牙，占领了大片土地。同样兴起于北非的穆瓦希德王朝推翻了穆拉比特王朝，并且占领了西班牙的南部地区。伊比利亚半岛被阿拉伯人统治了近 8 个世纪，文明高度发展，经济繁荣，科尔多瓦和巴格达、开罗并称"伊斯兰世界三大文化中心"，西班牙也是欧洲最为富庶的地区。

被阿拉伯人赶到伊比利亚半岛北部的西哥特人在当地建立了一些小割据政权。其中相对较早也比较重要的是阿斯图里亚斯王国，这个国家的建立者佩拉约在 718 年率军在科瓦东加战役中阻止了阿拉伯人继续北侵，这一年便被视为收复失地运动的开始。阿斯图里亚斯王国的势力不断增长，9 世纪时吞并了半岛西部的加利西亚，阿方索三世（866—910 年在位）继位后大举扩张，将首都迁到了莱昂，阿斯图里亚斯王国因此改称"莱昂王国"。莱昂王国东部的卡斯蒂利亚郡在 11 世纪初成为一个独立的地区。9 世纪到 11 世纪初期，在伊比利亚半岛的东北部，在"西班牙马克"的基础上，先后形成了纳瓦拉、阿拉贡和巴塞罗那伯国。在 11 至 12 世纪时，在现在加泰罗尼亚北部的一些伯爵领地，以巴塞罗那为中心完成统一，于是有了"加泰罗尼亚"这个名称。在伊比利亚半岛西部形成的抵抗穆斯林的中心逐渐发展成为葡萄牙王国，并于 1143 年在教皇的允许下成为独立王国。伊比利亚半岛北部的这些基督教国家分分合合，最终形成了两大势力。1134 年，阿拉贡吞并了纳瓦拉，也是这一年阿拉贡和加泰罗尼亚合并为阿拉贡王国。1230 年，卡斯蒂利亚彻底吞并了莱昂。卡斯蒂利亚和阿拉贡成为伊比利亚半岛的两大主要力量。基督教诸国家联手对南部的穆斯林王朝开战。在 1212 年的纳瓦斯战役中，基督教联军击溃穆瓦希德王朝60 万大军，此役奠定了收复失地运动的胜局。到 13 世纪末，伊比利亚半岛上被穆斯林占据的仅剩下格拉纳达。

1469 年，阿拉贡王国的王子斐迪南和卡斯蒂利亚王国的女继承人伊莎贝拉结婚，10 年后两国正式合并，统一的西班牙王国诞生。1492 年 1 月，格拉

阿拉贡王国国徽

格拉纳达末代苏丹向天主教双王投降

纳达被基督教军队攻占，穆斯林势力的最后代表——奈斯尔王朝末代苏丹艾布·阿卜杜拉宣布投降。这标志着西班牙人近 800 年的收复失地运动胜利结束，阿拉伯人被逐出西班牙，留下的穆斯林一部分被迫改宗基督教，还有一些穆斯林惨遭迫害。1512 年，西班牙王国兼并半岛北部的纳瓦拉王国，统一了除葡萄牙以外的伊比利亚半岛。

葡萄牙的国家形成历史

　　葡萄牙这块土地在古希腊和罗马时代被称为"卢西塔尼亚"。葡萄牙人独立建国的历史要比西班牙人早一些。在 11 世纪末期，卡斯蒂利亚国王阿方索六世成为半岛的统治者，他将收复的一片土地，也就是今天葡萄牙的北部地区封给了自己女婿勃艮第的恩里克斯，是为葡萄牙伯爵。1112 年，恩里克斯去世，其子阿丰索·恩里克斯继位，是为阿丰索一世（1112—1185 年在位），当

葡萄牙国王若昂一世画像
若昂一世是葡萄牙阿维斯王朝的建立者，
被称为"若昂大帝"。

时他只有 3 岁，由其母后摄政。长大以后的阿丰索一世谋求独立，于 1128 年
正式主政。1139 年，阿丰索一世击败穆斯林军队，建立了葡萄牙王国。1143
年，在罗马教廷的调停下，阿丰索一世与卡斯蒂利亚王国签订了《萨莫拉条
约》，卡斯蒂利亚王国正式承认葡萄牙的独立。

此后，阿丰索一世多次和南方的穆斯林作战，并于 1147 年占领了圣塔伦。
同年 10 月，阿丰索一世在英国十字军的帮助下占领里斯本，将其定为首都，而
后又陆续夺取了一些被穆斯林控制的城市。此后的几十年间，历任葡萄牙国王
都致力于收复失地运动，直到 1250 年前后收复了控制在阿拉伯人手中的最后一
块土地——南部沿海的阿尔加维，葡萄牙的收复失地运动完成，并且形成今日
葡萄牙国家的版图。

在葡萄牙的历史上，由阿丰索一世开创的王朝被称为"勃艮第王朝"（1139—
1383 年）。1383 年，葡萄牙国王斐迪南一世（1367—1383 年在位）去世，无嗣，
经过 2 年的空位期以后，其异母弟若昂（1385—1433 年在位）登上王位，勃艮
第王朝结束，阿维斯王朝开始。

若昂一世继位以后，击退了入侵的西班牙卡斯蒂利亚王国的军队，巩固了
自己的统治。此时已是 14 世纪末期，即将到来的 15 世纪至 16 世纪是葡萄牙
人的极盛时期——探索新航路、地理大发现的时代。这一切最早的实行者便是
若昂一世。

地理大发现与最早的殖民地

　　所谓地理大发现，指的是发生在 15 世纪到 17 世纪，欧洲一些国家为了开辟前往东方的新航路，而对当时欧洲人还不了解的一些地理区域进行探险的航海活动。首先热衷于探索海外的便是葡萄牙和西班牙这两个国家，它们也是最早在欧洲以外的地区建立了殖民地的国家。

开辟新航路的原因

　　从 15 世纪开始的"地理大发现"，是由多种因素的共同作用促成的，其中最主要的原因是为了开辟新航路。欧洲很早以前便与东方诸国，比如中国、印度还有东南亚一些国家有贸易上的往来，不少东方商品在西方人的生活中占有重要地位。东西方的贸易往来在 13 世纪末有了大发展，此时从东方输入的商品和 12 世纪初比起来增长了 10 倍。但是欧洲和东方之间的贸易却是几经转手：波斯人、阿拉伯人还有东罗马人将东方的商品运到地中海东部，再由意大利人转往西欧。商品几经转手，价格也翻了几番，威尼斯、热那亚等地的商人从中获取厚利，让其他西欧人艳羡不已。这样的情况到了 15 世纪中叶又有了新变化，奥斯曼土耳其在中东崛起，攻灭东罗马，横扫巴尔干，征服小亚细亚、埃及等地区，完全控制了东西方之间的通商要道。奥斯曼帝国的统治者对路过商队肆意抢劫，还对过往商品课以重税。实际上，东西方的传统贸易通道已经因为奥斯曼土耳其的出现而被堵死了，西欧人自然要寻找一条新的通往东方的商路。

　　对东方黄金的追求是另一个原因。欧洲逐渐出现了资本主义生产关系，商品经济日益发展，对铸造货币的黄金需求越来越大，封建贵族们需要货币购买

弗拉·毛罗地图

由威尼斯共和国的天主教修士、地图学家弗拉·毛罗于1457—1459年间绘制的地图。地图涵盖了当时全部的已知世界，被誉为"中世纪地图学最伟大的记载"。

奢侈品，满足更高的生活欲望；商人需要货币扩大经营生产，农民也需要货币缴纳地租，因此作为最贵重的交换媒介的黄金成为最重要的东西，连哥伦布都说过："黄金真是一个奇妙的东西！谁有了它，谁就成为他一切想要的东西的主人。有了黄金，甚至可以使灵魂升入天堂。"但是西欧的黄金开采量并不大，而且在和东方的贸易中长期处于入超，大量黄金流向东方，因此15世纪至16世纪的欧洲严重缺乏黄金，不管是国王、贵族，还是教士、市民，都沉浸在一股"寻金热"当中，东方成为他们一个实现黄金梦的理想之地。当时以《马可·波罗游记》为代表的一些旅行家的记述广泛流传于欧洲，在这些书中，东方被描绘成遍地黄金的人间天堂，开辟到东方的新航路又多了一个理由。

此外，基督教教义中包含的普救论思想以及宣扬个人进取精神、发挥自己聪明才智的个人主义思想，也是促使大批人投身海外冒险事业的思想动力之一。

当时的西欧为地理大发现提供了一系列的客观条件，这也是西欧人能扬帆远洋不可缺少的因素。首先是航海技术取得了大幅度进步，载重更大的圆形船体帆船已经出现，中国人发明的罗盘也在12世纪末13世纪初由阿拉伯人传入欧洲，航行效率大大提高。此后航海技术不断发展，比如三角帆的改进、星盘和象限仪等的应用、地图绘制技术的进步等。与此同时，海上武器也取得了不小的进步。在16世纪20年代，出现了适合安装在船上、对敌方船只进行轰击的大炮，海战的战术也相应从甲板上的短兵相接变成直接用大炮轰击敌舰，这

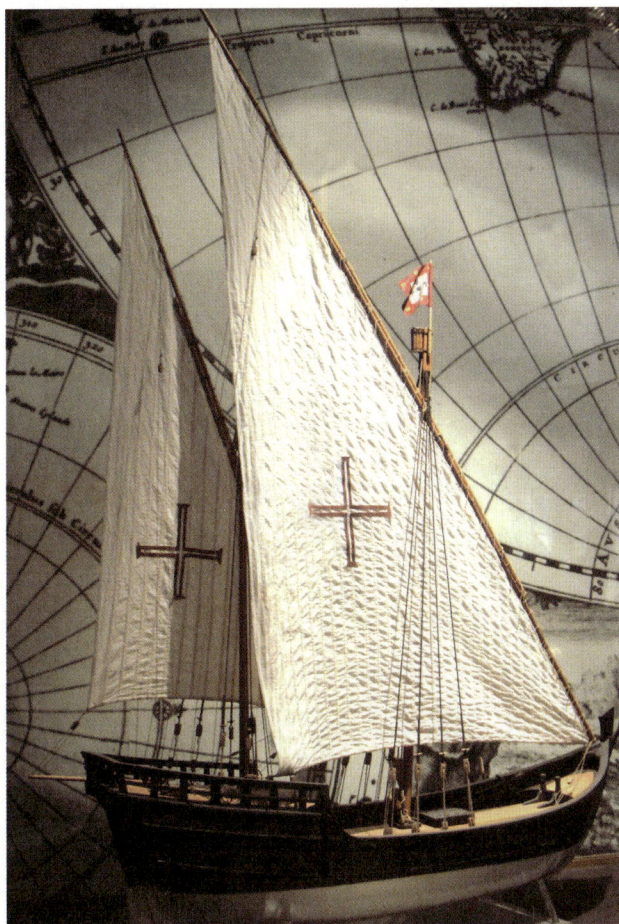

卡拉维尔帆船（复刻品）

卡拉维尔帆船是盛行于 15 世纪的三桅帆船，当时的葡萄牙和西班牙航海家普遍采用它来进行海上探险。

使得欧洲人在远洋航行方面占尽优势。

此外，西欧商业发展上的一些进步也不能忽视，比如复式记账法的应用，还有银行业、信贷业的发展，股份公司的出现等，人们的思维也从基督教的限制中走了出来，不再认为求利的行为是"可恶可厌的罪恶"，经商也不再被视为"贱业"。当然，远行海外的航海者还获得了所在国专制政府的支持。西欧诸国在15世纪至16世纪形成了君权集中的专制制度，君主在和地方割据贵族的斗争中获得了新兴资产阶级的支持，资产阶级也需要王权来保障自己的经济利益。所以，西欧各国的专制政府对于开辟新航路等事业都很支持，由政府出面，将社会上的力量都动员起来，拧成一股绳，形成一个高效的整体，发挥出最大的潜力。政府成为开辟新航路的坚实后盾，于是才有了那些名垂历史的地理大发现。

地理大发现——葡萄牙人绕道非洲前往印度

最早支持开辟新航路的国家是葡萄牙和西班牙。为什么是这两个国家？除了这两个国家较早形成民族君主国以外，还有一些先天优势使得它们走在了欧洲其他国家的前面。

首先伊比利亚半岛本身就处在大西洋沿岸，两国在15世纪先后占领了非洲西海岸以外的一些群岛，获得了海外发展的前哨阵地。此外，这两个国家的航海技术都非常发达，尤其是葡萄牙，还出现了亨利（航海家）这样的人物。这两个国家在长达数百年的同穆斯林的斗争当中，具备较其他国家更为坚定强烈的弘扬基督教的信念，因此，他们开辟新航路的精神动力也就更加旺盛。

葡萄牙人比西班牙人更早投身航海事业。1415年，葡萄牙占领地处非洲西北角的休达城，获得了在非洲前进的据点。葡萄牙人开辟新航路的思路是，沿着非洲大陆西海岸南下，寻找通往东方的道路。当时葡萄牙国王若昂一世的三子亨利对航海事业非常热衷，他大力支持对外航海冒险，提供资金支持，并且身体力行，多次率领船队到非洲西海岸一带探险，因此他获得了"航海者"的称号。1432年，在亨利的支持下，葡萄牙人占领了亚速尔群岛。1456年，葡萄牙人占领佛得角群岛，此后葡萄牙人不断向南探索，寻找前往印度的航路。

1487年，葡萄牙人迪亚士（约1450—1500年）在南航途中遭遇风暴，却在误打误撞中绕过了非洲的最南端而进入了印度洋，不久迪亚士率队返航，在途中发现了非洲大陆最南端的海角，后来被葡萄牙国王命名为"好望角"，意

达·伽马像

达·伽马开拓了从欧洲绕过好望角通往
印度的航路。1869 年苏伊士运河通航前，
欧洲主要通过这条航路与印度洋沿岸各
国和中国开展贸易。

为过了此处印度便遥遥在望。

1497 年 7 月，葡萄牙人达·伽马（约 1469—1524 年）率领船队沿着迪亚士的航线向南，绕过好望角以后进入东非南部的印度洋海域，随后转头向北，在 1498 年 4 月到达今天肯尼亚的马林迪，随后在一位阿拉伯水手的领航下，横渡印度洋，到达了印度西海岸的卡利卡特。从欧洲出发绕非洲南端而到达东方，达·伽马开辟了一条从欧洲到印度和远东的直接航线。

1500 年 3 月，葡萄牙人卡布拉尔（1467/1468—1520 年）率船队从里斯本出发，准备前往印度，但是在航行途中遭遇风暴而远离非洲西海岸，顺洋流航行到了今天巴西东海岸的加布拉利亚湾登陆，宣布这里为葡萄牙国王所有，并派人回国报告。随后卡布拉尔继续航行，跨过大西洋，绕过好望角以后进入印度洋，发现了马达加斯加岛，最后也到达了印度卡利卡特。卡布拉尔的发现使得巴西成为葡萄牙的殖民地。

当葡萄牙人在沿着非洲西海岸寻找通往印度的航路时，西班牙人朝另一个方向努力，准备从西欧出发在大西洋上一直向西，最终到达东方的中国、日本和印度等国。这样的认识基于古希腊时期地球是一个球体的理论，当然是正确的，从西欧向西出发确实可以到达亚洲，但是关于距离的估计，当时人们的认识就离实际比较远了。

哥伦布发现新大陆和麦哲伦的环球航行

当时意大利的一位航海家克利斯托弗·哥伦布（1451—1506 年）就错误地认为这样的路线要比从非洲南端绕行印度洋近。1484 年，哥伦布向葡萄牙王室提出自己的计划，请求支持，但是被葡萄牙人拒绝，因为葡萄牙人经过周密计算认定哥伦布的计划绕远。两年以后，哥伦布的计划得到了西班牙王室的支持。

1492 年 8 月 3 日，哥伦布率领船队从西班牙出发，向西航行。10 月 12 日，船队到达一个小岛，哥伦布认定这里便是印度，便将其命名为圣萨尔瓦多岛，将当地人称为"印度人"。其实这里是今天中美洲的巴哈马群岛中的华特林岛，当地人也不是印度人，不过哥伦布对他们的称呼沿袭了下来（为了和真正的印度人相区分，中文称为"印第安人"），这一片群岛也被称为"西印度群岛"。哥伦布的船队又先后到达了古巴和伊斯帕尼奥拉岛（海地），却以为古巴就是日本，随后返航回了西班牙。此后 1493 年、1498 年和 1502 年，哥伦布又 3 次率领船队出发，曾踏上中美洲大陆（今天的洪都拉斯、尼加拉瓜、哥斯达黎

哥伦布登陆

描绘了 1492 年哥伦布在西印度群岛登陆的场景。哥伦布代表的是西班牙王室，因此他举着一面印有西班牙纹章的旗帜。

加等地），还在特立尼达岛上看到了南美大陆，发现了奥里诺科河的河口。但是一直到他去世时，他都认为自己到了亚洲的边缘，而没有意识到自己发现了新大陆。哥伦布的发现轰动了欧洲，但却并没有给西班牙王室带来预期的经济效益，比如黄金。因此，哥伦布失去了西班牙王室的信任，最后郁郁而终。1499 年到 1504 年期间，意大利航海家亚美利哥·维斯普奇数次参加美洲远洋探险，在对南美的地形、地理方位、风土人情等情况和记载中的亚洲相对比后认定，哥伦布发现的地区并不是印度，也不是亚洲，而是一块位于欧洲和亚洲中间的"新大陆"。这块大陆后来便以他的名字命名为"亚美利加洲"，简称"美洲"。

达·伽马和哥伦布的海外探险带来了一个新的问题：新发现的土地属于谁？当时有两种观点颇为流行：基督教国家有权利占领异教徒统治下的土地；教皇有权决定尚未被基督教统治者所占领的土地的主权归属。1453 年，教皇尼古拉五世就将葡萄牙人在非洲海岸发现的一块土地送给了葡萄牙人。

1492 年，哥伦布发现"印度"，西班牙王室担心葡萄牙争夺，于是请教皇亚历山大六世（1492—1503 年在位）出面斡旋。1493 年 5 月 4 日，教皇做出仲裁，西班牙和葡萄牙两国以大西洋中部的亚速尔群岛和佛得角群岛以西100 里格（里格为长度单位，1 里格合 3 海里，约为 5.5千米）的子午线为界，子午线以东归葡萄牙，以西归西班牙。按照这个划分，美洲和太平洋诸岛归西班牙，亚洲和非洲归葡萄牙。不过当时的葡萄牙国王对这样的划分表示不满，后来两国在 1494 年 6 月 7 日签订了《托德西利亚斯条约》，将教皇先前制定的那条分界线向西移动 270 里

位于巴塞罗那的哥伦布纪念碑

格，两国正式划分了势力范围，这条子午线也被称为"教皇子午线"，标志着近代列强开始瓜分世界、划定势力范围。当时的西班牙人认定自己占了不少便宜，因为他们认定往西走才是去印度的新航路，实际上葡萄牙人才是获利者，因为从西欧绕非洲南端去印度的所有据点，都在条约中规定的葡萄牙地盘上。

教皇子午线
教皇子午线是在罗马教皇亚历山大六世仲裁下，西班牙和葡萄牙瓜分殖民地的分界线。

　　随着航海活动的日益开展，呈现在人们眼前的新世界越来越大，西班牙和葡萄牙又因为新发现土地的归属发生了矛盾。1522 年，麦哲伦的船队在经过摩鹿加群岛（今马鲁古群岛，今属印度尼西亚）时，两国就争执不下，因为《托德西利亚斯条约》中划分了一条界线，而地球是一个球形，在另一端没有划分具体界线。经过数年的谈判，两国在 1529 年签订了《萨拉戈萨条约》，以摩鹿加群岛以东 17° 处的子午线（大约位于西经 46°37'）为分界线，以东归葡萄牙，以西归西班牙。不过葡萄牙对巴西的占领也获得了承认。

　　葡萄牙人开辟了从非洲去印度的新航路以后，从贸易中获得了惊人的利润，吸引了很多欧洲其他国家的人积极投身海外探险事业，包括发现了太平洋的西班牙冒险家巴尔波阿、认定哥伦布发现的"印度"乃是新大陆的亚美利哥·维斯普奇等。1513 年，西班牙人巴尔波阿在巴拿马地峡寻找黄金时，看到辽阔的太平洋海面，巴尔波阿将其称为"南海"。从此人们开始相信，在美洲和亚洲中间隔着一片海洋，跨过海洋就可以到达东方。在这些冒险家中，成就最显著的当是受雇于西班牙的葡萄牙人斐尔南多·麦哲伦。

　　1519 年 9 月 20 日，麦哲伦率领由 5 艘船组成的船队从西班牙出发，横穿大西洋，次年 3 月到达南美东海岸的巴塔哥尼亚（此地便是由麦哲伦命名），10 月份穿过南美南端的一处海峡（即今麦哲伦海峡）向东进入太平洋。当时

麦哲伦像
麦哲伦带领探险队在 1519–1522 年首次进行环球航行。

的几十天航行均是天气晴朗，风平浪静，因此船员们将这片大洋称为"和平之海"，汉译为太平洋。他们的船队在浩瀚的太平洋上航行了 80 天只看到了两座无人荒岛。1521 年 3 月 6 日，船队在一个海岛（可能是关岛）上补充给养，10 天后到达菲律宾。麦哲伦插手岛上内讧而被杀，其余船员乘坐剩下的两艘船绕过婆罗洲（今印尼加里曼丹）到达婆罗乃（今文莱首府斯里巴加湾市），11 月到达摩鹿加群岛，遭遇岛上葡萄牙人袭击。随后船队驶向南印度洋，绕过好望角以后沿非洲西海岸北上，终于在 1522 年 9 月 6 日回到了西班牙，此时船上只剩下了 18 个船员。人类史上第一次环球航行就此结束，历时 3 年。

葡萄牙殖民帝国的建立

为开辟新航路而进行的海上探险为葡萄牙和西班牙两国的疯狂扩张、建立海外殖民地拉开了序幕。葡萄牙将主要精力放在非洲、印度等东方地区和南美的巴西。

早在 15 世纪，葡萄牙就在非洲西海岸的几内亚、刚果、安哥拉等地建立了一连串的殖民据点。葡萄牙的船队沿着非洲海岸南下，绕过好望角再北上去印度，葡萄牙的殖民势力亦步亦趋，从非洲扩展到亚洲。1502 年，达·伽马便率领船队再次远行东方，途中在东非的莫桑比克等地建立了据点，随后到达印度，炮轰卡利卡特，大肆屠杀当地居民。葡萄牙殖民者在印度半岛的西南海岸建立了殖民据点，从此葡萄牙海盗横行印度洋上，抢劫商船，掠夺财物。为了彻底控制从非洲到印度的航路，葡萄牙先后在 1506 年和 1508 年占领了亚丁湾入口的索科特拉岛和波斯湾入口的霍尔木兹岛，这两个岛屿的地理位置非常重要。1509 年，葡萄牙舰队在印度西北方、阿拉伯海的第乌港外以少胜多，击败了土耳其、阿拉伯和印度的联合舰队，确立其在印度洋上的霸权。1510年，葡萄牙占领果阿并将这里设为东方殖民地的总部，随后入侵锡兰（今斯里兰卡）。1511 年，葡萄牙占领通往东南亚的咽喉——马六甲，此后继续侵占了爪哇、加里曼丹、苏门答腊以及摩鹿加群岛，占据了欧洲人梦寐以求的"香料之国"。1517 年，继续北上的葡萄牙殖民者先后到达中国和日本。1548 年，葡萄牙在日本九州设立了第一个商站。1553 年，葡萄牙强占中国澳门。

葡萄牙人的另一大殖民地在南美的巴西。自从葡萄牙人卡布拉尔在 1500 年偶然发现这里以后，葡萄牙就宣布这里为葡萄牙属地。当地盛产一种名为"巴西木"的红木，可以用来提炼珍贵的燃料，于是欧洲人就用"巴西"命名这里。1530 年，葡萄牙开始向这里移民，两年以后建立居留地。后来葡萄牙人又将巴西东海岸向东到教皇子午线的地盘划分成 14 个封地，分给封建主，建萨尔瓦多城为首府。

葡萄牙人建立起了庞大殖民帝国，这个帝国由一部分岛屿和散布在从西欧

1519 年绘制的巴西地图
葡萄牙殖民者在巴西垄断了利润丰厚的红木贸易，并建立了永久性定居点。这张地图显示的就是巴西东部海岸开采木材的当地人，以及葡萄牙船只。

出发绕经非洲南部去东方的路线上的一连串沿海据点所组成，这些据点保障了葡萄牙商船可以在欧亚之间畅通无阻。不过葡萄牙人所控制的也只是沿海的据点，其摊子铺展过大而缺乏人力，因此还没有能力从沿海据点向内地扩张。即便如此，葡萄牙已经成为垄断欧亚之间贸易的霸主。与此相对应的是意大利商人和阿拉伯商人的衰落。

葡萄牙人在对外贸易中掠夺了大量财富。葡萄牙人用小镜子、别针、玻璃球等一些廉价的手工业品和玩具，从非洲和亚洲当地居民手中换得大量的宝石、珍珠、象牙、黄金等贵重物品，运回西欧以后高价出售，牟取暴利。在印度，100千克胡椒还不到3杜卡特，运到里斯本出售时就已经高达40杜卡特，其中利润之巨可见一斑。里斯本也成为东方商品的集散地。除了用这种名为贸易实为欺诈的手段换取商品以外，葡萄牙殖民者还会直接抢劫掳掠，和海盗无异。据统计，从15世纪末到16世纪末的大约100年中，非洲仅被掳走的黄金就近27万千克。西非几内亚湾一带的一些旧地名——黄金海岸（在今加纳）、象牙海岸（在今科特迪瓦）、奴隶海岸（在今贝宁）以及胡椒海岸（在今利比里亚），这些命名仅仅是因为殖民者可以在这里掠夺到大量的黄金、象牙、奴隶、胡椒。总而言之，葡萄牙在垄断贸易中获取了大量的财富。

西班牙殖民帝国的建立

开辟新航路的另一个先行者西班牙，在"地理大发现"以后也在海外大肆扩张。和葡萄牙人只控制从非洲到印度的沿海据点不同，西班牙主要在新大陆的美洲扩张，而且从沿海向内陆扩张，占领了大量的领地。西班牙的扩张从哥伦布到达"印度"就开始了，他们在美洲的扩张可以分为三个阶段，不同的阶段在不同的地区扩张。

从15世纪末到16世纪初是第一个阶段。哥伦布等人刚发现加勒比海的岛屿便宣布这里为西班牙所有，就这样，海地、多米尼加、古巴、巴拿马等先后沦为西班牙的殖民地。16世纪20年代是第二个阶段。西班牙以古巴为基地，运用各种挑拨、欺骗、武力等手段，侵占墨西哥。1521年8月，西班牙将本地印第安人的阿兹特克帝国灭亡，大批印第安人惨遭屠杀。到1524年，现在中美洲的危地马拉、洪都拉斯、尼加拉瓜、萨尔瓦多等国家也先后沦为西班牙的殖民地。16世纪三四十年代为第三个阶段。西班牙殖民者将侵略的魔爪伸

征服特诺奇蒂特兰

该图描绘的是西班牙殖民者征服阿兹特克帝国首都特诺奇蒂特兰的场景。现存于美国国会图书馆。

向了秘鲁等南美大地，于1533年灭亡印加帝国，占领了秘鲁，并在之前控制了厄瓜多尔。1535年，西班牙殖民者侵占了乌拉圭和巴拉圭。侵略秘鲁的一部分侵略军继续向南，在1538年侵占玻利维亚，1541年征服智利的沿海地带。1536年，一支从哥伦比亚登陆的侵略军入侵内地，1538年占领了哥伦比亚和委内瑞拉，建立了波哥大城，1549年又彻底侵占了阿根廷。

到16世纪中叶，中南美洲的广大地区，除了葡萄牙侵占的巴西地区以外，都被西班牙殖民者侵占。当时西班牙人普遍认为墨西哥以北的地方没有金银，而西班牙人的眼中只有金银和土地，因此他们的侵略矛头指向了传说中的"黄金国"，而没有立即入侵北美。

西班牙殖民者将侵占的土地和土地上的印第安人分给贵族和殖民者，赋予他们征税、开矿等特权，大批印第安人沦为奴隶，境遇极为凄惨，大量死亡。在西班牙人入侵时，海地有6万人，到了1548年只剩下500人。在1503年西班牙人入侵牙买加岛时，岛上的印第安人约有30万，到1548年已被屠杀殆尽。从1545年开始，土地改为世袭所有。为了保证有充足的奴隶劳动力，殖民者开始从非洲（主要是赤道非洲西海岸）掠贩黑人运到美洲，这就是臭名昭著的"奴隶贸易"。

西班牙殖民者在广大的侵略土地上建立了封建专制制度进行统治。设在西班牙本国的"印度等地事务委员会"是殖民帝国的最高统治机构，拥有对殖民地总的管辖权。在美洲殖民地分设两个总督区，一个为统治北美、西印度群岛、委内瑞拉和东方的菲律宾的新西班牙总督区，另一个为统治所有南美领土的秘鲁总督区。总督为总督区最高首脑，拥有军政司法大权。总督区以内的重要官职基本都为殖民统治者或者西班牙移民所把持。西班牙殖民者大肆掠夺殖民地的黄金、白银等珍贵资源。1545 年到 1560 年间，每年从美洲运往西班牙的黄金就有 5.5 吨，白银则高达 246 吨，殖民者大发其财。他们为了确保自己国内生产的葡萄酒、橄榄油、绸缎、亚麻布等商品在美洲的销路，并且获得高额利润，强令美洲殖民地养蚕，种葡萄、橄榄等，因此拉丁美洲形成了畸形的经济体制，后果严重。天主教士紧随殖民者之后，他们奉行"一手拿剑，一手拿十字架"的政策，在殖民地修建交通设施，进行传教活动，为殖民制度镀上神圣光环，大肆搜刮掠夺，还将西欧的"异端法庭"搬到了美洲。总而言之，西班牙的奴役殖民统治给拉美人民带来了深重的灾难。

　　西班牙进行殖民统治的目的就是为了掠夺金银等财富，这是杀鸡取卵式的掠夺。当时西班牙国内封建势力比较强大，虽然贵族和高级教士合计还不到总人口的 2%，但是他们却占有了 95%—97% 的土地，商人等中下层的势力非常弱小，还不足以发挥新兴资产阶级的积极作用。因此从美洲掠夺来的大批金银并没有用于投资生产，而是用于奢侈享乐或者填补对外贸易的亏空，对经济发

被西班牙人谋杀的印加皇帝
1533 年，皮萨罗率军攻克印加首都库斯科，杀死印加皇帝，印加帝国陷落。此后印加人同西班牙人进行了长期战争，直到 1572 年，印加帝国被西班牙人灭亡。

展并没有起到积极的作用，甚至还有消极的作用：凭空流入大批金银导致通货膨胀，进而导致工业产品的成本陡增，大大削弱了西班牙产品在国际市场上的竞争力。和后来其他殖民国家将殖民地变成自己的工业品市场和廉价生产原料供应地的做法相比，西班牙殖民者的做法无疑等而下之了。

　　西班牙落后的国内工业和相对落后的航运业，使其在和另两个新兴的海外扩张大国——荷兰和英国之间的竞争中落了下风。这两个国家的工业和航运业都比较发达，因此它们基本垄断了西属美洲的进口贸易。同时，本是开辟新航路、海外扩张的先行者的西班牙已经渐渐僵化，被荷兰和英国等追上。一个例子是：1600 年以后，在欧洲，特权、好战的教会、绝对主义国家、重视金银而忽视生产等观念渐渐被开始近代化的进步国家质疑时，这些观念却在西班牙和它治下的美洲更加牢固了。

开采银矿的印第安人
在西班牙统治的 300 多年时间里，波托西银都白银产量共 2.5 万吨，超过 800 万劳役的印第安人为开采银矿而死亡，故此被称为"地狱入口"。

02

文艺复兴

　　14 世纪中叶至 16 世纪，在欧洲发生了一场盛大的思想文化革新运动。这场运动由欧洲新兴的资产阶级发起，内容涵盖了文学、艺术、自然科学、哲学、政治学乃至法学、历史学等领域，始于意大利，波及西欧诸国乃至东欧、北欧。由于欧洲思想文化界人士以复兴希腊、罗马古典文化为运动口号，这场运动被称作"文艺复兴"，但实际上却以反封建、反教会的斗争为主要内容，掀起了一场前所未有的进步性变革。

文艺复兴的历史

作为一场新兴资产阶级发起的思想文化革新运动，文艺复兴肇始于意大利可谓必然。14世纪初，意大利的经济获得了迅猛发展，开始出现资本主义萌芽，成长中的资产阶级希望登上政治舞台，就必须在意识形态上突破传统观念。意大利对富有生活气息的希腊、罗马古典文化的传承与保存，为资产阶级摆脱沉闷的宗教神学的枷锁提供了斗争载体。

文艺复兴的兴起

文艺复兴虽然是对古希腊、罗马文化的研究与复兴，但最大的特点却是文学艺术家们的自主创新。早在14世纪，意大利就已经出现了文学艺术创新的先驱者。他们在研究希腊、罗马古典著作的同时，进行自主性创作。因此，早期的文艺复兴正是以文学这一表现形式发端。14世纪，意大利文坛出现了三位杰出的代表——但丁（1265—1321年）、彼特拉克（1304—1374年）和薄伽丘（1313—1375年）。他们的文学作品热烈大胆，无情辛辣，闪耀着最初的人文主义光辉。

但丁的作品具有开创性的意义，因此，人们往往将他奉为文艺复兴的先驱。但丁出生于佛罗伦萨的小贵族家庭，曾任佛罗伦萨最高行政长官，后因政治原因被当局驱逐出境，最终客死他乡。在但丁的诸多作品中，最为著名的就是《神曲》。《神曲》共14233行，分为《地狱》《炼狱》《天堂》三部分。整首诗以但丁幻游三界为主线，描绘沿途所见所闻。诗人通过为不同身份的人安排不同的遭遇来表露自己的观点，抨击了教会的贪腐以及封建统治的残暴，展示出了作者对于思想解放和理性自由的追求。《神曲》体现出了强烈的浪漫主义精神和深刻的批判主义精神，展示出新思想的萌芽。

意大利的佛罗伦萨对于整个文艺复兴来说，可谓功不可没。除但丁之外，另一位文艺复兴的代表人物——彼特拉克，同样是佛罗伦萨人。彼特拉克最早提出以"人的思想"取代"神的思想"，第一个提出"人学"与"神学"的对立，从而被称为"人文主义之父"。彼特拉克擅长十四行诗的创作。他的代表作品《歌集》热切地称扬美妙的爱情，矛头直指封建教会的禁欲主义，为他带来了"桂冠诗人"的美誉。

薄伽丘同样是佛罗伦萨人。他的父亲是一位商人。薄伽丘自幼喜爱文学，阅读经典，广泛结交诗人、学者及社会各个阶层的人士，这为他的文学创作提供了丰富的素材。薄伽丘作品众多，其中最具代表性的是短篇小说集《十日谈》。全书的主要内容是佛罗伦萨 10 名贵族青年男女到乡间别墅躲避黑死病期间，为排遣寂寞而讲述的 100 个故事。这些故事内容涵盖广泛，有着鲜明的倾向性。书中赞扬资产阶级的智慧勇敢，揭露了天主教的黑暗腐朽，批判等级森严的封建社会制度，具有强烈的讽刺意味。

但丁《神曲》中的地狱图景

　　中世纪的艺术渐趋死板呆滞，无法满足时代发展的要求。在文艺复兴的早期，意大利的艺术创作逐渐开始富有人文主义精神，这主要表现在绘画方面，代表人物是乔托（1266/1276—1337 年）。乔托不仅是文艺复兴时期杰出的画家，还是雕刻家和建筑师。他出生于佛罗伦萨附近的农村，家境贫寒，但他自幼热爱绘画，常常在放牧的时候用小石头或小木棍在地上描摹自然景物，后来跟随奇马布埃到佛罗伦萨接受较为正规系统的绘画教育。乔托很有天分，很快就获得了巨大进步，创造出了大量具有生活气息的宗教绘画作品。乔托的作品以壁画居多，代表作有《犹大之吻》《哀悼基督》《逃亡埃及》等。他的作品中人物形象生动有神，充满生活气息，这在缺乏艺术生命力的中世纪艺术界具有开创性。乔托因此被称为近代现实主义绘画的先驱，享有"欧洲绘画之父"的美誉。

文艺复兴的巅峰

　　15 世纪末至 16 世纪初，意大利的经济和政治每况愈下，阶级矛盾尖锐，然而文学艺术却达到了前所未有的繁荣境地。文艺复兴运动获得了巨大的成功，进入巅峰阶段。这一时期出现了很多世界级艺术巨匠，他们的个人成就代表了文艺复兴时期欧洲文学艺术的最高成果。其中最具代表性的三位艺术家是：

油画《最后的晚餐》
《最后的晚餐》是达·芬奇最成熟的作品，作品取材于《圣经》中犹大出卖耶稣的故事，描绘了耶稣被捕前与门徒会餐的情景。

油画《蒙娜丽莎》
《蒙娜丽莎》折射出来的女性的深邃与高尚的思想品质，反映了文艺复兴时期人们对于女性美的审美理念和审美追求。

达·芬奇（1452—1519 年）、米开朗琪罗（1475—1564 年）和拉斐尔（1483—1520 年）。

　　达·芬奇是文艺复兴时期最负盛名的美术家、雕塑家、建筑家、数学家、力学家和工程师，他还是科学家、文艺理论家、哲学家和诗人。达·芬奇几乎对于各个领域的知识均有涉猎，并且都取得了不小的成绩。

　　达·芬奇出生于意大利佛罗伦萨附近的一个小村庄，在他还是个小孩子的时候，就展露出了多方面的天分。达·芬奇 14 岁时，父亲将他送往佛罗伦萨，

让他跟随著名艺术家韦罗基奥学习绘画。在这里，达·芬奇开始广泛地接触知名的艺术家、科学家和人文主义者。由于惊人的个人天分，再加上勤奋好学，达·芬奇很快成长为一个杰出的、多才多艺的青年艺术家。

达·芬奇最突出的成就无疑在绘画方面。早在拜师学艺时期，达·芬奇的绘画技艺已经颇为精湛。他不仅热衷于艺术创作，更潜心理论研究。达·芬奇深入地分析和钻研绘画中的科学规律，创作出了以科学法则指导绘画创作的理论性著作《绘画论》，奠定了现代主义绘画的理论基础。达·芬奇的创作以坚实的理论为基础，虽然作品不多，但每一件都是稀世精品。在他的传世作品中，最著名的莫过于《最后的晚餐》和《蒙娜丽莎》。《最后的晚餐》以犹大出卖耶稣为题材，描绘了耶稣被捕前与门徒会餐的情景。画面以基督为中心，展现了门徒们各异的动作神态。画作在构图上匠心独运，打破常规的人物布局，以透视焦点呼应了画作主题，堪称美术史上的典范之作。《蒙娜丽莎》是达·芬奇享有盛誉的肖像画杰作。这幅画画的是一位佛罗伦萨的女市民，画面中人物优雅地端坐着，脸上浮现出神秘莫测的微笑，整个背景也显得深邃迷蒙。画作打破了传统侧身肖像的局限，以正面构图，更显示出人物的稳重、端庄。《蒙娜丽莎》代表了达·芬奇绘画方面的最高艺术成就，而蒙娜丽莎那一抹神秘的微笑更为作品带来了历久弥新的艺术魅力。

米开朗琪罗是文艺复兴巅峰时期的著名雕塑家和画家。米开朗琪罗是佛罗伦萨人，13 岁时进入多梅尼科·吉兰达约的画室，后转入雕塑学校。由于宗教方面的原因，他先后流连于威尼斯、罗马等城市，雕塑技艺得到了极大提升。他的雕塑作品无论男女都以豪放、雄健为主，注重体现人体的力量之美，这与当时意大利纤巧宁静的艺术风格形成了巨大反差。其代表作品《大卫》和《摩西》都是高达数米的大型雕塑，都展示出了人物的智慧和力量。

拉斐尔原名拉法埃洛·圣乔奥，是与达·芬奇、米开朗琪罗齐名的画家和建筑师。拉斐尔同样是佛罗伦萨人。他擅长宗教画，尤其擅长绘制圣母像，形成了与宗教相协调的典雅、秀美风格。他减少了圣母神性的光辉，赋予她们以母性的柔情。他的代表作《花园中的圣母》《西斯廷圣母》等，展示的都是温柔的母亲形象。1508 年，拉斐尔应教皇尤里乌斯二世之邀，进行梵蒂冈教皇宫壁画的创作。其中的《雅典学院》塑造了著名哲学家齐集一堂的场面，体现出了拉斐尔在构图艺术和色彩运用方面的高超技艺，可谓拉斐尔宗教壁画的巅峰之作。

油画《花园中的圣母》

《花园中的圣母》又名《园丁圣母》或《美丽的女园丁》，是一幅充满母爱和宗教情感的画作。现收藏于法国巴黎卢浮宫。

文艺复兴运动达到巅峰时，西欧的封建主义开始逐步瓦解，资本主义开始缓慢发展，因此除了在艺术方面的成就之外，在政治思想上也获得了极大的突破。这一时期，意大利出现了杰出的政治思想家马基雅维利（1469—1527 年）。

马基雅维利出生于佛罗伦萨的律师家庭，热衷于古典政治学著作的研究。在 1498 年起至 1512 年推翻美第奇家族专制期间，马基雅维利在佛罗伦萨共和政府中出任要职，进行了大量的政治活动。1512 年，美第奇家族复辟，他便归隐乡下，专心著书。1513 年，他的惊世之作《君主论》诞生。书中大量阐释了君主统治的基本法则，宣扬政治权术思想，为后世独裁者提供了理论指导。他的权术思想被后人称为"马基雅维利主义"。

文艺复兴在欧洲各国的传播

意大利经由文艺复兴，在文学艺术、自然科学等各方面取得了举世瞩目的成就。欧洲各国与意大利之间的交流学习活跃起来，一时间，意大利成为欧洲诸国留学访问的中心，同时大量的意大利艺术家、学者走出国门，将自己的学识成就传播到西欧其他国家。值得一提的是，中国的四大发明，尤其是造纸术和印刷术已经被广泛接受并使用，这也促进了欧洲各国文艺复兴的出现。

15 世纪后期，德、英、法、西班牙、尼德兰等国先后开始了文艺复兴运动。

德国紧跟意大利的步伐，很早就开始了文艺复兴运动。德国的人文主义活动最早出现在知识界。15 世纪 60 年代至 70 年代，纽伦堡等大学中最早出现了人文主义小组。一些曾经到意大利学习访问过的年轻教师受到了新思想的熏陶，组织并推动了德国早期人文主义活动。在 16 世纪上半叶德国文艺复兴运动进入高潮的时候，爱尔福特大学已经形成了较为完善的人文主义学派，并且以此学派为中心，引领着德国的人文主义运动。德国文艺复兴运动还突出地表现在强烈关注宗教和哲学问题，对《圣经》《教父》等宗教书籍的译注和研究十分盛行。这一时期，人文主义思想盛行，许多学者的作品开始关注下层民众的疾苦，反映社会矛盾的作品开始增多。大部分作品开始强烈地反对德国分裂，表现出要求国家统一和摆脱罗马教皇压榨的强烈愿望。然而德国各地文艺复兴活动的进展并不平衡，一些受到意大利影响较大的南部地区取得了很好的成果，但在天主教势力强大的西部地区，却依然十分保守。

由于紧邻意大利，法国文艺复兴运动兴起得也比较早。15 世纪末，法国刚刚形成了高度集权的封建国家，王权和宫廷贵族的势力强大。法国与英国长达 116 年的战争以法国收复失地和领土的初步统一而结束，法国社会逐渐形成了强烈的爱国主义和民族主义思想，在其后发生的文艺复兴运动中表现出强烈的民族意识。

16 世纪，在法国宫廷和部分贵族中，最先出现了人文主义团体——七星诗社。七星诗社以贵族龙萨（1524—1585 年）和杜贝莱（1522—1560 年）为代表，旨在促进法国民族语言和文学的发展。他们在诗歌理论方面做出了重大贡献，提出了统一民族语言的主张，表现出了高度的民族性。

此外，在平民中间也诞生了人文主义的代表人物。拉伯雷（1494—1553 年）出生于法国中部都兰省的希农城，家境相对富裕。他勤奋好学，知识渊博，阅历丰富，是法国文艺复兴时期文学界的杰出代表。他耗费 20 年心血创作的长篇讽刺小说《巨人传》现实与幻想交织，歌颂了人的伟大力量，对宣扬禁欲的教会和空虚奢靡的贵族进行了辛辣的嘲讽。小说语言形式活泼通俗，一经出版便受到了城市资产阶级及下层民众的欢迎，2 个月的销售量便超过了《圣经》9 年的累计销售量。

政治思想家博丹是法国文艺复兴运动中的另一位杰出代表。博丹出身中产阶级家庭，曾就读于图鲁兹大学，毕业后主要从事与法律相关的职业。博丹毕生致力于政治与法的研究，他的主要著作是《论国家》。他在书中大力宣扬君主专制制度，认为君主被赋予至高无上的权力，任何人不可觊觎分享。同时，他对于资产阶级的私有财产也给予了极大肯定，认为任何君主都无权侵占和征税。

英国的文艺复兴运动稍稍晚于西欧大陆，但在 16 世纪也已经开始出现。英国早期的人文主义复兴运动同样在大学展开，人文主义小组最早出现在牛津大学，他们以学习和研读意大利文艺复兴的成果为主。16 世纪末至 17 世纪初，英国的文艺复兴运动进入高潮。其中最具代表性的人物是托马斯·莫尔（1478—1535 年）和莎士比亚（1564—1616 年）。

托马斯·莫尔出身大官僚家庭，是著名的人文主义思想家，也是空想社会主义的奠基人。1516 年，莫尔创作出了拉丁文的《乌托邦》，阐述了作者"按需分配"的共产主义假想，是空想社会主义的第一部作品。莎士比亚是英国文艺复兴中最卓越的代表，他是天才的戏剧家和诗人，一生著述颇丰，无论喜剧、悲剧还是历史剧，每一部都堪称经典。莎士比亚作品中的人物形象生动、个性突出，语言丰富而具有表现力，故事背景从真实生活出发，深刻地反映了英国腐朽黑暗的封建社会现实，对欧洲现实主义文学的发展有着深远的影响。

莎士比亚画像
莎士比亚是英国文艺复兴时期剧作家、诗人，被誉为"人类文学奥林匹斯山上的宙斯"。

托马斯·莫尔画像
托马斯·莫尔是欧洲早期空想社会主义学说的创始人，才华横溢的人文主义学者和阅历丰富的政治家。

　　由于天主教会势力强大，西班牙的文艺复兴运动出现得较晚，大约在16世纪初才开始有所发展。西班牙的文艺复兴运动同样以学习和传播意大利文艺复兴成果为主，同时也受到了宗教文学和骑士文学的影响，代表人物是现实主义小说家、剧作家和诗人塞万提斯（1547—1616年）。塞万提斯的代表作品是长篇讽刺小说《堂吉诃德》。小说以没落贵族的骑士情结为描写对象，在广阔的社会背景下展现了人民的苦难和斗争，讽刺了腐朽荒淫的贵族阶级，对欧洲文学的发展产生了重大影响。

文艺复兴的自然科学成就

文艺复兴运动除了在社会科学、艺术等方面取得了璀璨的成就外，在自然科学方面也是硕果累累，它促进了近代自然科学的兴起和发展。资本主义在发展过程中对于技术的进步和革新提出了新的要求，为近代自然科学的兴起提供了动力。同时在人文主义思潮的影响下，自然科学冲破宗教神学的重重阻碍，在文艺复兴后期获得了爆发性的快速推进。

天文学方面

在文艺复兴时期，天文学获得了飞跃性的发展。

中世纪时期，人们普遍认为地球是宇宙的中心，而其他的星球围绕地球运行。这种地心说最早由希腊学者欧多克斯提出，经亚里士多德和托勒密进一步发展，成为人们公认的天文学真理。16世纪文艺复兴后期，哥白尼（1473—1543年）首先对此提出了质疑。哥白尼是一位波兰教士，后旅居意大利。从中学时代开始，哥白尼就对天文学表现出浓厚的兴趣。他几十年如一日坚持观测天象，并进行精确的数学运算，获得了大量的准确数据。经过30余年的研究，他发现"地心说"是不准确的。太阳才是不动的，它位于太阳系中心，地球围绕着太阳运动的同时，也进行着自转，并且地球是一个球体。在哥白尼逝世前，他发表了《天体运行论》一书，公开了自己的理论，提出了"日心说"。这对于旧有的天文学观念是颠覆性的，引发了教会人士的巨大震动，沉重地打击了具有权威意义的教会宇宙观。然而由于托勒密的"地心说"很好地吻合了当时的观测数据，并且有教会神学的全力支持，在哥白尼逝世后的半个多世纪

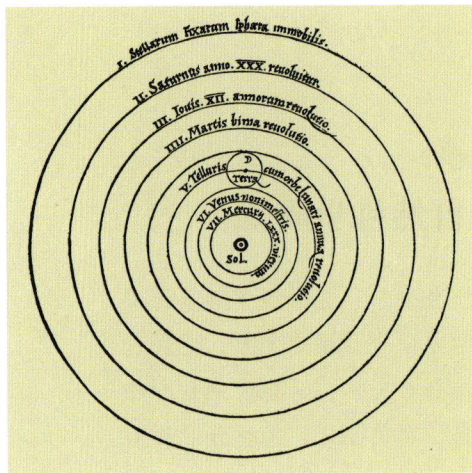

哥白尼的日心说
哥白尼提出了太阳是宇宙的中心，所有天体都围绕太阳运行的著名理论。

里，"日心说"并没有获得相应的关注。

哥白尼的"日心说"获得了意大利自然科学家、思想家和哲学家布鲁诺（1548—1600年）的大力支持。他凭借自己的想象丰富了哥白尼的学说，在《论无限宇宙和世界》一书中指出，宇宙是无限的，地球不过是沧海一粟；千千万万的恒星都像太阳一样巨大而炙热，并且它们都是运动着的。布鲁诺勇敢而坚决地捍卫哥白尼的"日心说"，并积极进行传播，使得哥白尼的学说传遍了欧洲。对"地心说"的颠覆就是对宗教权威的颠覆，因此布鲁诺的行为触怒了教廷。天主教会将他归为"异端"和十恶不赦的敌人，并将他的著作列为禁书，极力压制"日心说"的传播。布鲁诺至死坚守真理，没有屈服于教会的淫威。1600年2月17日，天主教徒对布鲁诺实施了火刑。

开普勒（1571—1630年）是德国著名的天体物理学家、数学家和哲学家。早在就读于蒂宾根大学期间，开普勒就相信哥白尼的"日心说"。后来，他受邀为天文学家第谷当助手并成为他的接班人。通过对第谷天文资料的继承和研究，他运用数学原理对行星运动进行运算，指出行星运行的轨道是椭圆形的，而不是传统观念中的圆形。这对于哥白尼的"日心说"理论是一种纠错式的发展，在天文学史上也具有开创意义。

继开普勒之后，哥白尼的学说被伽利略（1564—1642年）进一步发扬光大。伽利略是意大利著名的物理学家、天文学家和哲学家，他支持哥白尼的"日心说"，并在此理论基础上进行观察、推理和论证。1609年，伽利略利用

伽利略向威尼斯总督展示他创制的天文望远镜

凹透镜和凸透镜的原理发明了天文望远镜（又称"伽利略望远镜"），并借助这个得力工具来进行天文观察。伽利略发现月球表面凹凸不平，指出月球不能自己发光，而是反射太阳光。1610 年，伽利略发现了木星的 4 颗卫星。这一发现强有力地支持了哥白尼的学说，为他的理论提供了确凿的证据。从此哥白尼的"日心说"开始逐步走向胜利。此外，伽利略还借助望远镜发现了银河是由成千上万的小星球组成的，否定了银河系是水蒸气白雾的说法。借助望远镜，伽利略揭开了宇宙中一个又一个秘密。1610 年 3 月，伽利略出版了《星际使者》，公布自己的天文发现。人们普遍传颂："哥伦布发现了新大陆，伽利略发现了新宇宙。"

数学、医学等其他方面

文艺复兴时期，天文学获得了举世瞩目的巨大成就，也获得了后世的较多

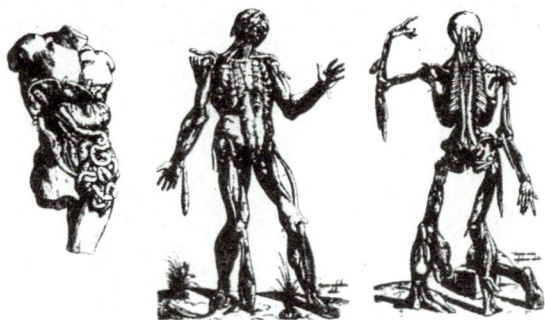

维萨里《人体的构造》中的插图
《人体的构造》详细地介绍和研究解剖学，更附有维萨里亲手绘制的有关人体骨骼和神经的插图。这也是他被称为"解剖学之父"的原因之一。

关注。但在同一时期，其他自然科学也取得了不小的成就，大量基本原理的发现为近现代自然科学的发展提供了理论基础。

代数学在文艺复兴时期获得了重要发展。1494 年，第一篇代数论文问世。1545 年，意大利数学家卡尔达诺（1501—1576 年）在他的著作《大术》中第一次发表了关于三次代数方程的一般解法（即卡尔达诺公式，又称卡当公式），随后他的学生费拉里又发现了四次方程的解法。法国数学家韦达出版了《分析方法入门》《论方程的识别与修正》等著作，系统地整理了代数学，首次使用字母来替代未知数和已知数，创立了符号代数学，并且改进了三次、四次方程的解法，指出了根与系数的关系（即现在所称的"韦达定理"）。

文艺复兴时期，医学也有很大的进步，主要体现在近代解剖学的建立。中世纪前期，欧洲医学界普遍以古代名医加伦的学说为指导，然而加伦的学说并不科学，甚至还带有浓厚的宗教迷信色彩。比利时医生维萨里（1514—1564 年）首先站出来挑战了加伦的"三位一体"学说。维萨里出生于医学世家，对加伦的著作十分精通。但是他并不迷信于加伦的说法，坚持通过亲自解剖来观察人体的构造，发现并纠正了加伦的诸多错误，创立了科学的解剖学，为近代医学的发展作出了重大贡献。1543 年，维萨里的《人体的构造》一书出版，该书对研究人的骨骼、血脉以及内脏、大脑都有巨大的帮助。

17 世纪初，西班牙医生塞尔维特（1511—1553 年）发现了血液的小循环系统，他指出血液是由右心室流向肺部的，然后经由复杂的路线到达左心室。之后英国解剖学家哈维（1578—1657 年）借助大量的动物解剖实验，发现了血液循环系统。他在《心血运动论》中指出，心脏是血液循环的集散地和动力源泉，揭示了血液循环的基本规律。这一巨大贡献使哈维被誉为"近代生理学的鼻祖"。

文艺复兴后期，物理学也获得了较大的发展。虽然早在文艺复兴初期，达·芬奇就曾经研究过动力学、光学等自然学科，但他的研究主要服务于自己的绘画，并没有作出突出的贡献。伽利略的研究成果真正奠定了近代动力学的基础。他通过多次实验发现了自由落体、抛物体和振摆三大定律。他的学生托里拆利（1608—1647年）同样通过实验证明了空气压力的存在，并发明了水银柱气压计。法国科学家帕斯卡（1623—1662年）发现液体和气体中压力的传播定律。英国科学家波义耳（1627—1691年）发现了气体压力定律。

除此之外，地理学、建筑学等也都在文艺复兴时期获得了前所未有的大发展。

文艺复兴的伟大影响

文艺复兴运动虽然被称为"文艺复兴"，但实质上却是"文艺革新"。它在欧洲，乃至整个人类的历史发展中都有着重大影响。

首先，文艺复兴运动是一场深刻的思想解放运动。从实质上来讲，文艺复兴运动的兴起是资产阶级发展过程中对于旧有上层建筑的革新。阶级基础的变化要求上层建筑与之相适应。文艺复兴运动解除了中世纪基督教神学的桎梏，为资产阶级的发展解除了精神枷锁，促进了资产阶级的迅速发展。对中世纪宗教神学的反抗，带来了人类思想的解放。西方文化关注的中心不再是神，而是回归人自身，关注人自身的力量，运用人的智慧而不是神的力量，来创造现世的幸福。这为消灭腐朽的封建社会、建立资本主义社会提供了有力的支持。

其次，文艺复兴运动所创造的巨大文化成果是人类文学艺术史上的无价瑰宝，开启了世界文明的新纪元。中世纪的文学艺术以《圣经》故事为主，艺术作品千篇一律，死板僵化，严重缺乏生命力。文艺复兴时期的文学艺术家都具有开创精神，他们的作品大都闪耀着人文主义光辉，勇于打破沉闷死板的宗教文学，带来了文学艺术爆发性的空前繁荣，大量文学艺术作品成为人类文学艺术史上的不朽巨著。这为资本主义文化的发展奠定了坚实的基础。

再次，文艺复兴运动对于宗教权威的质疑和突破有力地推动了宗教改革运动，并为这个运动提供了重要的助力。文艺复兴运动所诞生的一些作品大胆地揭露了天主教会的荒淫腐朽，引起了广大群众的共鸣。同时文艺复兴时期的人

油画《春》

《春》是波提切利的代表作，该画作主要描绘了众神在清晨幽静的橘林草地上一字排开的形象，中心人物是身着盛装的美神维纳斯，表现了春天里的美好故事。

文主义思潮提倡重视现世生活、反对权威，使得广大人民群众敢于质疑宗教权威，敢于反抗天主教会的压迫。

最后，文艺复兴运动还孕育了近代自然科学。在人文主义思潮的影响下，自然科学领域也产生了革命性的变革。人们不再盲目追随宗教对于自然科学的迷信解释，开始通过实践和实验的方式来解读自然。在这个过程中，人们不仅获得了一些真理性的自然科学成果，更培养了科学的、先进的研究方法，促进了近代自然科学的产生，也推动了生产力的发展。

欧洲的中世纪是基督教会掌控下的"黑暗的时代"。一切文学、艺术、哲学都得遵照宗教经典进行解释，基督教神学拥有绝对的权威。文艺复兴运动带来的是思想文化、科学艺术的革命性创新。它以人文主义为核心，要求以人为中心，反对神权，虽然对人性与人价值的过分强调曾造成了私欲膨胀和注重物质享受的弊病，但它具有巨大的开创意义，是人类文明发展史上的伟大转折，揭开了近代欧洲历史的序幕，是中古时代和近代的重要分界。

03

宗教改革

　　16 世纪，德国首先爆发了宗教改革，随后迅速席卷西欧。这次规模宏大的宗教改革，是一场资产阶级性质的思想政治运动，全面冲击和瓦解了中世纪的封建结构，为西欧资本主义因素的进一步发展开辟了道路。

宗教改革的背景

中世纪的天主教会是西欧各国最有势力的封建主，它统治着整个文化思想领域，这成为资本主义发展的最大障碍。以资产阶级为首的广大群众强烈要求摆脱这种封建神学思想体系的束缚，解放思想，这是16世纪宗教改革的根本原因。当时的教会特权阶层中充斥着贪污、腐败之风，这激起了社会各阶层的不满，加速了宗教改革的来临。

腐朽的天主教会

中世纪的西欧罗马天主教会不仅是封建制度的国际中心，也是一个庞大的经济实体。它将整个封建西欧联合成一个庞大政治体系的同时，也控制着大量的财富。随着权势与财富的增长，它的腐败也在日益加深。

为了聚敛更多的钱财，罗马天主教会可谓不择手段，他们利用宗教迷信出卖赎罪券，教皇宣称教徒购买这种券后可赦免"罪罚"。1476年，教皇颁布一项法规，购买赎罪券可以让死去亲人的灵魂从炼狱的火焰中出来，并把这一法规定为信条，为出卖赎罪券这种欺诈行为大开方便之门。教会还提倡崇拜圣物，使展览和出卖圣物成为搜刮钱财的工具。出售神职、买卖神职的现象一直在教会中存在，到16世纪时已经达到了肆无忌惮的地步，这也是教廷发财致富的重要途径。据统计，1521年有2000多个神职被卖出去，天主教会变成了一个腐朽的官僚机构。

教会的特权阶层拥有高额而稳定的收入，特权地位更使得他们超脱于社会道德和法律的约束之外，因此他们的生活极度奢侈、糜烂。整个教会之中，上

大主教大肆向民众贩卖赎罪券

大主教打着教皇的名义，高声宣传只要购买赎罪券的钱一敲响钱柜，罪人的灵魂立即从炼狱飞升天堂。

至教皇、主教，下至高级教士、教士，全部荒淫无度，胡作非为，屡屡突破社会道德底线。教会上层的不端行为，也成为各级教士行动的风向标，他们无视教规，放纵自己的欲望，把教会所管辖、居住的地方变成了淫乱之地，修女院成为情妇集中营，教士住所成为赌场。本就行为不端的教会上层面对种种犯罪行为，不仅不严加惩戒，反而放任自流。瑞士一个主教以惩戒为名，向他所管辖的教士们按私生子的数目收取罚款，中饱私囊。

此外，教会内部贿赂成风。教皇至高无上的地位引发了激烈的权力争斗，几乎没有单纯依靠选举而上台的教皇，每一次权力的更替都与贿赂、争权夺利紧紧地联系在一起。在位的教皇掌握着大量神职的任免权，不仅可以通过出卖神职牟取私利，更为了争夺权力，培养自己的势力而任人唯亲。教皇的亲信掌控着西欧各国教会的重要职位，然而他们尸位素餐，生活奢靡。教皇英诺森八世通过贿赂上台之后，靠出卖神职积累了多达百万的财富。

　　教会拥有大量的土地，向广大农民征收高昂的地租，导致农民的生活极其贫困。教会还向广大居民征收什一税，即捐纳本人收入的 10% 供宗教事业之用，但大部分负担还是由农民承担。

　　教会借助手中的权力征敛了大量的财富，以支撑他们荒淫糜烂的日常生活。广大劳动群众作为被剥削、掠夺的群体，目睹了教会的淫逸挥霍，内心积蓄着愤怒之火。从教皇到教士，整个教会都自甘堕落，种种丑闻早就粉碎了教会冠冕堂皇的威严外衣，人们对天主教早已不再崇信，不满情绪与日俱增。世俗权力者对教会权力与财富的觊觎，使得本就多方树敌的天主教成为众矢之的。在混乱的社会中，一场大规模的宗教改革呼之欲出。

混乱的德意志

　　工商业的发展、政治的分裂以及教会的宗教特权等多方力量的相互拉锯，使得中世纪的德国社会呈现出一种相对混乱的状态。

　　虽然 15 世纪末 16 世纪初的德国依然是封建生产方式占据统治地位，但资本主义萌芽已经开始出现。这一时期，德国的社会经济获得了较大的发展。冶金、造纸、棉麻纺织等工业已经相当发达，手工工场已经较为普遍。工商业的繁荣也促进了农业的发展，农民阶层发生两极分化，雇佣工人开始出现，社会阶级结构开始出现复杂的变化。由于德国各大中城市多分布在边境地区，经济模式又是以对外贸易为主，因此此时的德国经济虽然有所发展，但在国内却都"各自为政"，缺乏联系，并没能形成比较统一的市场，国内经济混乱，货币繁杂，关卡林立。

　　经济基础决定上层建筑，德国经济的分散带来的是政治的分裂。以经济中心为基础，德国形成了大大小小的利益集团，他们无暇考虑国家的统一，关心的只是自己的地方性的经济利益和领地内的集权。因此，16 世纪初的德国，虽然在名义上是"神圣罗马帝国"，但在领土内却存在着 7 个选侯、10 多个大诸侯、200 多个小诸侯以及上千名骑士。大大小小的诸侯纷纷建立自己的"国度"，他们裂土为王，建立自己的政法体系和金融货币体系，各领地之间相互结盟、征战甚至对抗皇权。封建主中的中等贵族或发展为小诸侯，或降级为骑士阶层，阶级关系和社会矛盾也开始变得尖锐而复杂。德国皇权式微，不仅无权干涉这些领主的内政，中央集权更是无从谈起。长期的裂土而治和彼此混战严重地削弱了德国的政治力量，也阻碍了经济的发展。

经济和政治的分裂与皇权的衰弱给了天主教会可乘之机，本就腐败的罗马教皇趁机掌控了这个国家。教会各级成员依靠自己手中的宗教特权巧立名目，从德国榨取钱财来供给罗马教廷穷奢极欲的生活。据统计，16世纪初期，德国每年为罗马教廷提供多达30万古尔登的钱财，是德皇1497年所征国税的21倍，德国更因此获得了"教皇的乳牛"之称。此外，德国教会在罗马教廷的操纵下横征暴敛、敲诈勒索，给德国带来了严重的社会问题——小偷当道、娼妓汇集、流氓遍地。教会的倒行逆施加重了德国的民族矛盾和阶级矛盾。

随着工商业的发展，由新兴的手工工场主、富裕商人和手工业主等组成的资产阶级逐步成长起来，他们对于诸侯贵族的专权压迫和教会的特权统治十分不满，要求实现国家的统一和中央集权。广大农民是所有盘剥和压榨的承受者，具有改变社会现状的迫切要求。而此时，罗马教皇所操控下的德国教会成为德国统一的重大障碍，德国各个阶层之中酝酿着强烈的憎恨情绪。

宗教改革首现德意志

德国独特的经济状况和严峻的社会问题使得这里首先爆发宗教改革成为必然。15世纪末16世纪初，德国的阶级关系日趋紧张。广大农民，包括成长中的资产阶级与封建主阶级之间的矛盾尖锐而不可调和，再加上罗马教廷、天主教会兴风作浪，各种社会矛盾的累积达到了极限，改革与斗争一触即发。

马丁·路德和托马斯·闵采尔

在德国深重的宗教压迫、民族压迫和阶级压迫下，首先奋起反抗、举起宗教改革大旗的是马丁·路德（1483—1546 年）。路德出身富裕市民家庭，父亲是由农民成长起来的企业主，还曾当选为本城议员。路德青年时期曾进入埃尔福特大学攻读法律。由于信仰十分虔诚，1505 年，他进入奥古斯丁修道院开始苦修，并于 1507 年被授予神父一职。1508 年，路德被调往维滕贝格。1512 年，他获得了神学博士学位，并被聘为维滕贝格大学教授。在大学任教期间，路德泡在大学图书馆中潜心研读《圣经》，积累了深厚的神学知识，也发现了现实教会制度及其理论与原始教义背离。目睹着现实社会中教会的特权、贪腐和欺诈，路德深深地意识到现实教会早已失去了民主、平等的精神，已经沦落成为一个荒淫混乱的特权组织，它并不能引领广大人民群众的信仰。路德在《圣经》中找到了自己的宗教观念，主要体现为三点：一是人若获得灵魂的救赎，依靠的是个人的虔诚信仰，而无须教会神职人员的干预；二是《圣经》才是最高权威，否定了教会神学和教皇的权威；三是反对复杂的教阶制和礼拜仪式。

　　1517 年 10 月，罗马教皇利奥十世借助修缮罗马圣彼得大教堂之名，派教皇特使多米尼加修士特策尔前往德国贩售赎罪券。特策尔到处宣称，只要购买赎罪券的钱敲响钱箱，罪人就可以获得救赎。这引起了路德的极大愤慨。1517 年万圣节前夕，即 10 月 31 日，他在维滕贝格城堡教堂的大门上张贴了《九十五条论纲》。路德在文中揭穿了特策尔关于赎罪券的谎言，他写道："很显然，当钱币扔在柜中叮当作响的时候，增加的只是利德心和贪欲心。"在论纲中，路德痛斥了教会以金钱赎罪的做法，提出"信仰耶稣即可得救"的原则，这实际上

马丁·路德画像

马丁·路德在沃尔姆斯帝国会议上

1521 年，查理五世在德意志西部的沃尔姆斯召开他当选后的首次帝国会议，会议因审判了宗教改革运动领袖马丁·路德而闻名。

是对教皇神权的彻底否定。路德的观念很快在广受剥削压迫的德国民众中引起了共鸣。

1519 年，路德在莱比锡与知名天主教神学者艾克的辩论中大胆抛出了自己的宗教观念，公开地否认了教皇的权威。次年 8 月至 10 月间，路德将自己的宗教主张记录成书，先后发表了《致德意志民族的基督教贵族书》《教会的巴比伦之囚》和《论基督徒的自由》。这三本著作被称为"德国宗教改革的三大论著"，很快就点燃了德国宗教改革的燎原之火，整个德国宗教界开始为之沸腾。

路德的宗教改革虽然得到了广大群众的支持，但罗马皇帝与教皇的利益相互关联，他们极力反对。1521 年 4 月，罗马帝国皇帝在沃尔姆斯召开了帝国会议，在会上宣读了教皇颁布的关于开除路德教籍的敕令。会议之后，路德获得了萨克森选侯的保护。

沃尔姆斯会议结束后，反对教会的冲突与斗争频繁发生。而此时，路德显露出了资产阶级的软弱性，他惧怕大规模风暴性变革，极力进行阻止、压制，宗教改革方式趋于温和。

1517 年宗教改革之初，路德的主张获得了托马斯·闵采尔（1489—1525年）的积极拥护。闵采尔出身小手工业者家庭。他青年时期进入大学学习哲学和神学，并获得了神学硕士学位。1520年4月，闵采尔任茨威考城教堂神父。同路德一样，闵采尔精通《圣经》。作为下层传教士，他热衷于四处游历，结交贫困的下层民众，进行宗教改革的宣传活动。由于不满路德温和的宗教改革方式，闵采尔抛出了自己的观点，指出在地上建立"千年天国"不能依靠等待，而应该采取积极的改革方式。1521年，闵采尔与再洗礼派领导了茨威考城工匠的起义，但却失败了。闵采尔猛烈地抨击天主教会的所有主要观点，甚至否认《圣经》至高无上的地位，提倡从理性中领悟，反对盲目的信仰。

由于受到地方当局的驱逐和迫害，闵采尔多数时间都在边境各地游历，在遭受压迫的下层民众之间散播革命道理，对农民战争的爆发起到了推动作用。

德意志农民战争

1524—1526年，德国爆发了历史上规模最大的农民武装起义。这次战争以施瓦本、法兰克尼亚、萨克森、图林根、蒂罗尔和萨尔茨堡地区为中心，几乎2/3的德国农民都以不同的方式参与了这场斗争。

路德、闵采尔领导的宗教改革为这场战争提供了强大的精神力量，同时也成了引爆战争的导火索。闵采尔及其门徒主张平均分配工作和财产，主张最完全的平等，他们有计划地前往各地进行宣传鼓动，为农民起义确定了明确的政治和宗教目标，散播了斗争的火种。

战争爆发的最根本原因是统治阶级对农民日益加重的压迫和剥削。大贵族（选帝侯、帝国诸侯）以及中小贵族（骑士阶层）强加在农民身上的地租、赋税以及劳役十分苛刻，仅地租就高达农民收获量的40%。同时贵族在其领地内的权力不受任何限制，可以为所欲为，他们无视农民的生命权利，往往以最严酷的刑罚来惩罚犯有微小差错的农民。

1524年8月24日，施瓦本地区施图林根伯爵领地的农民拒绝向领主缴纳赋税和服劳动役，在汉斯·弥勒的领导下发动起义，并在瓦尔茨胡特城建立了斗争据点，一举揭开了农民起义的大幕。在闵采尔的鼓励和指导下，起义军提出了自己的斗争纲领——《书简》。《书简》的革命性十分彻底，直接要求受压迫的人们团结起来，以暴力斗争的方式推翻封建统治，建立由世俗普通人所掌管的新的平等社会。

起义战争之火继续在施瓦本地区燃烧，涌现出6支较大规模的农民队伍，

德国农民战争场景
德国农民战争虽然失败了，但仍然具有巨大的历史意义。

总数已达三四万人，其骨干大多是闵采尔的门徒。1525 年 3 月，起义军领袖进行集会，通过了《十二条款》，建立起农民反封建斗争的总纲领。《十二条款》比《书简》要温和得多，带有一定的妥协性。由于施瓦本的农民队伍始终缺乏统一的领导，也没有形成严明的军队纪律，难以形成统一的行动步调。1525 年 4 月，农民军被诸侯的军队逐个瓦解。

1525 年 3 月末，法兰克尼亚地区爆发了新的农民起义。这一次起义带动了许多城市平民的参与，不少骑士成为战斗的指挥者，规模很大，斗争也十分激烈。这一地区的农民起义同样推出了自己的行动纲领——1525 年 5 月制定于海尔布朗城的《海尔布朗纲领》，纲领包含建立中央集权政府、改革教阶制度、取消诸侯同盟、建立帝国最高法院等 14 条。这对于资本主义的发展是十分有利的，然而由于革命形势的急转直下，纲领中的美好愿望也成了泡影。

闵采尔及其门徒直接领导的图林根和萨克森地区的农民起义将斗争推向了顶点。1525 年 3 月，米尔豪森城平民和矿工推翻了城市贵族的统治，建立了由闵采尔直接领导的"永久议会"。米尔豪森地区的斗争热情引燃了图林根和萨克森地区的战火，很快，各地农民起义风起云涌。然而起义队伍虽然斗志昂扬，但装备简陋且缺乏训练，闵采尔是理论巨人但缺乏军事才能。最终，这场斗争以失败告终，闵采尔本人也被俘就义。

　　1525 年 4 月，萨尔茨堡的农民、手工业者以及矿工行动起来反对大主教的残暴统治，并提出了与《十二条款》相近的纲领。1525 年初，闵采尔的门徒米夏埃尔·盖斯迈尔被布里克森农民武装推举为首领，他提出了新的邦国制度设想，并于 1526 年春率领队伍来到萨尔茨堡，与他们并肩作战。盖斯迈尔颇具军事头脑，屡破重围，但最终被刺客暗杀，农民军队遭遇了残酷镇压。德国农民战争悲惨谢幕。

　　德国农民战争失败的原因除了农民阶级本身所具有的分散性、政治上的软弱性之外，最主要的原因是缺乏一个强有力的革命领导阶级。虽然德国农民战争以失败告终，但它在德国乃至在欧洲历史上都具有重大意义。它显示出农民阶级的伟大力量，沉重打击了天主教会在德国的势力，为后人留下了宝贵的经验教训。

路德派的确立

　　德国农民革命失败之后，封建统治者进行了疯狂的反攻倒算，农民没有争取到属于自己的权利，反而陷入了更深重的封建主奴役之中。马丁·路德在农民战争开始之前，就已经背叛了平民大众，他与闵采尔敌对，反对"杀人越货"的起义农民。在路德进行宗教改革之后，一部分诸侯国支持马丁·路德，早已成为路德派新教国家。而在农民革命中，路德所推行的宗教改革成为这些诸侯国加强政权的工具。他们打着宗教改革的旗号，大肆掠夺教产，建立新教会，确立自己至高无上的地位，因此被称为"新教诸侯"。1525—1526 年间，路德宗在萨克森、普鲁士以及不伦瑞克－吕纳堡流行。1526 年 5 月 4 日，萨克森选侯和黑森伯爵在托尔高结盟，这是新教诸侯的正式联盟。不久，又有一部分新教诸侯加入联盟。

　　在农民战争爆发之后，天主教诸侯认为正是宗教改革引发了农民起义，因此加紧迫害路德派。1525 年 7 月，天主教诸侯实行联防政策，并于次年的 6 月，也就是新教诸侯结盟的第二个月，正式在德绍结成联盟。

　　1526 年 6—7 月，帝国议会在斯拜伊尔召开。由于农民战争的爆发，人民反教会的情绪高涨，很多天主教诸侯没敢出席本次议会，于是，路德派代表在议会中占了上风。议会通过了一系列支持宗教改革的决议，其中包括宣讲上帝的道不受干扰、僧侣可以结婚、俗人可以使用圣杯等进步性条款。虽然路德的宗教改革失去了最初的意义，成为诸侯牟取个人利益和封建割据的工具，但不得不说，本次斯拜伊尔帝国议会的决议是路德派宗教改革的胜利，在这次议会之后，路德派迅速地成长起来。德国的北方诸侯，除萨克森公爵和勃兰登堡选侯等有限的几个诸侯之外，其余各诸侯都成为路德派的拥护者和践行者，纷纷开始建立属于自己的教会组织。

路德派的迅速扩张，引起了天主教诸侯的强烈不满，他们采取极端的方式加剧了对路德派臣民的迫害。1529 年 2 月 26 日，斯拜伊尔帝国会议再次召开，这一次，天主教诸侯占了多数。议会宣布废除 1526 年斯拜伊尔帝国议会有利于路德派的各项决议，重申了 1521 年沃尔姆斯会议反对异端的敕令。这当然遭到了路德派的坚决反对，他们群起抗议，拒不接受本次议会的决定。在天主教诸侯结成"施瓦本联盟"之后，1531 年，路德派成立了"士马尔卡尔登同盟"。从此德国路德、天主两派诸侯以及罗马帝国皇帝之间开始了长期的封建混战。

1555 年 9 月 25 日，路德派与天主教派缔结了《奥格斯堡和约》，提出了"教随国定"的原则，承认诸侯有权决定其臣民的信仰。自此，路德派获得了正式的承认。德意志北部及其东北部均属于路德派，而南部依旧是天主教国家。

马丁·路德焚毁教皇敕令
马丁·路德在维滕贝格当众烧毁敕令，表示自己不向教皇屈服的决心。

宗教改革的扩散

　　德国的宗教改革点燃了欧洲宗教改革的原始火种，
并迅速蔓延开来。继德国之后，瑞士、法国、英国以及
东欧、北欧诸国也都爆发了宗教改革运动。虽然各国的
历史背景不尽相同，改革所呈现出来的特点以及结果也
都各具特色，但其本质都是对当时封建制度的反抗。

瑞士和法国的宗教改革

　　瑞士是继德国之后又一爆发宗教改革的国家。在瑞士的宗教改革进程中，
两位杰出的领袖乌尔利希·茨温利（1484—1531 年）和约翰·加尔文（1509—
1564 年）起着决定性的作用。

　　茨温利虽然出身农民家庭，但家境相对富裕，因此他得以接受系统的教育，
先后就学于维也纳大学和巴塞尔大学。在求学期间，他追随宗教改革家托马
斯·维滕巴赫学习神学和《圣经》，同时也深受人文主义思想的影响。在离开
校园时，茨温利就已经成为十分著名的人文主义者。1506—1516 年间，茨温
利任瑞士格拉鲁斯州教区天主教会神父，目睹了罗马教廷的腐败，逐渐形成自
己的政治和宗教观点。自 1516 年起，茨温利开始宣传宗教改革思想。1519 年
初，茨温利在苏黎世大教堂传教，获得了群众的极大欢迎。茨温利积极地宣传
新教主张，观点比路德更为激进而坚决，以《圣经》为唯一信仰准则，坚决抵
制教皇在瑞士出售的赎罪券，否认教皇至高无上的宗教地位，反对天主教会的
繁文缛节等。

　　茨温利的宗教改革观念获得了苏黎世议会的支持。在他的指导下，苏黎
世逐步废除了斋戒、独身等教规，宣布脱离康斯坦茨主教完全自主。1522 年，

茨温利拒绝了罗马授予他的职务，与教皇公开决裂。1523 年 1 月、10 月及 1524 年 1 月，苏黎世举行了三次宗教问题大辩论。茨温利提出了新教主张——《六十七条论纲》，并获得了肯定。苏黎世任命茨温利为宗教顾问，开始了大刀阔斧的宗教改革。在此影响下，苏黎世之外的一些地区也成了新教州。一些坚持信仰天主教的地区则坚决反对宗教改革，与德国一样，瑞士也形成了新教州与天主教州相对峙的局面，双方不断发生冲突，最终诱发了内战。在内战中，茨温利阵亡。瑞士宗教改革运动受挫。

加尔文画像
约翰·加尔文是欧洲宗教改革家，基督教新教加尔文宗创始人。

　　加尔文的出现改变了这种局面，在他的领导下，瑞士宗教改革的中心转移到了日内瓦。加尔文出生于法国，曾就读于巴黎大学和奥尔良大学。加尔文本是路德派虔诚的追随者，但由于政府的迫害，流亡到了瑞士。在瑞士，在茨温利和路德的影响下，加尔文继续研究宗教理论，并于 1536 年出版了《基督教原理》一书，较为系统地阐述了自己的新教神学主张。加尔文的主张与路德一样，反对盲从天主教会，但更为激进。他认为人是否得救是由上帝的意旨决定的，世人可以分为"选民"和"弃民"，有一些宿命论的味道。他的这些观点完全符合新兴资产阶级的利益。

　　1536 年，加尔文以"异端"身份被驱逐出境。1541 年，日内瓦的宗教改革派掌权，加尔文再一次来到日内瓦，并成为日内瓦政治和宗教的最高领袖。在加尔文指导下，日内瓦建立起新的共和制的教会和政府组织，同时对民众施行严厉的统治，几乎取消了一切娱乐活动。加尔文教的教旨与组织形式契合了资本主义的发展，因此受到了资本主义较为发达的国家的欢迎并得到了广泛的传播。

加尔文教派在法国也得到了广泛的宣传。法国的宗教改革最初以路德派为主，但加尔文教更适合资产阶级的利益，因此后来居上，获得了更为广泛的传播。在法国，加尔文教徒被称为"胡格诺"。最初，只有法国南部的一些城市市民是加尔文教徒，接着一些贵族也逐步成为加尔文教徒。新教成为贵族保持自我地位、对抗王权、争夺教会财产与地方政权的工具。1562—1594 年，法国新教与天主教之间的战斗持续了 30 多年。1598 年，在双方的妥协之下，法国国王颁布"南特敕令"，在肯定天主教国教地位的同时，承认了新教徒的信仰自由。在此后的时间里，新教在法国获得了较快发展。

英国的宗教改革

不同于欧洲其他国家自下而上的宗教改革，英国的宗教改革始于王权阶层，并伴随着王权的更替出现了较大的反复。虽然最终英国国教得以确定，但却付出了惨痛的代价。

14 至 15 世纪英法百年战争结束之后，英国开始潜心发展自己的国家，王

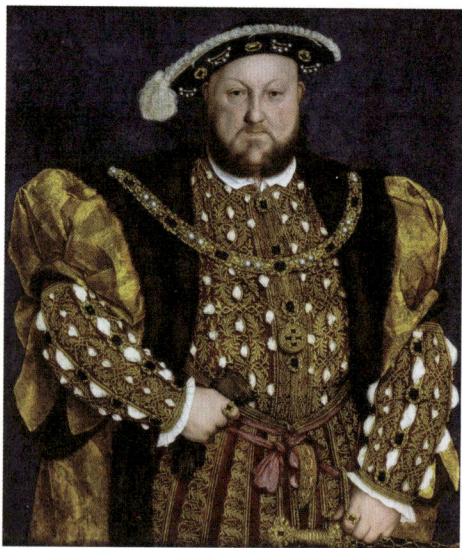

亨利八世像

权开始增长。特别是都铎王朝开始之后，君主的地位得到了大大加强。16 世纪的英国处于亨利八世（1509—1547 年在位）统治时期，王权较为强大，而罗马教廷的控制阻碍了王权阶层的专制统治。同时，英国的资本主义也得到了进一步发展，新兴的资产阶级亟待扩展自己的力量。剥夺天主教会的教产和权势成为英国国王与新兴资产阶级的共同目标。

英国的宗教改革发端于一件看似偶然的事件。英王亨利八世的王后是西班牙阿拉贡的公主，神圣罗马帝国皇帝查理五世的姨母。婚后，她只为亨利八世生养了一位公主——玛丽·都铎，而需要儿子作为继承人的亨利八世很是为此忧愁，他希望能够离婚再娶以求得子嗣。然而罗马教皇摄于查理五世的威势，没有满足英国国王的要求。亨利八世以此为借口和契机，愤而与罗马教廷决裂。1529 年，他召集议会，商议宗教改革问题，并很快于次年的下半年形成了以托马斯·克伦威尔为首的宗教改革集团。

1531 年，亨利八世开始了大刀阔斧的改革，矛头直指罗马天主教会。他通过颁布法律剥夺了教廷获取税收的权利、废除修道院、批准英文版《圣经》的公开发行等一系列措施进行宗教改革。1534 年，议会通过了《至尊法案》等几项法律，确立英国国王是英国教会至高无上的首脑，同时切断了与教皇的一切联系。英国宗教改革之后形成的新教称为"英国国教会"，又称"圣公会"。亨利八世的儿子爱德华六世（1547—1553 年在位）虽然极力拥护并推进了宗教改革，但他短命无后，王位传给了亨利八世的公主玛丽·都铎（1553—1558 年在位）。

玛丽·都铎是一位虔诚的天主教徒，她并不认同父亲及弟弟的宗教观念。她上台之后废除了父亲和弟弟在位期间的宗教立法，恢复了天主教的国教地位。玛丽对新教徒施以严酷的刑罚，大量处死新教徒，因而获得了"血腥的玛丽"的称号。

玛丽·都铎同样无后，王位被传给了她的异母妹妹伊丽莎白（1558—1603 年在位）。伊丽莎白不认同姐姐玛丽的宗教观念，同样采取了强制手段迫使英国民众遵从她的宗教改革。她将教会置于英国王权之下，再一次断绝了英国教会与罗马教廷的联系。1563 年，英国议会制定了《三十九条信纲》，英国教会的教义最终以法律的形式确定下来。

由权力阶层推行的宗教改革完成之后，资产阶级的要求并没有得到满足。从 16 世纪 60 年代起，英国出现了反对国教会的声音。他们主张以加尔文教的理念来清除国教会中的天主教教义教规，因此被称为"清教徒"。

天主教会的反击

宗教改革在欧洲的广泛传播和蓬勃发展，给天主教会带来了沉重的打击。到 16 世纪中叶，路德宗和加尔文宗广泛地分布在德国、瑞士、尼德兰、英国、法国等欧洲国家。虽然封建制度维系下的天主教会依然是欧洲各国的主导，但其影响力已经严重下降。然而天主教会并不愿坐以待毙，以罗马教皇为首，天主教会纷纷采取措施，成立新的组织，开展新的活动来应对宗教改革的大势。他们或采取整顿措施，自我改革；或阻挠新教活动，反对新教。

虽然天主教会内部已经腐朽不堪，一些教皇作恶多端，但也有一些既凭借特权腐化又支持教改的当权者。罗马教皇保罗三世（1534—1549 年在位）就是一位才华横溢而又有毅力的教皇。面对新教宗教改革的大潮，一方面，他坚决而又严酷地镇压新教主导的宗教改革活动；一方面，他全力以赴地进行天主教会的改革，整顿弊端，惩治贪腐，以期扭转教会岌岌可危的局面。他设立专门的机构——九人委员会来商讨改革之法，并监督教会。保罗三世积极筹划并推进了天主教会自我革新的"特兰托会议"。1545—1563 年间，天主教会的代表多次在特兰托召开会议，商讨自天主教内部革新。会议确立了天主教会至高无上的地位、教皇的最高权威，同时有条件地采纳了路德派的一些主张，做出了革新的让步。虽然会议经历了 18 年之久才艰难收场，但却在一定程度上使天主教会焕然一新，对此后天主教的发展产生了重大的影响。

特兰托会议

　　天主教内部涌现出一批宗教改革者，他们多是著名的人文主义者，如英国的柯列特、尼德兰的伊拉斯谟等。他们将批判的矛头对准教会的腐败，呼吁遵循《圣经》，重组教会机构，反对教皇的专制等。在这批人文主义者中，伊拉斯谟是最杰出的改革家。作为天主教会内部的改革者，伊拉斯谟虽然痛恨教会的荒淫腐败现象，谴责荒诞迷信的宗教仪式，常常撰文进行嘲讽，也曾提出了改革建议，但他始终是一名虔诚的天主教徒，他的批判始终针对腐朽的当权者而不是整个天主教会。

　　此外，天主教内部成立了一些组织，来进行积极的自救和对新教的疯狂镇压。这些组织包括神爱祈祷会、异端法庭和耶稣会等。

　　"神爱祈祷会"是1517年由迦腊法在罗马发起的一个教会改革组织。他们决心通过教会内部的改革，恢复天主教往昔的辉煌，要求会员献身传道，厉行爱德，在天主教会内部树立起积极的榜样。神爱会的改革措施获得了许多意大利城市的热烈响应，在一定程度上扭转了教会腐败的风气。

　　1542年，由迦腊法发起，天主教在意大利设立了最高异端裁判所，也就是异端法庭。异端法庭担负着侦破、起诉和审判异端的重大责任，一切有异端嫌疑的人都要在这里接受严酷的刑罚。在宗教改革期间，它被用来铲除新教、裁处异端分子、维护天主教的权威地位，是镇压和阻挠新教活动的重要工具。

　　西班牙贵族伊格纳修·罗耀拉（1491—1556年）创立的耶稣会是一个天主教内的修教会，宗旨在于抵抗宗教改革，捍卫和传播天主教。早在1534年8月，耶稣会就已经开始了它的活动，并很快获得了教皇的认可，于1540年正式成立。耶稣会要求会员无条件服从自己的首脑，不穿僧衣，不住寺院，深入社会各个领域宣传天主教，破坏新教运动。他们中甚至有人远涉重洋，到其他国度宣传天主教，促进了文化传播与交流。在中国明朝末年到达中国传播天文学、数学等知识的利玛窦正是这样的耶稣会士。

　　天主教的自我改革和对新教运动的猛烈镇压曾获得过阶段性的成功。但他们的负隅顽抗不能阻挡历史的滚滚车轮，随着资本主义的兴起和封建制度的逐渐瓦解，天主教会再也不能重塑当年的辉煌。

04

尼德兰革命

　　"尼德兰"是一个历史地名，意为"低地"，指的是莱茵河、斯海尔德河、马斯河下游地区，还有北海沿岸一带的洼地，包括现在的荷兰、比利时、卢森堡（此三国又合称为"低地国家"），以及法国东北部的一部分，面积约七八万平方千米。从中世纪开始，尼德兰就没有出现过一个强大的统一国家，而是分成若干个小领地，先后归属周围多个国家。

尼德兰革命的背景

> 尼德兰在中世纪初期曾为法兰克王国的中心，后来分裂为很多个封建领地，分别归在德意志和法兰西的名下。15世纪，尼德兰并入勃艮第公国，后来又因为王室联姻继承的错综复杂的关系，成为哈布斯堡家族的领地。在16世纪初，尼德兰又转为西班牙王国的属地。当时西班牙帝国独占海外贸易，尼德兰因此产生了较早的资本主义萌芽，商业发达，二者便产生了矛盾。

经济繁荣的尼德兰

16世纪的尼德兰是全欧洲经济最繁荣、人口最稠密的地区。当时这里划分成17个省，其中北部7省，有荷兰、泽兰、弗里斯兰等；南部10省，有佛兰德、卢森堡、阿图瓦、布拉奔等。在之前的13世纪到15世纪，尼德兰的经济发展得比较快，尤以呢绒业出名。进入16世纪以后，尼德兰的经济发展更为迅速，为欧洲之冠。

17省中，北方的荷兰、泽兰和南方的佛兰德、布拉奔四省拥有最发达的工商业。毛纺织业和麻纺织业是尼德兰传统工业，莱顿和纳尔登是北方重要的纺织中心。此外，在北方，造船业、航海业和捕鱼业也非常发达，阿姆斯特丹是北方诸省的经济中心。北方诸省和英国、波罗的海沿岸各国以及俄罗斯贸易往来较为频繁，和西班牙则没有什么经济上的联系。北方的农村中封建势力较为薄弱，土地大多掌握在富商、资产阶级手中，他们或者直接经营农场、牧场，或者将土地租赁给自由农民收取货币地租，有的贵族用资本主义方式经营农场，成为新贵族。

在南方，传统的纺织业已非常发达，阿拉斯、圣奥梅尔、杜埃、里尔、根特、伊普、布鲁日等都是重要的纺织业中心，其原料和产品销售都依靠国外市场，主要是西班牙市场，因此在经济上，南方的资产阶级和西班牙的经济关系较为密切，这也是后来尼德兰革命中南方诸省体现出一定的动摇性和妥协性的根源所在。除了纺织业，南方的制糖业、制皂业、印刷业和冶金业也较为发达。佛兰德的安特卫普是南方的经济中心，同时也是欧洲最重要的金融中心和商品集散地，很多从美洲来的西班牙商船都在此停泊，卸下商品转运各地。相对于北方，南方农村中的封建势力相对强大一些，封建主手中还掌握着相当一部分的土地，同时还保留着种种封建特权。

尼德兰地区的城市化程度也是欧洲最高的，17 省差不多有 300 多个城市，荷兰省有一半以上的人口是城市居民，南方的佛兰德和布拉奔的城市居民比例也高达 1/3，甚至更高。尼德兰已经出现了一种先进的生产方式——手工工场制，原来的行业作坊式的生产方式逐渐让位。毛纺织业中的手工工场制比较典型，在阿姆斯特丹、密德尔堡、符利辛根等地都出现了大规模、集中式的呢绒手工工场，这种生产方式大大提高了生产率。

经济发展促进了阶级关系的变化。资产阶级中的由手工工场主、农场主和

尼德兰的标志性风车

一般商人组成的中小资产阶级迫切要求摆脱封建关系的束缚，推翻西班牙的专制统治，建立资本主义制度。他们通常打着基督教加尔文派的旗帜，对城市贫民、小资产阶级以及农民影响较大。但是大资产阶级则不然，尤其是南方和西班牙经济联系较为密切的富商比较保守，他们虽然也对专制制度有一定的不满，但是还不到公然对抗的程度，因此他们倾向于保守和妥协。

贵族阶级也分化成两大派：北方接受了资本主义生产方式同时也和资产阶级有着一样的政治经济利益的一部分贵族成为新贵族；另一部分贵族还以封建地租为主要收入，他们希望保持封建关系和特权，成为尼德兰封建势力的支柱。社会最底层的农民、工场工人、城市贫民等深受多重压迫，生活苦难不堪，有改变现状的迫切要求，很多人参加了基督教的支派——再洗礼派，他们是尼德兰革命的主力军。

西班牙的专制统治

西班牙人对尼德兰的统治导致了更加复杂的阶级矛盾。本来尼德兰人民对哈布斯堡家族有比较强的效忠精神，但是现在的统治者——腓力二世在他们看来却是一个外国人——西班牙人，因此效忠精神削弱不少。西班牙人之所以能统治尼德兰，还要从哈布斯堡王朝的查理五世说起。

1516 年，西班牙国王斐迪南二世去世，他的外孙卡洛斯继位成为西班牙国王，称"卡洛斯一世"（1516—1556 年在位）。卡洛斯已经在 1506 年从勃艮

油画《伯利恒的户口调查》
尼德兰著名画家勃鲁盖尔的代表作，隐晦地表现了尼德兰人民对西班牙残酷统治的不满与反抗。

第公爵那里继承了尼德兰，现在又以西班牙国王的身份占有这块土地。1519年，又成为神圣罗马帝国的皇帝，称"查理五世"（1519—1556年在位）。

查理五世画像
查理五世，神圣罗马帝国哈布斯堡王朝皇帝（1519－1556年在位），尼德兰君主（1506－1556年在位），德意志国王（1519－1556年在位），西班牙哈布斯堡王朝首位国王（称卡洛斯一世，1516－1556年在位），同时也是奥地利哈布斯堡王朝的一员。

西班牙统治者对治下的这块全欧洲经济最发达的地区非常重视。西属殖民地的贸易还有西班牙本国的对外贸易、金融等基本都集中在尼德兰，另外，这里的战略位置也非常重要，因此西班牙统治者对这里实行严密的专制统治。由西班牙国王任命的总督掌握行政、司法、财政等大权，对尼德兰进行横征暴敛，以满足查理五世维护其庞大的神圣罗马帝国的各项开支的需要。当时西班牙国库一半左右的收入是尼德兰贡献的，因此查理五世称尼德兰是"王冠上的一颗珍珠"。此外西班牙统治者为了更严密地控制尼德兰，还在这里设立了宗教裁判所，借用天主教来打压一切自由思想，迫害新教徒。1550年，查理五世颁布一道敕令，凡是"异端"都要被处以死刑，"男的杀头，女的活埋"，没收财产，藏匿、帮助者同罪。这个敕令被人们称为"血腥敕令"。

西班牙的专制残暴统治激起尼德兰人民的反抗，查理五世在位期间，尼德兰多次爆发起义。1556年，查理五世去世，其子腓力继位，是为腓力二世（1556—1598年在位）。腓力二世沿用了其父的政策，继续在尼德兰推行残暴统治，致使资产阶级和广大群众与西班牙专制统治者的矛盾最终爆发，也就是尼德兰革命。

尼德兰革命爆发和发展

尼德兰革命经过了一个漫长的过程，期间经历了多次挫折、失败，到最后只有7省获得了独立，另外10省仍处于西班牙的控制下。独立的7省以荷兰共和国的面目出现在世界历史舞台上，并且立刻成为非常耀眼的角色。

破坏圣像运动和西班牙的血腥镇压

1556年，腓力二世继位，继续以残酷压榨的方式统治尼德兰。他任命自己的姐姐玛格丽特出任尼德兰总督，亲信格伦威尔辅政，又增加驻尼德兰军队，同时操纵天主教会，变本加厉地迫害尼德兰人民，大批加尔文教徒和再洗礼派教徒被宗教裁判所害死。在经济上，腓力二世为了本国的利益而施行严重打击尼德兰经济发展的政策。

1557年，西班牙颁布国家破产令，公开耍赖拒付国债，导致很多尼德兰银行家遭到巨大损失，信贷系统陷入混乱。腓力二世还禁止尼德兰商人进入西班牙港口，禁止他们进入美洲西属殖民地经商。1560年，西班牙宣布提高从国内运出羊毛的税额，导致尼德兰从西班牙进口的羊毛锐减40%。这一系列残暴的行为导致尼德兰经济遭遇重创，大批工场倒闭，工人失业，银行家破产，昔日繁荣的尼德兰陷入萧条状态。西班牙统治者和尼德兰人民的矛盾迅速激化，在佛兰德、布拉奔、荷兰、弗里斯兰、安特卫普等地都爆发了新教徒领导的暴动。

行动起来的不仅是新教徒等民众，一些和资产阶级利益相关的贵族也采取了行动。一些中小贵族组成以奥伦治的威廉亲王、埃格蒙特伯爵和荷恩上将为

教堂中的破坏圣像运动

首的贵族同盟，在1566年4月5日向总督玛格丽特提交请愿书，要求废除"血腥敕令"、罢免格伦威尔、撤走西班牙驻军、召开三级会议等，但是被西班牙当局拒绝。

1566年8月，在佛兰德的一些工业城市爆发了贫民发动的起义，他们的主要打击目标是西班牙反动势力的精神支柱——天主教会。起义军冲进各地教堂和修道院，捣毁了所谓的圣像、圣徒遗骨和遗物，没收教会财产。起义犹如星星之火迅速席卷布拉奔、泽兰、荷兰等尼德兰12省。这场被后来称为"破坏圣像运动"的起义成为尼德兰革命的开端。

群众运动的迅速发展使一些贵族、资产阶级恐惧，他们开始向西班牙统治者靠近。西班牙统治者迫于形势做出了一些让步，比如废除宗教裁判所、允许加尔文教徒在指定的地点传道和祈祷等。贵族和资产阶级满意后退出运动。1567年春，各地的人民起义被西班牙反动势力镇压。

不过西班牙统治者的妥协只是缓兵之计，腓力二世随后撤换了尼德兰总督，任命以残暴闻名的阿尔瓦公爵率领军队前往尼德兰。阿尔瓦公爵表示，"我绝不会留下一个活人，刀将刺进每一个喉咙""宁愿留一个贫穷的尼德兰给上帝，也不留一个富庶的尼德兰给魔鬼"。阿尔瓦公爵在尼德兰成立了所谓的"除暴委员会"，即处理和"异端"、叛逆案件有关的非常法庭，史称"血腥委员会"。他们大肆搜捕起义者，实行恐怖统治，包括埃格蒙特伯爵、荷恩上将、安特卫普市长范·斯特拉连等资产阶级领袖在内的约8000人被害，整个尼德兰成为

奥兰治亲王画像

威廉·奥兰治带领荷兰人民反抗西班牙统治的独立
运动取得胜利，在人民的拥戴下于 1584 年加冕，却
在加冕前两天被害，享年 51 岁，被荷兰人民称为"祖
国之父"。

一个屠场。此外西班牙反动势力加紧了对尼德兰经济上的盘剥，推行新税制，
横征暴敛，导致尼德兰经济濒临崩溃。

革命高潮和《根特协定》

　　阿尔瓦的血腥统治使得大批商人、农民和手工业者，以及以奥兰治亲王
为首的一部分资产阶级逃亡德国寻求支援。奥兰治亲王组织了一支军队，从
1568 年开始先后多次带兵进攻尼德兰，但是都没有成功。

　　在尼德兰国内，仍有不少民间武装力量和阿瓦尔领导的西班牙反动势力作
斗争。在南方，不少手工工场工人、手工业者、农民和一部分革命的资产阶级
分子在佛兰德森林中组成了森林游击队，袭击西班牙反动武装。在北方，荷兰、
泽兰、弗里斯兰等地的渔民、水手和码头工人等组成了海上游击队，袭击西班
牙船队和沿海据点。西班牙在南北方的统治都受到了牵制，各地游击队的斗争
也不断取得胜利，队伍日益壮大。

　　各地的起义斗争在 1572 年迎来了高潮。4 月 1 日，一支海上游击队袭占
泽兰省的布里尔城，这成为北方各省普遍起义的一个信号。到 1572 年夏天，
几乎整个荷兰省和泽兰省都获得了独立。在这个过程中，奥兰治亲王的军队起
到了外部策应的作用。7 月，北方各省召开代表大会，奥兰治亲王威廉被推举

为荷兰、泽兰和乌特勒支三省的总督。到 1573 年底，北方 7 省基本都从西班牙的统治下独立出去，北方实际上已经成为一个独立的国家，威廉是公认的领袖。尽管阿尔瓦的军队竭力反扑，但是都被英勇作战的北方军民击退。

在北方革命形势的影响下，南方各省的斗争也开展起来。1576 年 9 月 4 日，布鲁塞尔爆发了奥兰治亲王党人领导的起义，夺取了政权，随后南方各省纷纷响应，各地起义夺取了政权。尼德兰南方各省的情况和北方有所不同，这里封建势力和天主教会的势力比较强大，大资产阶级在经济上还和西班牙有密切关系，因此他们的态度比较暧昧，摇摆不定。

1576 年 11 月，南北各省代表在根特签订了《根特协定》，宣布废除阿尔瓦颁布的所有法令，恢复尼德兰的统一和各城市原有的特权。不过这是一个比较保守的协定，没有提出尼德兰独立和消灭封建土地所有制的问题。后来南方的一些贵族和西班牙反动势力藕断丝连，企图妥协，中止革命。激进资产阶级和人民群众对此强烈不满。1577 年秋天，不满的人民群众在布鲁塞尔城爆发了新的起义，建立了“十八人委员会”，掌控政权。随后，佛兰德和布拉奔两省的不少大城市纷纷效仿。民众运动的高涨又引起南方的大贵族、大资产阶级和天主教会的恐惧。1578 年初，西班牙新任尼德兰总督亚历山大·法内塞率军反扑，一度得手。南方的摇摆势力趁机倒向西班牙。1579 年 1 月 6 日，南方的反动势力在阿图瓦省城阿拉斯组成“阿拉斯联盟”，承认腓力二世为合法统治者，天主教为唯一合法的宗教，两股反动势力相勾结。1585 年，安特卫普陷落，南方各城市的革命政权全部被镇压，西班牙政府恢复了在这里的统治。

北方革命的最终胜利

南部反动贵族成立“阿拉斯联盟”的行动宣告以《根特协定》联系在一起的南北联合破裂，南北从此走上了截然不同的发展道路（后来南部尼德兰各省发展为现在的比利时和卢森堡国家）。1579 年 1 月 23 日，北方 7 省还有南方的部分城市在乌得勒支结成了“乌得勒支同盟”，宣告永不分裂，以各省代表组成的三级会议为最高权力机关，统一币制和度量衡，制定共同的军事和外交政策，奠定了建立北方共和国的基础。1581 年 7 月 26 日，威廉宣布废黜腓力二世，正式成立联省共和国。因为北方诸省中荷兰省最为重要，因此简称“荷兰共和国"。1584 年 7 月 10 日，威廉被腓力二世派人刺死，其子奥兰治·摩里斯被推举为领袖，继续领导军队和西班牙反动势力作战，接连取得胜利，还进一步占领了佛兰德和布拉奔省的北部地区。此后的国际形势对尼德兰非常有利，英国、法国都站在尼德兰一边。1588 年、1589 年到 1598 年，西班牙先后在对英国的海战和参与法国的胡格诺战争中遭到惨败，国力大衰。

1609 年，西班牙和联省共和国签订 12 年休战协定，事实上已经承认了共和国的独立。尼德兰革命至少在北方获得了胜利。1648 年，欧洲三十年战争结束，欧洲各国签订《威斯特伐利亚和约》，联省共和国获得了国际承认。

尼德兰革命的胜利具有重要的意义。它是一场尼德兰人民反对西班牙专制统治的民族独立运动，同时也是一场资产阶级革命，是人类历史上第一次成功的资产阶级革命，为资本主义的发展铺平了道路。尼德兰革命带有一定的宗教色彩，它以加尔文教为旗帜，用恩格斯的话说，"加尔文教在荷兰创立了一个共和国"。城市平民和农民是革命的主力，资产阶级和以奥兰治·威廉为代表的新贵族结成的联盟是革命的领导。此时的资产阶级还不够成熟，因此革命还有一些不够彻底的地方：尼德兰南方部分地区没有享受胜利果实；北方政权还掌握在富商和贵族寡头手中，还保有一些君主制的残余，比如首脑名为总督，但是却为奥兰治家族世袭，形同国君。这些为后来荷兰的长期兴盛埋下了隐患。尽管尼德兰革命还有其不彻底的地方，但是它具有重要的历史意义和影响，它给予欧洲主要的封建反动堡垒——西班牙和罗马天主教会沉重打击，为后来英国、法国的资产阶级革命开辟了道路。

尼德兰和西班牙船只的战斗场景

05

英国资产阶级革命

尼德兰革命爆发以后，欧洲封建反动势力在民族解放战争的浪潮中无可挽回地走向衰落。此时，在与欧洲大陆隔海相望的英国，新兴资产阶级和新贵族势力日盛，可是原有的封建统治却严重阻碍了资本主义的进一步发展。在这种情况之下，又一场轰轰烈烈的资产阶级革命开始了，这次革命也为英国资本主义的发展扫清了障碍。

革命前夕的英国

17世纪中叶，资本主义已经渗透到英国社会生活的方方面面，无论是农业、工业还是海外贸易，都从中收益颇丰，这使资本主义有了更为强大的社会基础。此外，清教徒开始大力反对封建王权，这也为资产阶级革命的兴起做好了思想和舆论准备。

革命前夕的英国经济状况

在革命爆发以前，英国社会已经有了良好的资本主义经济基础，这一点在农业、工业和商业等方面都得到了充分体现。

17世纪的英国虽然还是一个农业国家，但与欧洲大陆各国不同的是，英国的农业很早就渗入了资本主义因素。早在15世纪末，随着羊毛需求量的不断增长，新兴资产阶级和新贵族在工商业较发达的英国东南部乡村开展圈地运动，把原来的耕地变成牧场。16世纪以后，随着城市工业的进一步发展，社会对于农产品的需求量急剧增加，地主阶级也开始了更加疯狂的圈地运动。

封建地主发现，资本主义性质的农场具有更强的生产力，因此他们改变了过去对农民进行封建剥削的方式，转而雇用那些被迫脱离土地的农民，进行资本主义形式的农业生产。除了自己经营农场之外，有的地主还把农场租给农业资本家，从中赚取资本主义地租。农业资本家从农业工人身上获取剩余价值，并把其中一部分作为地租交给地主，这样一来，地主就间接地剥削了工人的剩余价值。

资本主义大农场的出现，使得一些农业技术得以改进，有的农场甚至使用播种机等适合大规模生产的机器设备，从而使农业生产力得到了空前发展，这也为工业的发展提供了充足的原材料。此外，圈地运动的延续使更多的农民脱离了土地，从而为手工业工场提供了充足的劳动力资源。

　　从 16 世纪到 17 世纪初，英国工业发展势头迅猛，一些传统手工业也逐渐具有资本主义性质。作为英国民族产业的呢绒业不断发展壮大，一些资本家开始建立集中的手工工场。如英国商人萨缪尔·米科的工场就拥有数千名工人，其产品远销海外。另外，当时采矿业的规模也越来越大，开采一个煤矿动辄需要数千英镑资金和数千名工人。

　　在这一时期，英国的商品贸易也有了长足的发展。除了满足国内消费需求之外，英国的工农业产品还大量出口。最初，英国主要以出口羊毛等原材料为主，但随着工业产品种类和数量的增加，英国开始越来越多地出口制成品，并且从国外进口大量原材料。

　　当时，呢绒是英国最重要的出口商品，而伦敦则是呢绒出口的中心。从 13 世纪开始，英国的出口贸易就受到汉萨同盟的控制。到了 1598 年，在伊丽莎白一世（1558—1603 年在位）的干预下，汉萨联盟被挤出英国，从而使进出口贸易完全掌握在英国商人自己的手中。为了发展对外贸易，英国人成立了贸易公司，装备船只，进行海外贸易。这些公司的贸易范围主要包括

煤矿和工厂
展示了工业革命期间英国的工业化。

欧洲各国、美洲英属殖民地，以及亚洲的印度、印度尼西亚。后来，英国政府还向这些公司授予特权和专卖权，从而有力地促进了进出口贸易的发展。

英国的社会等级结构

随着经济的发展，英国社会的等级结构也发生了一些变化。

首先，英国出现了与原来的封建贵族相对立的新贵族阶层。新贵族大多由乡绅转化而来，因为他们是圈地运动的主要受益者，拥有充足的土地和资金，所以非常有利于发展资本主义农业和工商业。

16 世纪前期，亨利八世（1509—1547 年在位）在宗教改革期间拍卖的大量修道院土地多数落到新贵族手中。17 世纪初，詹姆斯一世（1603—1625 年在位）出卖国王领地时，其中半数被新贵族获得。此外，一些大商人从没落的封建贵族手中买到土地以后，就出租给农业资本家，赚取资本主义地租，从而跻身于新贵族行列。新贵族和原有的封建贵族享受同等的特权和政治地位，但是经济实力却远远超过后者。

新贵族在发展过程中也受到了旧有制度的压制。比如，英国的法律规定，国王是土地的最高所有者，地主的土地是从国王那里领到的，地主领有土地，须以向国王履行一定义务作为条件。尤其是在 16—17 世纪，国王不但向地主收取繁重的贡赋，还经常干涉他们的圈地活动，并对圈地者处以罚金。到了 17 世纪初，此项罚金已经成为国王的主要收入来源之一。正因为如此，新贵族阶层对封建王权有着很深的抵触情绪。

与新贵族不同，那些没有参与圈地运动的封建贵族仍旧靠剥削农民的封建地租生活。受"价格革命"的影响，他们的地租收入大大减少，但是在政治上仍处统治地位。他们必须依靠旧有的封建制度才能生存，这与新贵族阶层形成了强烈的反差。

除了新贵族以外，新兴资产阶级与封建制度之间也存在矛盾。新兴资产阶级主要由城市的工商业资本家、手工工场主和农村的农业资本家构成。其中，上层的大商人和大金融家与政府关系十分密切，他们一方面向政府放高利贷，另一方面又要从政府领取特许状，在指定地区进行独占贸易，一般商人不得与之分羹。这部分人构成了资产阶级队伍当中的保守集团，与广大中小商人和手工工场主存在一定程度的利益矛盾。

17世纪前期，农民在社会人口中依然占据最大比重。当时的农民主要分为两类：一类是自由农，拥有自己的土地，但需要向地主缴纳一定数额的贡赋；另一类是公簿持有农，他们从封建时代的农奴转化而来，虽然有了人身自由，但是仍然没有可供自己支配的土地，因此社会地位较低，所承担的封建义务也较重。在圈地运动当中，大量的农民失去了土地，他们当中的一部分进入了资本主义农场，但薪酬十分微薄；还有一部分人沦为流浪者，靠乞讨度日，生活更加艰难。这些农民热切期盼废除封建制度，获得真正属于自己的土地，由此成为资产阶级革命的主力军。

在矿井里拉煤的孩童
一个孩童正在将一桶煤从矿井表面拉到地面。童工在英国的矿山中很常见，直到1842年《矿山法》的生效，这一现象才得到限制。

此外，手工工场的雇工也十分贫困，收入难以维持正常生活。分散的手工工场中的雇工表面上是在家做工的独立生产者，实际上受到隐性的剥削。在小手工作坊当中，工匠和学徒的境况也十分艰苦，经常受到师傅的剥削，连基本的温饱需求都难以满足。这些人也构成了革命的一支重要力量。

清教思想的出现

17世纪的英国，除了深受封建王权束缚的社会各阶层在经济层面有着迫切的革命要求之外，清教徒也为资产阶级革命提供了思想动力。

亨利八世（1509—1547年在位）进行宗教改革后，英国教会的最高领导权就落到了国王手里。在此后的一段时间里，尽管国教的教义与制度发生了一些变化，但是依然残留了很多天主教元素。

随着资本主义经济的发展，资产阶级新贵族越来越明显地感觉到国教对自身发展的阻碍。首先，此时的国教已经成为封建王权的统治工具；其次，教会的僧侣生活腐化放荡，大肆剥削教徒，这与倡导勤俭节约、重视资本积累和扩大再生产的资产阶级理念背道而驰；再次，国教保留了很多天主教的繁文缛节，这些烦琐的仪式也严重妨碍了资产阶级的经营活动。

面对这种情况，在资产阶级和新贵族的共同推动下，一个新的教派诞生了，这就是清教。他们以清除教会中的天主教残余为目标，故而得名。

清教徒倡导严肃、勤劳的生活理想，要求去除教会内部奢华的装饰，并提出宗教仪式应当简化、廉价。

在神学思想方面，清教徒以加尔文宗主要教义为武器。他们认为每个人都应该在自己的岗位做出成绩，这样才更有可能成为"上帝的选民"。此外，加尔文宗的组织形式也较为民主，非常符合资产阶级的要求。可以说，清教的创立在思想上为资本主义的发展开拓了更加广阔的空间，同时也为资产阶级革命做好了充分的舆论准备。

清教在 16 世纪 60 年代创立时就受到了英国居民的欢迎，教徒的数量日益增多。不过，清教内部思想也并非完全统一。16 世纪末，清教分裂为两大派系，即长老派和独立派。前者由大资产阶级和新贵族上层组成，他们要求选举年长者主持教会，并在国家事务中担当重要职能；后者由中等资产阶级和一般的新贵族组成，也有一部分城市平民和农民加入，他们认为任何宗教团体都应该独立于王权和教会权力之外，并且可以根据自己的理解阐发《圣经》思想。相对于长老派，独立派内部又分成诸多小教派，因而其组织结构比较松散。

查理一世统治的初期

1625 年，詹姆斯一世亡故，其子查理即位，是为查理一世（1625—1649年在位）。

早在詹姆斯一世执政期间，资产阶级新贵族阶层与封建王权之间的矛盾就已经凸显出来。当时詹姆斯一世采用增加税收的方法来缓解政府的财政压力，引起了资产阶级和新贵族的强烈不满。查理一世即位以后继续推行这种政策，而且与他的父亲相比可谓有过之而无不及。

当时，英国国王的固定收入主要有两个来源，一是王室的土地收入，二是

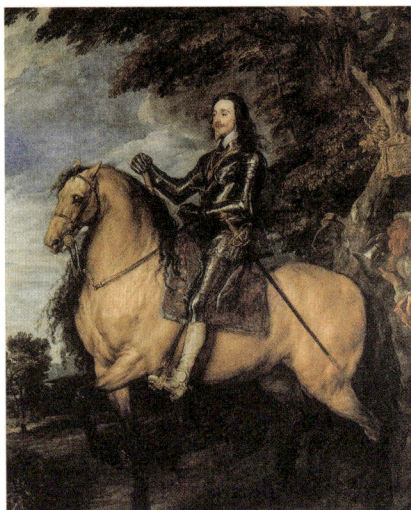

骑马的查理一世
查理一世试图迫使苏格兰进行宗教改革，从而引发了主教战争，最终促成了查理一世的下台。

关税收入，其余都属于临时性收入。从 16 世纪末期开始，英国政府就经常入不敷出，因此不得不通过借贷来满足财政需要。到了查理一世执政时，英国王室已经债台高筑。为了解决财政问题，查理一世一方面向国内商人强行借贷，并且规定凡拒绝者都将被逮捕入狱；另一方面，他于 1628 年召开议会，希望议会同意征收新税。

当时的议会在资产阶级新贵族领袖约翰·义律、约翰·皮姆等人的领导下，向查理一世提交了《权利请愿书》。请愿书提出了四点要求：第一，未经议会批准，不得强行借贷和征收新税；第二，不得非法逮捕任何人或侵占其财产；第三，不得按照战时法律逮捕任何人；第四，不得在普通民众家中驻军。为了使国王答应这一请求，议会同意拨出 35 万英镑的资金作为交换条件。就这样，查理士一世勉强接受了请愿书上的要求。

但是事后，查理一世任意曲解请愿书的原意，继续强行征税。议会号召英国民众抵制这一做法，结果触怒了国王。1629 年，查理一世下令解散议会，由此开始了长达 11 年的无议会统治时期。

查理一世在解散议会后更加肆无忌惮地推行他的反动统治。他不但巧立名目征收新税，还唆使大主教劳德实行严酷的宗教压迫政策，大规模逮捕清教徒，甚至连长老派也深受其害。更为严重的是，他大肆推行工商业独占制度，从 1629 年到 1640 年，他将英国许多消费品的生产、销售的独占权都授予一些大商人、大企业，并从中获取大笔资金。当时，被划入独占的消费品种类极其广泛，包括盐、铁、砖、布料、火药、淀粉、油脂、酒类等，几乎涵盖了所有的日常用品。

　　受独占制度的影响，英国工商业的发展出现了停滞。享有独占权的大资本家往往任意提高本行业产品的价格，这样一方面会导致消费者购买力降低，另一方面也会给需要使用该产品的其他行业带来巨大压力。这样一来，很多企业因为成本提高而被迫裁员，有的甚至破产倒闭，社会上失业人数急剧增加。一些中小商人因无力与独占者竞争，只好选择离开英国。留下来的广大居民为了生存，便下定决心与专制政府对抗。此时，国王与民众之间的斗争一触即发。

苏格兰起义

　　查理一世的倒行逆施终于引起了民众的反抗，苏格兰起义就是在这种形势下爆发的。

　　从 1603 年开始，苏格兰就与英国共有一个国王。但是，苏格兰仍然作为

苏格兰起义
1637—1640 年，苏格兰人民为反抗英王查理一世专制统治而发动起义。

一个独立的王国而存在，并且有自己的独立议会及宗教组织。可是，查理一世
在实行独裁统治期间，却对苏格兰国内事务横加干涉，企图使其成为自己的
附庸。

查理一世接受了劳德大主教的建议，强行命令苏格兰接受英国的祈祷书，
并对反对者加以严酷迫害。1634年，一位苏格兰勋爵被发现持有反对接受新
祈祷书的请愿书，于是查理一世便下令以叛国罪将其逮捕。

广大苏格兰民众对查理一世的这一举动十分不满，于是通过选举产生了一
个常设代表团，并草拟了一份《民族公约》，宣称苏格兰人民将不会接受新的
宗教法规和祈祷书。接着，"公约派"便组建了一支军队，准备以武力手段反
抗查理一世的暴政。

1639年，苏格兰起义军攻入了英国北部边境。查理一世深知，要想抵抗
起义军，就必须筹集大量军费。出于这种考虑，他只得于1640年4月13日下
令重新召开议会，要求议会同意征收新税以补充军费。可是，议会不但没有同
意他的要求，还提出了议员应该享有的权利等问题。查理一世见自己的计划落
空，便在盛怒之下于5月初再次下令将议会解散。这届议会持续时间不到一个
月，史称"短期议会"。

短期议会的解散在英国民众中间引起了轩然大波，伦敦的下层劳动者自发
组织起来，接连举行大规模的示威活动，抗议国王的这一举动，要求重新召开
议会，并要求严惩劳德大主教。与此同时，苏格兰起义的规模也在进一步扩大，
起义军在纽伯恩击败了查理一世的军队，继而占领了纽卡斯尔。

迫于内外压力，查理一世只好于这一年的9月召开了一个贵族"大委员
会"，与会的贵族也纷纷要求重新召开议会。

查理一世自知无力抵挡起义军的进攻，便于10月份签订了停战协定。根
据停战协定的条款，查理一世政府每天要向苏格兰支付850英镑的费用，并且
要给苏格兰30万英镑的赔偿金。为了筹集这笔资金，查理一世只好于11月3
日再次召开议会。这届议会一直维持到1653年，史称"长期议会"。

如果说苏格兰起义的爆发是英国资产阶级革命的前奏，那么长期议会的召
开，就是这场革命的开端。

革命开始和两次内战

　　长期议会召开以后，议员们提出了不少改革方案，但是以查理一世为首的封建王党却一再否决，他们甚至企图迫害反对派领导人。作为英国社会结构中数量最为庞大的普通劳动者却显示出了惊人的力量，他们通过各种示威活动打击了王党的嚣张气焰，并且将革命运动推向了高潮。

长期议会与王权的斗争

　　英国长期议会是在全国上下群情激奋的情况下恢复的，王党根本无力对议员的选举施加影响。不过，当选的议员中多数人都只是对查理一世的政府不满，而没有从根本上反对封建制度。在整个议会中，贵族占了绝大多数席位，资产阶级成员只有区区 70 人，其中有很多人还从政府手中领到了独占权。所以，在革命的初期，封建王党仍然气焰嚣张，他们不但反对议会提出的改革要求，甚至还企图对反对派领导人进行打压。

　　在这个时候，英国广大民众充分发挥了自己的力量，从而使革命得以一步步向前发展。这一情况首先在斯特拉福伯爵审判案上得到了体现。

　　斯特拉福伯爵温特沃思是查理一世的宠臣，曾参与镇压苏格兰起义，是下层民众最痛恨的反动头目之一。长期议会召开以后，以下议院议员皮姆为首的一批反封建人士就提出议案，要求对温特沃思进行审判。1641 年 4 月 21 日，下议院在讨论该案时，500 多名议员中仅有 263 人出席。伦敦下层民众表示强烈抗议，上万人联名递交请愿书，要求将温特沃思处以极刑。迫于民众的压力，下议院最终以 204 票对 59 票通过了判处温特沃思死刑的决议。对于这一决议，

斯特拉福伯爵像

上议院起初拒绝批准，伦敦民众得知这一消息之后包围了议会，并大声责骂那些反对处死温特沃思的人。在这种情况下，上议院于 5 月 8 日以 37 票对 11 票通过了这一决议。

按照当时的制度，这一决议应获得国王的批准，但是查理一世却一再庇护温特沃思。人民群众对此极为愤慨，于是在 5 月 9 日这天涌向王宫，要求将温特沃思处死。查理一世无奈，只好签署了死刑决议，并于 5 月 12 日行刑。

从 1640 年底到 1642 年初，议会在与专制政府的斗争中还取得了其他一系列的胜利。1640 年 12 月，下议院宣布查理一世下令征收船税为非法活动。1641 年 2 月，议会通过一项法案，规定一届议会解散以后到下一届议会召开之前，间隔时间不得超过 3 个月；议会召开未满 50 天，国王不得单方面下令解散或中断议会。5 月 10 日，查理一世被迫批准了这一法案；6 月，他又被迫批判自己过去实行的税收政策，并且批准了未经议会同意不得随意征税的法案；7 月，他又被迫取消了星法院、高等法院等暴力机关；8 月，他又迫于压力取消了商业独占制度。

事实上，英国议会之所以能够取得这些胜利，很大程度上得益于人民群众的支持。大主教劳德曾经说过："每当下议院要提出某项议案，并且认为上议院或国王会拒绝通过的时候，暴民们就会纷纷来到议会，大声喊出他们所提出的那些要求。"不过，人民群众的强大力量也使许多议员感到畏惧，这一点在讨论《根枝法案》时得到了体现。

作为封建专制统治的有力工具，英国国教的主教制一直深受下层民众的反对。早在 1640 年 12 月，万余名群众联名向议会提交了请愿书，要求把主教、主持牧师、教士大会等连根带枝地废除。于是，议会对这一问题进行了讨论，并于 1641 年 5 月提出了关于废除主教的《根枝法案》。法案刚一提出，就遭到了很多议员的强烈反对，因为他们认为主教可以充当防范民众的外层堡垒。后来，尽管该法案在下议院以微弱优势通过，但最终被上议院否决了。这一事件，标志着议会内部的分裂已经形成了。

《大抗议书》与第一次内战的爆发

1641 年 10 月，长期议会开始讨论《大抗议书》。《大抗议书》是议会与专制制度进行斗争的重要文献，其中披露了国王政府的暴政，并提出了一些改革要求，主要包括：实现工商业活动的自由发展，政府高级官员只能从被议会认可的人当中任命，大臣须对议会负责等。当时，很多议员并不认同这些要求，他们尤其反对大臣对议会的负责制。因此在 11 月 22 日表决时，这项议案只是以微弱的优势获得通过。

当《大抗议书》交到查理一世手中时，他不仅拒绝批准，还于 1642 年 1 月 3 日以叛国罪要求议会交出皮姆、汉普顿等 5 位激进派议员。由于议会拒绝交人，查理一世便在 1 月 5 日率领军队来到议会，打算强行逮捕这些议员。当

查理一世企图逮捕五位激进派议员
这次事件标志着查理一世与议会彻底的决裂，由此成为英国内战的导火索。

时，皮姆等人早已被商业区的下层劳动者保护起来，数千名群众簇拥着他们 5 个人，一路高喊口号来到了议会下议院。这时，伦敦附近诸郡的农民也已经结成队伍抵达伦敦，整个伦敦已经处在劳动人民的控制之下。

面对这种不利局面，查理一世决定前往旧封建势力根深蒂固的北方地区。1 月 10 日，查理一世离开伦敦前往约克城。他在当地封建贵族的支持下加紧组织军队，为发动内战做准备。

与此同时，议会也开始了军事方面的准备工作。7 月 12 日，议会通过了一项决议，正式成立了议会军队。

8 月，查理一世经过充分准备之后，便率先向议会宣战。9 月 28 日，国王军队与议会军队在瓦塞斯特附近交战，第一次内战就这样爆发了。

内战开始之后，英国从地理上分出了两个敌对阵营，一个是王党控制的北部和西北部地区，一个是由议会控制的包括伦敦在内的东南部地区。

从双方力量的对比来看，议会军队明显占据上风。因为无论是经济基础还是群众基础，东南部地区都有着明显的优势。然而，此时的革命阵营却有一个致命的弱点，那就是领导者的保守与妥协。当时，议会阵营的领导者以对待战争的不同态度分为 3 个派别，即主战派、主和派以及主战派中的右翼。其中，主战派右翼的领导人是皮姆和汉普顿，他们虽然主张与国王军队战斗，但态度并不坚决，而是希望双方能够在重新划定权力范围的条件下与国王讲和。他们利用其他两派的矛盾取得了领导权，此后便一直进行着不十分彻底的战斗。

另外，革命队伍里的军事将领也不乏平庸之辈。例如长老派指挥官埃塞克斯，在战争打响以后，迟迟不肯发动有效进攻；1642 年 10 月，革命军在牛津附近击败国王军队，本应该乘胜追击，可是埃塞克斯却下达了退兵的命令，结果使敌人有了反扑的机会。

就这样，革命阵营渐渐失去了优势。1643 年秋，国王军队已经占领了东南地区的大部分地方，革命形势岌岌可危。

克伦威尔和新模范军

就在议会军进行妥协式战斗的同时，各地的农民运动如火如荼地进行着。在这些农民运动中，规模最大的就是西南各郡爆发的"棒民"运动。

"棒民"人数在 10 万左右，以农民为主，其领导成分比较复杂。他们既不支持国王也不支持议会，坚持走中间路线，实行联防互保，以求保卫自己的自由与财产。由于他们大都手持棍棒，故有"棒民"之称。

"棒民"运动在很大程度上打击了当地王党的嚣张气焰。同时，长期议会也认识到，如果战争继续向对己不利的方向发展，那么农民运动的规模就会进一步扩大。为此，议会不得不考虑实行军事改革，以求扭转战局。

1645年，议会决定对军队进行改组，并通过了《自抑法》。《自抑法》规定，凡是兼任议员的军官应辞去军官职务。这样一来，埃塞克斯、曼切斯特等庸碌无为的长老派军官便离开了军队，议会军队的领导权落到了以奥利弗·克伦威尔为首的独立派分子手中。

克伦威尔于1599年出生在亨廷登郡的一个乡绅家庭，父亲是一个资产阶级新贵族。克伦威尔早年曾就读于剑桥大学，后来又在伦敦学习法律。1640年，他当选为长期议会议员，并于次年积极参与《大抗议书》的草拟工作。这时，他的政治才华已经显露出来，只是他此时资历尚浅，威望还不够。

第一次内战爆发以后，克伦威尔深刻地意识到：要想获得彻底胜利，就必须利用广大人民群众的力量。基于这一点，他在战争伊始便组织了一支由农民、手工业者、小商人组成的骑兵参加战斗。这支军队纪律严明，骁勇善战，每一名成员都有着强烈的革命意识，因此，跟随克伦威尔转战各地，屡战屡胜，获得了"铁骑军"的美誉。

克伦威尔掌管议会军队后，就以"铁骑军"为样板，将原来的军队改组为

克伦威尔画像
克伦威尔是17世纪英国资产阶级革命中资产阶级新贵族集团的代表人物、独立派的首领。

新模范军。改组后的军队不但军纪严明，而且实行民主政策，从出身下层民众的士兵当中提拔了不少优秀军官，这大大提高了军队的战斗力。同时，克伦威尔还改变了过去的保守军事方针，开始大胆发动进攻，从而使战局发生了根本性的改变。

1645 年 6 月，新模范军在纳斯比附近取得了重大胜利，几乎全歼国王军队，并俘虏 5000 余人。次年 6 月，革命军攻克了王党的大本营——牛津。这场内战终于以革命阵营的胜利宣告结束，查理一世也由此成为阶下囚。

长老派、独立派和平等派的斗争

英国第一次内战结束以后，革命阵营内部的矛盾逐渐凸显出来。这一时期的政治斗争主要在三个派别之间展开：代表大资产阶级和上层新贵族的长老派、代表中层贵族和资产阶级的独立派和代表社会中下层民众的平等派。

平等派形成于第一次内战结束以后。1646 年 7 月，李尔本等 3 人共同起草了《千万公民的抗议书》，要求所有公民在法律上都应处于平等地位，国家应该由人民当家做主，并且应当取消国王和上议院。这标志着平等派作为一个政治派别已经形成。

由于当时的军队由独立派人士领导，因此长老派议员便于 1647 年 3 月以减轻人民赋税为借口，提议解散军队，并且拒绝补发战争期间拖欠的军饷。对于议会的这一决定，下层军官和士兵深表不满，平等派的反应也很强烈。平等派成员多次向议会请愿，提出切身要求，并写文章批判长老派的做法，他们的这一举动得到了下层士兵的广泛认同。士兵们认为，独立派高级军官并不能代表他们的利益，他们需要建立自己的组织。因此，在四五月间，思想比较激进的 8 个骑兵团选举出了代表士兵利益的"鼓动员"，并成立了"鼓动员委员会"。此后，这类组织在基层连队中开始普及，很多中下层军官也纷纷加入了这一行列。

1647 年 6 月，在鼓动员的号召下，500 名骑兵到赫姆比城堡将国王劫持过来，押到纽马克特，从而切断了长老派与国王之间的联系。

为了使事态得到控制，克伦威尔宣布他将站到士兵的队伍中去。他组建了"全军会议"，成员包括所有高级军官以及每团两名军官代表和鼓动员。在 6 月 14 日召开的全军会议上，通过了《军队声明》。声明指出，军队的宗旨是保卫人民的自由与权利，而不应当成为任何专制权力的雇佣军，同时还强烈要求解

英国内战骑兵头盔
英国内战期间典型的骑兵头盔，通常被称为"三条锅"，因其形似锅，帽檐下有三根用于护面的竖铁条而得名。

散由长老派控制的议会。

军队要求进兵伦敦，以武力形式来打击长老派，但是克伦威尔担心士兵会失去控制，因此一再推诿，甚至与鼓动员发生争吵。可是，7月26日、27日，长老派煽动了反对独立派的骚乱。在形势万分危急的情况下，广大士兵进军伦敦的要求已经无法抑制，因此，军队于8月6日进入伦敦，平息了骚乱，参与此事的长老派议员纷纷逃散。就这样，独立派与平等派最终取得了这场斗争的胜利。

但是接下来，独立派与平等派的矛盾也开始激化。

军队驱散了反动的长老派议员之后，独立派便取得了国家的最高领导权，接下来的问题就是如何来进行改革。在这一问题上，独立派和平等派有着不同的看法。独立派希望建立君主立宪制度，国王须受议会的限制，而议会仍由两院组成，此外还要设立一个对议会负责的国务会议，负责具体的行政事务。这些建议都被写进了《建议纲目》里面。

1647年8月底，独立派军事领导人拿着《建议纲目》与国王谈判，此举遭到了平等派人士的强烈反对。平等派士兵对克伦威尔等人失去了信任，于是在10月15日草拟了一份《军队事业》，其内容主要包括：国家的权力应该属于人民；成年男子应被赋予普选权；取消上议院；停止圈地，把土地还给农民；废除商业独占制度和教会什一税。

由于所持观点不同，独立派与平等派一时间僵持不下，尤其是在普选权的问题上，双方各执一词，互不相让。

11月5日，在克伦威尔缺席的情况下，军队议会在平等派的要求下同意了召开全军大会来表决是否接受《人民公约》的决定。

为了避免平等派利用全军大会达到通过《人民公约》的目的，高级军官命令军队分成 3 个批次，在 3 个不同的地方举行检阅。与此同时，平等派则决定利用军事检阅的机会通过武装示威来达到目的。

11 月 15 日，在军事检阅现场，平等派有 9 个团开道。但是，由于平等派事先的准备并不充分，因此当克伦威尔拔剑威胁并下令逮捕平等派积极分子时，士兵竟然未能反抗。克伦威尔当场逮捕 14 人，其中 3 人被判处死刑，1 人被当场处决。就这样，克伦威尔以迅雷不及掩耳之势将平等派镇压下去，这场政治斗争最终以独立派的胜利宣告结束。

第二次内战的爆发与共和国的建立

在独立派与平等派进行激烈斗争的时候，封建王党开始在暗中活动，企图重掌大权。

从 1647 年 10 月开始，受到监管的查理一世就与苏格兰封建地主秘密联络，准备借助他们的力量夺回统治权。

11 月 11 日深夜，查理一世逃到了怀特岛。以克伦威尔为首的独立派领导人原本准备与国王谈判，希望他能在双方协商的条件下复位。但是，查理一世认为长老派和苏格兰方面给出的条件更好一些，因此一直不肯接受克伦威尔的要求。久而久之，克伦威尔对于查理一世的本质有了更加清楚的认识。同时，刚刚遭到镇压的平等派人士得知国王出逃的消息之后群情激奋，广大民众也表现出强烈不满，为了防止事态进一步扩大，克伦威尔只好打消与国王继续谈判的念头。

于是，以克伦威尔为首的高级军官的政治态度发生了明显转变。他们原来极力为国王辩护，大肆抨击平等派关于废除王权的政治主张。但到了 12 月 24 日在温莎举行的祈祷会上，克伦威尔等人决定，国王应该作为罪人被处决。

与此同时，查理一世也加紧了活动。苏格兰封建主准备派出军队帮助查理一世复位，英国国内的王党分子也蠢蠢欲动。在这种形势下，战争已经无法避免。

1648 年春，王党分子在南威尔士、埃塞克斯等地发动叛乱，第二次内战由此爆发。

为了击败王党的反攻，以克伦威尔为首的独立派高级军官再次与平等派联起手来。1648 年 4 月 29 日，独立派在温莎举行了军官会议，并邀请平等派人士参加。会上，双方达成了一项共识，即共同消灭保王党，把国王交给法庭审判。为了得到平等派的支持，克伦威尔还答应战争结束后将批准执行《人民公约》。

在双方的共同努力下，各地的叛乱接连被平定，苏格兰军队也被击溃。9 月下旬，克伦威尔的军队攻入苏格兰的爱丁堡。到了这一年年底，第二次内战又以革命阵营的胜利宣告结束。

在第二次内战期间，长老派对革命阵营的行动不断加以阻挠，尤其是在军需供应方面，总是故意制造困难。实际上，这时的长老派已经沦为反革命了。因此，在战争结束以后，独立派和平等派所面临的首要问题就是如何彻底推翻长老派。

在这个问题上，双方存在很大分歧。独立派只要求推翻长老派的统治，由独立派取而代之；平等派则要求在推翻长老派的同时，还要把《人民公约》付诸实施。为取得平等派的支持，独立派领导人只得做出让步，在 11 月 18 日举行的军事会议通过了平等派拟定的《军队抗议书》。抗议书的主要内容包括：解散长期议会，通过选举产生新议会，要求下议院享有最高权力。

为了彻底推翻长老派，1648 年 12 月，革命军队再次开赴伦敦。12 月 6 日，军队包围了议会，并根据名单驱逐了长老派议员 96 人，逮捕了 47 人。这样一来，下议院就只剩下独立派以及支持它的约 50 名议员。因此，这个议会被称

被斩首的查理一世
查理一世是英国历史上唯一被公开处死的国王，也是欧洲历史上第一个被公开处死的君主。

作"残余议会"。

1649 年 1 月 1 日，下议院通过决议，宣布查理一世为内战的罪魁祸首，应该予以审判。但是，上议院却否决了这一决议。为此，下议院再次作出决议，宣称下议院是国家最高权力机关，上议院对此决议无权否决。就这样，以克伦威尔为首的独立派军官成立了最高司法裁判所，对国王予以审判。

在下层民众的强烈要求下，法庭于 1 月 27 日作出最终裁决，查理一世为暴君、叛徒、杀人犯及全民公敌，应当被处死。1 月 30 日，查理一世被斩首示众。

2 月 6 日，下议院通过了取消上议院的决议；2 月 7 日，下议院通过了取消君主制的决议，并决定设立从属于下议院的国务会议。从表面上看，国务会议只是议会的下属机关，但实际上，国务会议对全部军队都享有支配权，其职权无所不包。

从这时起，英国就成了"没有国王和上议院"的国家，真正步入了共和国时代。

共和国时期

　　英国正式成为一院制共和国以后，由于政治观点存在分歧，独立派与平等派的斗争没有停止，最终，这场斗争以平等派的失败告终。与此同时，克伦威尔对爱尔兰发动了战争，这场战争持续了 3 年之久，最终征服了爱尔兰。这两场胜利，为克伦威尔建立军事独裁政权铺平了道路。

平等派和掘土派的活动

由于共和国的最高权力掌握在独立派手中，因此，这一政权从一开始就是

李尔本像

英国内战期间平等派的领导人，激进民主主义思想家。他一生为自由打拼，与强权斗争，被称为"自由的李尔本"。

为资产阶级新贵族牟利的。

当时，英国的海上劲敌是荷兰。为了打破当时荷兰对英国海外殖民地的贸易垄断，英国政府先后两次颁布《航海条例》，企图将荷兰从英国对其殖民地以及欧洲各国的贸易中排挤出去。荷兰自然不肯接受。1652年，英荷战争爆发了。最终，英国取得了胜利，荷兰只好放弃了海上贸易的垄断地位。

英国政府在为资产阶级谋求利益的同时，却无视下层劳动人民的疾苦。因此，这一时期的群众运动向着更深层次发展。

独立派并没有履行诺言，将《人民公约》全部付诸实践，致使下层民众生活状态急剧恶化，因此共和国成立伊始，平等派就展开了新一轮的斗争。1649年2月，平等派领导人李尔本发表了名为《揭露英国的新枷锁》的小册子，严厉抨击了共和国领导人，并要求限制议会的权力，保证人民群众享有最高权力，实行言论自由、出版自由，取消什一税、商业独占制度等，以提高民众的生活水平。3月，李尔本又发表了《揭露英国的新枷锁》的第二部分，要求议会保卫人民的自由，尽快执行《人民公约》，同时还号召人民以起义的方式推翻不合理的统治。

长期议会不但没有理会李尔本提出的要求，反而于3月28日逮捕了包括李尔本在内的几名平等派领袖，并交由国务会议审讯。对此，下层民众表示强烈抗议，他们举行示威活动，并联名提交请愿书，要求下议院释放李尔本等人。与此同时，平等派士兵准备以武装起义的形式反抗独立派的暴政。

　　平等派士兵在原有《人民公约》的基础上作了进一步发展，于 5 月 1 日发表了一部新的《人民公约》。新的公约颇具创造性地指出，国家的最高权力机关应当按照人口的比例选举代表。它还规定：除了仆役和得到布施的人之外，21 岁以上的所有男子都具有选举权；行政官员、军官以及财务人员不能被选为代表；代表不得兼任军政、司法事务，也不得连任。这项公约尤其强调立法、行政、司法应划清界限，这充分体现了三权分立的政治思想。

　　5 月上旬，平等派士兵正式发动起义。他们声称，如果有人胆敢伤害李尔本等人，必将受到严惩；只要独立派按照新的《人民公约》选出人民代表机关，他们就会放下武器。独立派在假意答应平等派条件的同时又对其进行镇压，结果起义军的斗志被瓦解，到了 5 月中旬，这次起义就被镇压下去了。这一年的秋天，平等派再次发动起义，然而这次起义也在独立派的打压之下走向失败。

　　平等派的起义之所以失败，其根本原因在于没有得到多数民众尤其是农民的支持，因为他们所提出的土地纲领未能满足广大农民的要求。但是，平等派的政治思想却对英国乃至世界的民主主义革命都有深远影响，美国独立战争、法国革命、英国宪章运动等无不受其影响。

　　在平等派与独立派进行斗争的同时，一支代表英国城乡最底层民众的政治派别也开始了活动，这就是自称为"真正平等派"的掘土派。

　　共和国成立以后，长期议会实行的土地政策并没有满足农民的要求，因此农民的生活状态每况愈下。掘土派领袖温斯坦利认为，土地私有制是造成农民贫困的根源所在，因此他主张实行土地公有制，从 1649 年 4 月开始，他就率领农民成群结队地开垦荒地，试图建立起土地公有制度。这一运动在肯特郡、白金汉郡等地产生了极大影响，越来越多的下层劳动者参与其中，这使得当地地主和政府颇为恐慌，因此他们采取强制手段打压掘土派成员。到了 1650 年春天，垦荒活动被迫终止，掘土派也随之衰落下去。

　　从思想史的角度来看，温斯坦利很可能受到了空想社会主义学说创始人托马斯·莫尔的影响，而他的思想又对后来的威廉·葛德文产生了巨大影响。所以说，温斯坦利的思想是英国空想社会主义思想发展史上的一个重要环节。

远征爱尔兰、苏格兰

　　当平等派和掘土派的活动转入低谷以后，克伦威尔相继发动了两次征服战争，一次是远征爱尔兰，一次是远征苏格兰。

早在 12 世纪，英国就开始了对爱尔兰的征服，并且建立了殖民统治。也是从那时候开始，爱尔兰人民就不断地进行着反抗。1641 年，爱尔兰人民趁英国爆发革命的机会，发动了反英起义，宣布脱离英国统治。1649 年，克伦威尔平息了平等派起义，才得以腾出手来对付爱尔兰。

当时，保王党复辟势力与爱尔兰人相互勾结，企图反攻英国革命势力。克伦威尔便以此为理由出兵征伐爱尔兰。事实上，这次远征还有其不可告人的目的：一是掠夺爱尔兰的土地和财产；二是把平等派士兵调往国外，从而瓦解仍在活动的平等派。

1649 年 8 月，英国军队在克伦威尔的率领下，在都柏林登陆，历时 3 年的战争就此打响。9 月，英军攻克了都柏林北部的港口城市德罗赫达，并将城中的军民全部屠杀。10 月，英军攻克了韦克斯福德，并再次屠城。这两次血腥屠杀在爱尔兰人民心中留下了恐怖的记忆。英军占领了爱尔兰沿海一带的城市以后，克伦威尔就让部下代替自己继续完成征服任务，他自己则率军远征苏格兰。

当时，查理一世之子查理·斯图亚特——也就是后来的查理二世（1660—1685 年在位）已经与苏格兰长老派集团签订了协议，准备以苏格兰作为他复辟的基地。但是由于当时苏格兰内部存在严重分歧，因此克伦威尔得以乘虚而入，轻松地将他们的军队击败。1650 年 9 月上旬，3000 名英军在邓巴以少胜多，击败了 11000 人的苏格兰军队。1651 年春，查理·斯图亚特组织了一支

邓巴战役

邓巴战役是 1650 年 9 月 3 日克伦威尔领导的英国新模范军和苏格兰军队在苏格兰邓巴附近进行的一场以少胜多的战役。

军队，开赴英国境内，这时克伦威尔正在苏格兰前线指挥战斗，闻讯以后连忙率领军队南下追击。9月3日，在邓巴战役结束整整一年之后，英军终于将查理·斯图亚特的军队彻底击垮。1654年，克伦威尔下令取消苏格兰独立议会，苏格兰由此并入了英国。

1652年5月，爱尔兰被彻底征服。随后，英国侵略者就开始了对爱尔兰的疯狂掠夺。英国远征军没收了爱尔兰的土地，大部分土地落入了以克伦威尔为首的高级军官之手。此外，他们还向英军士兵发放债券，凭此债券可以在日后领取土地。虽然许多士兵因缺乏现款而将债券折价转让出去，但他们毕竟获利不少，因此逐渐变质，原有的革命精神也逐渐泯灭。这样一来，原本作为革命武装力量的军队在性质上发生了变化，逐渐成为克伦威尔建立军事独裁制度的有力工具。

克伦威尔建立护国公制

克伦威尔征服了国内外的敌对势力以后，其个人威望和权势得到了进一步加强。但是，这时英国社会的不满情绪仍然存在，平等派思想也在暗中传播，甚至连一部分议员也对克伦威尔的政策表示反对。在这种形势之下，以克伦威尔为首的独立派领导人为了巩固自己的权力，决定通过强制手段来消除这些不安定因素。

1653年4月，克伦威尔强行解散了并不驯服的"残余议会"。7月4日，他主持召开了一个小议会，又称贝尔朋议会。他原本希望小议会能够完全服从于他，成为他的统治工具，但是其中一些激进分子仍然向他提出进行社会经济改革的要求，同时要求改善底层人民的生活状况。

克伦威尔的愿望未能实现，就联合一些高级军官共同对小议会施加压力。他们利用议会中温和派与激进派的矛盾，唆使温和派于12月12日提出"自动退职"的建议，导致小议会仅仅存在半年便解散了。接着，由高级军官组成的军官会议又拟定了一份新的宪法草案——《施政文件》，其中明确提出建立护国公制度。

所谓护国公制度，其本质就是军事专政。尽管从形式上来看，护国公的权力受到国务会议的限制，但是《施政文件》中规定：当国务会议需要补充委员时，护国公有决定人选的权力；议会拟定的法案只有得到护国公的批准方可生

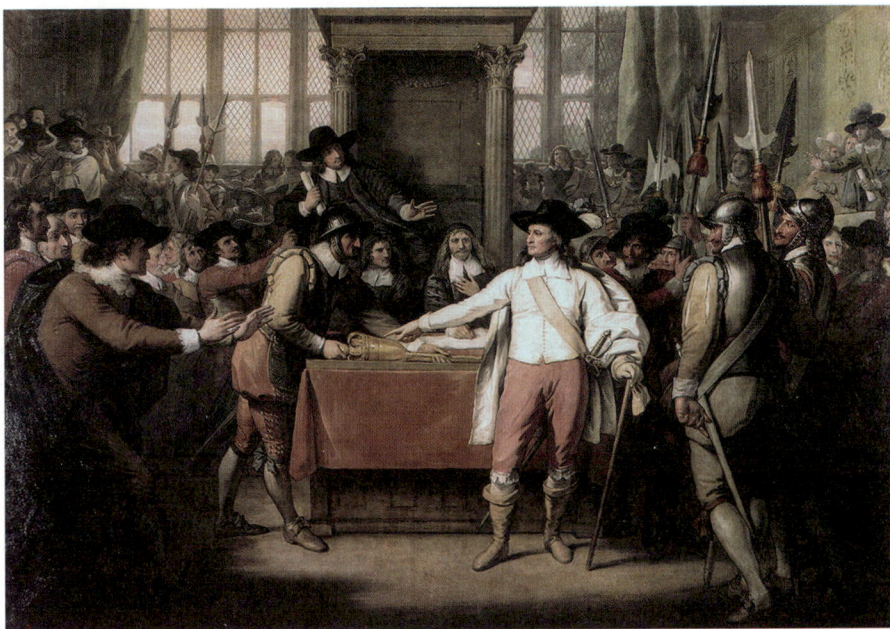

克伦威尔解散议会

1653 年，克伦威尔用武力解散议会，英国的共和政体改为护国公政体，终身护国公克伦威尔被称为"未戴王冠的英国国王"。

效。因此，护国公的权力是凌驾于议会和国务会议之上的。

12 月 16 日，在高级军官和大资产阶级的拥戴下，克伦威尔就任终身护国公。他不但继续掌握着最高军事指挥权，同时还掌握着护国公制度赋予他的行政权和立法权。

其实，按照《施政文件》的要求，立法权应当由护国公和一院制议会共同行使。1654 年 9 月，第一届议会召开，部分议员要求审查《施政文件》，以限制护国公的权力。可是克伦威尔居然大发雷霆，声称议会无权对护国公所享有的权利横加干涉，并且将这届议会解散。此后，他在独裁的路上越走越远。

1655 年 3 月，保王党发动了一次叛乱。克伦威尔平叛之后，便以防止王党复辟为借口，进一步加强了独裁统治。他把全国分为 11 个军区，每个军区设立一名总督，军区以内的军政大权都集中在总督手里。就这样，在克伦威尔赤裸裸的武力统治之下，整个英国几乎变成了一座大军营。

此时的克伦威尔已经与旧时的君主并无二样，可是一些支持克伦威尔的议员仍不满足，他们居然提议恢复君主制。1657 年 5 月 25 日，他们上交了一份《恭顺的请愿和建议书》，要求恢复国王职位和上议院，由克伦威尔来担任国王。克伦威尔考虑到高级军官的反对意见，没有接受国王的称号，但却对建议书中的其他内容表示赞同。

1658 年，克伦威尔解散了刚刚召集的议会，实行个人专断独裁统治。他这一举动导致统治阶级对于下层民众的压迫程度与日俱增，人民群众的言论自由被大大地剥夺了，民主思想也遭到了禁锢。总之，这一时期的统治比革命以前的君主专制更加严厉，这也在一定程度上为后来的封建复辟铺平了道路。

斯图亚特王朝复辟和光荣革命

护国公制的建立使英国重新成为实质上的君主专制国家。在这种情况下，英国的社会矛盾进一步加剧，民主主义运动也再一次高涨。与此同时，王党势力也正在积极酝酿，企图死灰复燃。在地下涌动着的这一切暗流，都随着克伦威尔的离世喷涌而出。

克伦威尔去世与查理二世复辟

在克伦威尔担任护国公期间，尽管国家高层内部钩心斗角，下层民众反对呼声甚高，但是慑于克伦威尔的权威，各方势力不敢轻举妄动，这时的英国社会还较为稳定。

1658 年 9 月 3 日，身患疟疾的克伦威尔与世长辞，这也预示着英国即将面临新的考验。

克伦威尔死后，他的儿子理查·克伦威尔继任为护国公。但是，理查与父亲不同，他生性懦弱，无法以强有力的手段掌控局面，高级军官都不听从他的调遣，中下级军官也对子承父业的做法颇为不满，认为这背离了民主共和制的宗旨。

1659 年 1 月到 4 月，在议会召开之际，英国国内出现了大量小册子，矛头直指护国公以及高级军事将领。作者站在民主共和主义的立场上，宣称"昔日美好事业"已经被出卖了，革命运动换来的竟然是更加严厉的专制统治。这时，当初被克伦威尔逐出"残余议会"的议员们也开始积极活动，打着"昔日美好事业"的旗号，认为应当恢复议会的地位。1659 年 5 月 7 日，高级军官兰伯特与议员联手恢复"残余议会"，并赋予它最高权力。理查也被迫退位。

议会成立之后很快就与军队产生了矛盾。议会本想把军队置于自己的掌握之中，可是军队凭借其武力优势，反过来又将议会解散了。在这种动荡的局势下，下层的人民运动快速发展起来。

在此之前，伦敦以外的很多地方就已经出现了农民运动，尤其是在东部地区，农民与圈地的地主阶级展开了坚决的斗争。他们将地主的森林、猎场抢夺过来，作为自己的耕地。在理查退位以后的一段时间里，农民运动更加高涨，全国都处在斗争的热潮之中。与此同时，平等派残余力量也开始积极活动，准备通过武装起义的方式推翻军人统治。

面对这种局面，大资产阶级和新贵族认为，只有恢复君主统治，才能使社会秩序趋于稳定，避免出现人民运动，这样才能使自己的财产不受损失。因此，一些先前被废黜的国务委员联名要求正在苏格兰驻军的君主主义者蒙克将军率军南下维护秩序。

1660 年 2 月 3 日，蒙克率军抵达伦敦。4 月 25 日，蒙克主持召开了一次保守会议。会议决定，国家的政权应当属于国王、贵族和平民，同时讨论了迎接查理二世回国即位的问题。随后，蒙克便派人前往荷兰与查理二世商谈此事。此前，在蒙克的授意下，查理二世于 4 月 4 日在荷兰的布雷达发表了《布雷达宣言》，声称在两次内战期间被没收的王党及教会的土地将不予变更，停止宗教迫害，除了直接处死查理一世的人以外，其他曾经反对国王的人一律既往不咎。

1660 年 5 月 25 日，查理二世带着流亡海外的保王党人回到英国。1661 年 4 月，查理二世在资产阶级新贵族阶层的拥护下登上国王宝座。复辟时期的统治便由此开始。

查理二世的统治

查理二世即位之后，一方面试图恢复君主专制统治，另一方面又深知资产阶级新贵族阶层的力量。因此，他在制定政策方面就表现出了两面性：在经济上，他迎合资产阶级新贵族的意愿；在政治上，他又大力推行反动政策。

1660 年，议会通过了一项法案，正式确认了 1646 年通过的关于取消骑士领有制的法律。同年，议会通过了《列举商品法》；1662 年，出台了《主要商品法》。这两项法律的出台使北美洲英属殖民地变成了英国工业的市场和原材料的供应地。为了保护本国工业，英国政府颁布了一系列法令，禁止羊毛、皮革等原材料的出口，同时还无条件地禁止呢绒、麻布等外国工业品进入英国。

为了维护农业资本家的利益，英国政府还于 1660 年颁布了《谷物条例》，规定了谷物进口税；到了 1670 年，又将征税标准进一步提高。同时，政府也不再禁止圈地运动。总之，这些政策的出台，使农业资本家得以更大限度地剥削农民和国内的粮食消费者。

在新经济政策的推动下，英国的资本主义原始积累迅速进行着。从 1660 年到 1688 年，英国的工商业发展迅猛，成绩显著。但是，在经济上满足资产阶级新贵族的需要只是查理二世的权宜之计，他最关注的还是斯图亚特王朝的利益。

查理二世画像
查理二世即位之初就与强势的议会妥协，谨慎地行使其有限王权。

复辟后的王室舞会
这幅荷兰油画创作于 1660 年。为庆祝查理二世复辟，王室在海牙举行了盛大的舞会。

　　查理二世即位后不久，就开始了反攻倒算。他首先宣布，凡是参与审判查理一世的人都犯有"弑君罪"，应当严惩不贷。后来，他把所有共和主义者和革命者都按"弑君罪"处理，就连死去的人也不放过。1661 年，他下令将克伦威尔的尸体从坟墓里挖出来，然后斩首示众。在这种白色恐怖的压力下，不少革命人士被迫逃亡海外。

　　查理二世在逃亡期间曾得到法国国王的资助，复辟之后，他仍暗中接受法国王室的补贴，因此，查理二世置资产阶级利益于不顾，实行了"亲法"政策。法国是英国海外贸易的最大竞争者，英国资产阶级都希望政府能够打击法国，可是查理二世上台以后，却反其道而行之。他不断拉近与法国之间的关系，甚至不惜出卖国家的利益。1662 年，查理二世以 20 万英镑的低价把重要的商港敦刻尔克卖给了法国，结果使英国大商人失去了进行大陆贸易的重要基地。

　　查理二世之所以要极力维护与法国的关系，自有他的政治目的。他一直希望在时机成熟的时候，依靠法国国王的帮助来恢复革命以前的专制统治。为了获得法国国王的支持，查理二世还许诺在英国恢复天主教。为此，他颁布了《宽容宣言》，公开宣布恢复国教教会，并恢复天主教徒的政治权利。他的这一举动引起了资产阶级的普遍反对，因为天主教原本就不利于资产阶级的发展，而且这项法令一旦实施，那么资产阶级新贵族阶层早在 16 世纪宗教改革时期买到的教会土地就要被迫归还。他们不愿坐以待毙，于是通过议会中的代表猛烈抨击这项政策。在议会的压力下，查理二世只得在 1673 年撤销了这一宣言。

詹姆斯二世的统治与光荣革命

查理二世复辟以后，随着资本主义经济的快速发展，势力日渐壮大的资产阶级新贵族阶层也开始对政府提出更多的要求，并且对政府实施的一些政策公开表示反对。两个新的政治派别——辉格党和托利党就是在这种背景下产生的。

查理二世没有子嗣，所以他的弟弟詹姆斯就成了法定继承人。詹姆斯是天主教徒，他即位以后恢复天主教自然是情理之中的事。为了避免出现这种情况，代表资产阶级新贵族阶层利益的议员于 1679 年 5 月提出了《排斥法案》，要求取消詹姆斯的王位继承权，并且永远不许他回到英国，否则就以叛国罪论处。当时在议会内部，拥护该法案的称为"辉格党"，反对该法案的称为"托利党"。

辉格党人将矛头指向王室，为了避免遭到政治迫害，他们促使议会通过了《人身保护法》。这项法律规定：在法院没有发出拘票的情况下，任何人都不可以被逮捕；被捕者在受审前被拘留的时间应该有一定限度，必须及时提交法院审讯。

1680 年 11 月 15 日，下议院以多数票表决通过了《排斥法案》，但上议院以多数票将其否决。1685 年，查理二世去世，詹姆斯便顺理成章地登上了王位，是为"詹姆斯二世"。

詹姆斯二世画像
詹姆斯二世是查理一世的次子，查理二世的同母弟，也是最后一位信奉天主教的英国国王。

　　詹姆斯二世是一个狂热的罗马天主教徒，他即位伊始，就决定赋予天主教徒信仰自由和平等的公民权利。但是自 16 世纪以来，英国国民反天主教意识就十分强烈，而且英国政府也颁布了相关法律抑制天主教发展。查理二世在位时议会就通过了《宣誓法》，严格禁止罗马天主教徒担任公职。但是，詹姆斯二世根本不管这些规定，执意任命罗马天主教徒担任军政要职。

　　1687 年 4 月 4 日，詹姆斯二世再次颁布《宽容宣言》，宣布议会所通过的反对天主教徒和非国教徒的《刑事法》及《宣誓法》无效。次年 5 月，他再次颁布《宽容宣言》，还要求国教的主教们在各自教区的教坛上读此宣言。这一决定引起了国教主教们的强烈反对，他们联名要求詹姆斯二世收回成命。此外，包括辉格党和托利党在内的英国各阶层也大都反对国王的这一决定。詹姆斯二世极为愤怒，于是下令将此案交由陪审团处理，陪审团最终宣布主教无罪。

　　就在这时，詹姆斯二世的第二个妻子产下了一个男婴，这令所有反对天主教的人士都觉得前途无望。此前人们都希望詹姆斯二世信奉新教的女儿玛丽继承王位，现在希望破灭了，人们都觉得应该采取行动。于是，包括伦敦主教在内的几位知名人士联名写信给身在荷兰的玛丽和她的丈夫威廉，希望他们能够保护英国的"宗教、自由和财产"。

　　出于政治利益考虑，威廉和玛丽都决定出兵英国。1688 年 11 月 5 日，威廉亲率荷兰海军一万余人在德文郡登陆，然后向伦敦进发。詹姆斯二世得知敌军入侵，连忙召集军队，可是他却没有亲自督战，而是留在伦敦平息公众的不满情绪。12 月 10 日，众叛亲离的詹姆斯二世离开英国，逃往法国避难。

　　这场政变以兵不血刃的方式取得了成功，因此被称为"光荣革命"。革命胜利以后，英国议院全体会议于 1689 年初召开。会议决定，由威廉和玛丽共同执掌英国国政，他们就被称为"威廉三世"（1689—1702 年在位）、玛丽二世（1689—1694 年在位）。

　　随后，英国议会通过了《权利法案》。该法案规定：英国国王必须由新教徒担任；国王必须服从议会的意愿；国王只有得到下议院同意，才可以征收新税和招募常备军。这项法案的颁布杜绝了天主教徒掌权的可能，同时也大大限制了国王的权力，提高了议会的地位。从此以后，英国的最高权力就由资产阶级新贵族与封建贵族联合掌握，专制主义彻底绝迹，英国资本主义也由此走上了正常的发展轨道。

博因河战役
1690 年 7 月，威廉三世在爱尔兰博因河战役中镇压了被废黜的詹姆斯二世的叛乱。

光荣革命后的英国

光荣革命之后，随着政治格局的改变，英国逐渐成为一个君主立宪制国家。从 1689 年到 1742 年，英国政府在政治、经济方面实施了一系列卓有成效的改革，使英国经济出现了繁荣局面，这也为后来的工业革命打下了良好的基础。

君主立宪制的正式确立

光荣革命以后，经历了数十年动荡局势的英国社会终于稳定下来，国家高层再次把政治改革问题提上了议事日程。

在封建时代，英国国王不仅享有行政、司法大权，而且还经常干涉议会的立法权以及财政权。同时，大臣由国王任命，他们只对国王一人负责，议会无权干涉行政事务。

光荣革命胜利以后，上述情况发生了根本的改变。虽然威廉三世和玛丽二世联合主政英国，但是他们深知，自己的王位是依靠辉格党和托利党的力量得来的，他们不得不听从两派的要求。因此，这时英国的最高权力是掌握在这两派的领导人手中的。以这两派为核心的资产阶级和土地贵族就利用这一有利形势，极力扩张自己在政治、经济等方面的势力，他们利用议会表决通过了一系列法案，对王权加以限制，同时将核心权力转移到议会手中。

当时，英国社会反对暴政的呼声甚高，因此议会提出的关于限制王权的法案很容易就通过了。

1689 年，英国政府除了出台《权利法案》之外，还制订了《叛乱法案》。该法案规定：在正常情况下，国王只有经过议会同意才可以征集并维持军队，而且这支军队最多只能维持一年。该法案通过以后，每年都要重申一次，以免国王破坏。另外，议会还对王室预算的额度和用途作了规定，严格限定其范围。

为了防止国王打压议会而独断专行，议会于 1694 年制定了《三年法案》。该法案规定：议会每三年必须召开一次，每届议会的任期不得超过三年。

威廉三世和玛丽二世画像

幼年安妮女王（中）及其家人
1702 年,依据英国议会通过的《嗣位法》,安妮成为英国女王。

1695 年，政府正式废除了《书报检查法案》，使出版业获得了高度自由，这有力地推进了英国学术思想的发展与传播。

1701 年，议会通过了《嗣位法》，该法案在建立君主立宪制度的过程中有着重要意义。该法案规定：威廉三世死后，王位应当传予詹姆斯二世的二女儿安妮。由于安妮并没有直接继承人，因此在她死后，王位应当传给斯图亚特王朝的远亲——德国的汉诺威选帝侯，这样一来，斯图亚特王朝就不能继续霸占英国。该法案还规定：英国国王必须加入英国教会，天主教徒没有资格继承王位；任何依附于国王的人不得担任下议院议员；国王的任何决定和政府命令，都要由枢密院成员签署方能生效；法官的任免权不再由国王掌握，而是移交给议会；凡是被议会定罪的人，都不能由国王随意赦免。

从中世纪开始，英国一直遵循着"国王不能犯错误"的政治原则。《嗣位法》对此又有了新的解释：国王的错误应该由签署此项决定的大臣负责。这样一来，不但有了向国王追究责任的法律依据，同时也使枢密院大臣在签署国王命令的时候不得不考虑到它的合理性，从而严格限制国王的政治活动，防止其胡作非为。

《嗣位法》对于王权的种种限制，确立了议会高于王权、司法独立于王权的政治原则，从而为资产阶级一直向往的君主立宪制度的建立奠定了坚实的基础。

内阁制的出现

光荣革命以后，英国出现了一种新的政治形式——内阁制。

早在中世纪，英国政府就设立了一个由大贵族和高级僧侣组成的"大议会"来帮助国王处理政务。后来，枢密会议取代了"大议会"。随着成员的不断增加，枢密会议变得越来越臃肿，难以有效地发挥作用。到了查理二世、詹姆斯二世时期，枢密会议的部分工作已经交给各个委员会来处理。此外，枢密会议内部也形成了一个非正式的小团体，他们活动便利，讨论问题切实、具体，经常为国王献计献策。久而久之，原来的枢密会议就成了一个徒有虚名的部门。威廉三世主政以后，国王经常与这个小团体一起讨论内政、外交等问题，征求他们的意见。由于这种会议经常在一个秘密的小房间里召开，所以人们就称之为"内阁会议"，意思就是在密室中举行的会议。

尽管内阁会议由来已久，但是在 1714 年以前，"内阁"并没有成为一个法定组织，它只是一种由少数主要大臣参与的会议。后来，安妮女王（1702—1714 年在位）执政时虽然经常参加内阁会议，但这只是为了表示她对这类会议的重视与支持，至于会议所讨论的问题，她从没有过实质性的干预。到了汉诺威王朝时期，由于乔治一世（1714—1727 年在位）、乔治二世（1727—1760年在位）都是外国人，不懂英语，对英国的情况也不是很了解，所以他们既不能和与会的大臣们交流，也不能发表建设性意见，尤其是乔治一世，甚至把开会当成一种负担，很不愿意参加。面对这种情况，在内阁掌权的辉格党便逐渐疏远国王，把一些实权揽入自己手中。后来，国王不出席内阁会议已经成了一种惯例，内阁成员只需在事后向国王汇报讨论情况即可。

从 1714 年开始，内阁会议的决定就再也没有被国王否决过。在国王不出席会议的情况下，会议需要由一位大臣来主持，并把会议情况汇报给国王。由此，内阁会议渐渐产生了一个有着特殊地位的领袖人物。起初这样的人物并不叫"首相"。在安妮女王时代，人们偶尔使用复数"首相们"泛指那些位高权重的大臣。1714 年，内阁会议中的辉格党领导人沃尔波总揽一切，起到了首相的作用，被政敌称为"首相"，这时的"首相"一词含有讽刺意味，批评他过分突出自己、压制同僚，违背大家的意愿。在沃尔波时代，他并未组建过内阁，也没有在下议院领导过多数派，他在 1742 年下台时，他的同僚也并没有因此被一同解职。所以说，此时的内阁制尚处于发展之中，还没有正式成型，但已经为 18 世纪末期内阁制的正式确立奠定了基础。

王权和议会权力的变化

从17世纪末到18世纪中叶，英国政治格局的总体特点就是王权逐渐衰落，议会权力日益增长。

经过两次内战的洗礼，源于中世纪的君权神授思想早已被人们所摒弃。尽管后来又有封建国王复辟的事件发生，但王权是受到议会制约的，国王不可能像以前那样为所欲为。等到光荣革命之后，国王是被议会"邀请"来的，这样一来，国王的权力就不是来自上帝，而是来自议会了。从此以后，国王便不得不服从于议会所通过的法案。这说明，尽管近一个世纪以来英国王权曾几度被推翻又几度死灰复燃，但是君权神圣不可侵犯的原则已经被人们彻底抛弃了。

1696年和1707年，议会通过法案作出规定：国王去世以后，议会仍继续召开，枢密会议和军事、民政官员应该留任半年，除非新任国王将其解职。从中可以看出，这时的人们已经不再认为国家为国王所独有了。

议会不但通过法律、政治手段来限制王权，同时还以控制财政的方式来限制国王以往的不正当行为。光荣革命以后，国王的收入主要来自王室的岁收，这笔收入每年约有70万英镑。尽管这一收入水平比克伦威尔担任护国公时增加了约7倍，但是对于宫廷消费和民政管理消费来说，这笔收入并不十分宽裕，遇到有特殊需要时，就更显得捉襟见肘。当然，国王也可以请求调拨其他款项，但必须经过特殊手续才能实现。

1690年以后，英国议会对政府经费作出了规定，明确了经费的用途，不许任意挪用。此外，议会还设立了一个委员会，专门负责检查政府的各项开支情况。到了安妮女王执政的后期，财政部每年都要将预算送交议会审查，从此成为一个惯例。

在外交事务方面，议会也不断地限制国王的权力。威廉三世刚刚即位的时候，由于他同时担任荷兰、英国两国的统治者，因此在外交场合既代表英国又代表荷兰，拥有很多便利条件。他熟谙外交事务，制订了很多外交政策。到了他执政的晚期，由于他在外交方面连遭挫败，于是议会就发出了反对的呼声。1701年的《嗣位法》中有这样一条规定：英国人不能因为一个外国国王的利益、为了保卫不属于英国的领土而卷入战争。从此以后，如果得不到议会的批准，国王就不能随便从事外交活动。

总而言之，这时英国的最高权力已经由议会掌握，国王的权力日渐萎缩，这一趋势一直贯穿了英国的近代史。

06

欧洲大陆封建专制
制度的发展

　　欧洲大陆的发展落后于英国，虽然发生了尼
德兰革命这样的资产阶级革命，但是这并不是主
流，而且尼德兰革命也不够彻底。由于种种原因，
荷兰的辉煌只是昙花一现。欧洲大陆主要国家的
发展趋势是封建专制制度继续发展，直至根深蒂
固。在 17 世纪至 18 世纪，西欧还出现了一次思
想启蒙运动，对封建制度冲击不小，也为后来的
资产阶级革命风暴奠定了理论基础。

封建专制的堡垒——法国

法国自赢得百年战争以后，开始走上专制王权的道路，经过近两百年的曲折发展，在路易十四时代达到了巅峰，随后盛极而衰，专制主义出现危机，为18世纪末的法国大革命打下了基础。

波旁王朝之前法国的社会状况

法国在15世纪中叶打赢了和英国的百年战争，随后在法王路易十一（1461—1483年在位）统治时期，进一步消灭了勃艮第公爵"大胆"查理等地方割据势力，扫清了中央集权路上的绊脚石。政治上的统一为经济的发展提供了有利的条件。

16世纪的法国已经出现了资本主义萌芽，手工工场的生产形式出现在诺曼底、皮卡尔迪、普瓦都等地的纺织、印刷、玻璃、制陶等行业当中。新航路开辟以后，大西洋沿岸的波尔多、拉罗舍尔、南特等沿海城市逐渐兴起，和美洲等地发展贸易关系。地中海沿岸的马赛等重要港口也和意大利、西班牙、奥斯曼土耳其等保持着频繁的商业往来。法国国内的里昂、马赛等都是著名的商业中心，首都巴黎是欧洲最大城市之一，人口达30万。

工商业的发展使新兴的资产阶级崛起，成为一支重要的政治力量。不过从大体上说，法国还是一个封建农业大国，9成以上的人口都在从事农业生产。农奴制已经瓦解，大部分农民成为世袭佃户，拥有人身自由，不过税赋严重，不少农民破产后流入城市流浪。

大部分贵族已经不具备和国王分庭抗礼的实力，不过他们在政治上和经济上还拥有各种特权，他们希望继续过着领受优厚年俸、贵族爵位世袭的奢侈生

弗兰西斯一世画像
1530 年前后，弗兰西斯一世聘请了一批意大利的画家、雕塑家参与枫丹白露王宫的装饰建设。在这种情况下，让·克卢埃为弗兰西斯一世画了这幅肖像画。

活，因此希望加强王权，镇压农民起义，维护封建统治。还有一些实力较强的封建贵族希望恢复割据的状态，并不想向法王俯首听命。因此，法国君主专制制度的形成经历了一个比较曲折的过程。

法王弗兰西斯一世在位时王权比较强大。法国和德国为争夺意大利而展开了旷日持久的战争，最终也没达到预期效果，反倒削弱了自身国力。还没有安定十几年，法国又爆发了打着宗教旗号的封建混战——胡格诺战争。胡格诺，即加尔文派新教徒在法国的别称。早在 16 世纪 40 年代，加尔文派就已传入法国，除了一部分资产阶级、农民手工业者等接受了以外，在南方的一部分大封建贵族也接受了，但是他们是想利用宗教改革的机会夺取天主教会名下的地产，并和君主对抗。北方的一些大封建贵族仍然信奉天主教，他们和王室的关系非常密切，因此打着"保护王权，保护天主教信仰"的旗号，形成了一个天主教封建势力集团，和南方的胡格诺集团对抗。两个集团的矛盾最终激化导致内战。天主教集团以东北部贵族吉斯公爵为首，胡格诺集团则以纳瓦尔国王亨利、海军大将科利尼等人为首。1562 年 3 月，吉斯公爵对瓦西镇的胡格诺教徒发动袭击，造成 200 多人死伤，胡格诺战争正式爆发。

胡格诺战争和波旁王朝的建立及其早期统治

天主教集团和胡格诺集团都在寻求外国势力援助，英国和德国新教诸侯支持胡格诺集团，西班牙则站在天主教一边。1570 年，双方签订《圣日耳曼和约》议和，胡格诺派有了一定的收获。1572年8月24日，天主教集团趁胡格诺贵族聚集在巴黎参加纳瓦尔国王的婚礼之机发动袭击，包括科利尼在内的2000多人被害。因为这一天是圣巴托罗缪节，因此这次屠杀史称"圣巴托罗缪惨案"。此后双方战事又起。1573年，胡格诺集团在法国南部和西部地区建立了胡格诺联邦，它实际上是一个贵族共和国。1576年，天主教集团首领吉斯在北方建立了"天主教神圣同盟"。这时吉斯等人因为王位继承等问题和王室也产生了不小的矛盾。1584年，法王亨利三世（1574—1589年在位）的弟弟阿朗松公爵去世，他指定纳瓦尔的亨利为继承人，导致天主教同盟和王权正式分裂，北部城市纷纷独立，全国各地农民运动四起，法国陷入四分五裂的混乱状态，吉斯和国王亨利三世先后被刺身亡。纳瓦尔的亨利继承王位，是为亨利四世（1589—1610年在位），法国进入波旁王朝统治时期。

战乱还没有结束，亨利四世镇压各地起义暴动。1593年，为了换取天主教贵族和资产阶级的支持，亨利四世改信天主教，他说："为了巴黎是值得做弥撒的（新教不做弥撒）。"次年3月，亨利四世进入巴黎，加冕成为国王。1598年，亨利四世颁布《南特赦令》，宣布天主教为法国国教，同时允许胡格诺派存在，教徒可以担任国家官职，此外胡格诺贵族还保有2.5万的军队和100多个堡塞，作为国王履行赦令的保证。胡格诺派自此在法国取得了合法地位。

胡格诺战争持续36年，对法国造成的破坏程度甚于百年战争，再加上之前法国对意大利的侵略战争，法国经济因此遭受严重摧残，民生凋敝。亨利四世采取一系列休养生息的措施，以恢复经济。除此之外，法国还拓展海外殖民地：1604年，成立东印度公司和加拿大的商业公司；1608年，在北美的圣劳伦

圣巴托罗缪大屠杀
这次大屠杀之后，胡格诺派在南部和西部组成联邦共和国对抗中央政权。

斯河下游建立了魁北克城。这些措施收到了效果，法国经济开始恢复，王权也得到了增强。

1610 年，亨利四世被刺身亡，其子路易继位，是为路易十三（1610—1643 年在位）。路易十三在位期间，法国的专制王权得到进一步加强，这主要得益于一位杰出的政治家——首相黎塞留（1585—1642 年）。1624 年，他出任首相，对内以加强王权为主，对外则谋求法国在欧洲的霸主地位。黎塞留对内采用各种手段打压、削弱封建贵族势力。1628 年，他亲自率军平定胡格诺贵族发动的叛乱，随后废黜了《南特赦令》给予胡格诺教徒的所有特权，只剩下了信仰自由。他还加强中央集权，取消巴黎高等法院的谏诤权。他推行重商主义，促进工商业发展，鼓励海外探险和殖民活动。17 世纪上半期，法国殖民者还入侵了西印度群岛和非洲西部的一些地区。

在对外方面，黎塞留以哈布斯堡王朝为主要对抗目标，积极参与针对哈布斯堡王朝的三十年战争。起初，法国是在背后支持丹麦、瑞典、德意志的新教诸侯作战。1635 年，法国亲自上阵，为取得三十年战争的胜利奠定了基础，也为法国建立欧洲霸权奠定了基础。

投石党运动

法国建立专制王权的过程比较曲折。路易十四（1643—1715 年在位）继位时只有 5 岁，其母安娜摄政，马扎然出任首相，法国贵族重新活跃起来。

马扎然是黎塞留的忠实信徒，他完全沿用了黎塞留加强王权和称霸欧洲的两大政策。但是马扎然的过分征敛政策引发了人民的不满。他开征新税、提高旧税，导致刚经历三十年战争的法国民不聊生。1648 年 5 月，马扎然恢复一度废止的"官职税"，引起资产阶级的不满，他们以巴黎高等法院的法官们为代言人进行反抗。巴黎高等法院联合各地法院打着改革机制的旗号提出 27 条建议，要求国王撤销派往各地的监察官，进行财政改革，保证人身自由等，获得民众支持。不过掌权的太后和马扎然决然拒绝，还在 8 月 24 日逮捕了高等法院的两名法官，此举导致巴黎人民举行起义。起义民众用一种投石器射击马扎然支持者的窗户，因此这项运动得名"投石党运动"（又称"福隆德运动"，福隆德是投石器的音译）。在人民起义的压力下，马扎然释放了被捕的法官，还两度逃离巴黎。各地不少贵族也趁机反对国王，扩充自己的势力。巴黎高等法院的贵族们又对人民起义产生恐惧心理，担心自己利益受损，于是在 3 月选择和王权势力媾和，人民起义被压制了下去，王室回到了巴黎。投石党运动的第一阶段结束。

这时候各省贵族的叛乱并没有结束，孔代亲王谋取马扎然的位置失败，于是联合另外一些贵族准备推翻马扎然政府，但是在 1650 年 1 月被马扎然逮捕，他的支持者在外省发动暴动。1651 年 1 月，孔代被释放，便和西班牙势力勾结，和王室军队激战。1652 年，孔代率军攻入巴黎，国王、太后还有马扎然再次逃亡。以孔代为首的贵族势力很快就和民众产生了分歧，民众要求的是彻底废除封建制度，他们并不支持孔代。随后王室军队又包围巴黎。10 月，孔代弃城而逃，前往西班牙。此后投石党运动的余波一直到 1657 年才完全平息。

投石党运动最开始是一场资产阶级和民众反抗封建专制的运动，后来发展为贵族叛乱分裂的内战，还导致了西班牙入侵，最后收拾残局、稳定局面的还是王权势力。这说明当时的法国还不具备推翻专制制度的条件，专制制度还发挥着维护国家统一、稳定的作用，具备正面、积极的色彩。因此在英国的资产阶级和贵族联手推翻王权时，法国的王权还在向前发展，最终达到了巅峰。

"太阳王"路易十四

法国专制王权在路易十四亲自掌政以后达到巅峰。路易十四继位时只有 5 岁，由太后和马扎然辅政，这一阶段发生的投石党运动让王室狼狈不堪，几度

路易十四画像
1701 年由 18 世纪法国最著名的肖像画家亚森特·里戈创作，现存于巴黎卢浮宫。

逃出首都。因此在 1661 年马扎然去世后，路易十四亲政，从此终身致力于巩固中央集权、专制统治。

在内政方面，路易十四向各省派出"司法、警察和财政监督官"，凌驾于原有的省长、省三级会议之上，掌控财、政、警、军一切大权，直接听命于国王，路易十四因此建立了从中央到地方的集权体制，牢牢掌握了权力。在宗教方面，路易十四禁止宗教自由，强令所有居民信奉天主教，在 1658 年废除了《南特赦令》，迫害胡格诺教徒。路易十四最有名的一句话是"朕即国家"，将王权无限权威化，谁反对国王便是反对国家。路易十四崇尚奢华，在巴黎 15 千米以外的凡尔赛兴建了新王宫，于 1682 年正式搬入。凡尔赛宫豪华辉煌程度为欧洲之冠，每天路易十四都在宫中举办各种宴会，歌舞升平，据说这也是路易十四削弱贵族势力的一种"糖衣炮弹"式的手段。当时的巴黎是全欧洲敬仰的中心，路易十四也自称"太阳王"，荣耀一时。由于路易十四支持文化事业发展（虽然只是支持有利于他统治的），出入宫廷的除了贵族以外，还有艺术家、哲学家、诗人等，这一时期的法国古典主义文化，包括戏剧、美学、绘画、雕塑和建筑等方面都取得了辉煌的成就。

凡尔赛宫

路易十四在位期间，凡尔赛宫兼收并蓄了很多法国艺术家与建筑师的设计精髓，成为欧洲最宏大、最华丽的宫殿。

在经济方面，路易十四推行重商主义，将经济大权交给了柯尔贝尔（1619—1683 年）全权处理。重商主义认为，一个国家拥有的金银越多，就越富强，因此要增加出口，减少进口，以使外国金银流向本国。为了减少进口，柯尔贝尔对外实行保护性关税，对外国工业品和进港船只收取重税，以此阻碍进口；同时对内大力发展工商业，奖励生产，减少对外国商品的依赖，鼓励出口；刺激商业发展，兴修基础设施，促进国内市场发展；鼓励兴办皇家和私人手工工场，以生产高档优质产品为主，这些产品畅销欧洲，为法国换回了大量金银。柯尔贝尔为了保证商品质量而对这些工场制定了必须遵守的产品规格标准，这些规定后来对法国工业进一步发展起到了阻碍的作用。柯尔贝尔还大肆推行殖民扩张政策，成立了一系列贸易垄断公司，侵占了美洲的加拿大、路易斯安那、圭亚那、西印度群岛的一部分，非洲的塞内加尔、马达加斯加等大片的殖民地。

柯尔贝尔的重商主义政策在一定程度上促进了法国经济的发展，国库一度充盈。不过在他去世以后，重商主义的弊端开始显现，加上路易十四穷兵黩武，早期重商主义带来的经济成果消耗殆尽。

路易十四的对外征战

在对外政策方面，路易十四要确保法国的霸主地位。当时的国际环境也确实有利于法国：德意志和意大利还处在分裂状态，西班牙和葡萄牙两个早期殖民大国已经开始衰落，英国和荷兰征战不休。路易十四对外扩张的矛头首先指向哈布斯堡王朝。当时哈布斯堡王朝统治着神圣罗马帝国和西班牙，尼德兰革命胜利的光芒没有照射到的地方——南尼德兰还处在西班牙统治之下，法国几乎处在哈布斯堡王朝的三面包围之下。1665 年，西班牙国王腓力四世（1621—1665 年在位）去世，其女是路易十四之妻，因此路易十四称自己也有王位继承权，向西班牙索要南尼德兰，遭到拒绝，于是在 1667 年动用武力。荷兰担心法国占领南尼德兰以后继续北进威胁自己，因此也加入西班牙一边，一起加入的还有英国和瑞典。在外交上陷入孤立的法国不得不在 1668 年中止了战争，签订《亚琛和约》，获得了南尼德兰佛兰德的一部分。

这远没有满足路易十四的胃口，他认为这次受挫的罪魁祸首是荷兰，于是先拆散英国、瑞典和荷兰三国同盟，然后在 1672 年出兵入侵荷兰，但是遭遇荷兰顽强抵抗。后来西班牙、英国以及奥地利等德意志诸侯先后站在法国的对立面，路易十四不得不停战，于 1678 年签订《奈梅亨条约》，法国还是获得了弗朗什孔泰和尼德兰南部的一些城市。

欧洲诸国对法国的不断扩张感到恐惧，在荷兰的组织下，荷兰、奥地利、

《法国国王路易十四在洛比思穿越莱茵河》
路易十四借由此战重创荷兰、名震全欧，不但造成荷兰的"灾难年"，更打响了"太阳王"的名号。

西班牙、瑞典等组成"奥格斯堡同盟"，共同反对法国。1688 年，路易十四先发制人，进攻普法尔茨，挑起战争。法国原本的盟友英国在 1688 年爆发了光荣革命，路易十四的老对手——来自荷兰的威廉当上了国王，因此英国也加入奥格斯堡同盟，法国又一次陷入了孤立。交战 9 年后，各国签订《里斯维克和约》，法国放弃了在战争中占领的土地，霸权地位有所削弱。

　　路易十四时代最后一场对外战争是西班牙王位继承战争。1700 年，西班牙国王、哈布斯堡王朝的卡洛斯二世去世，遗命路易十四的孙子继承王位，并且要保持西班牙的完整。此时的西班牙早已不是世界霸主，但还统治着大片的土地，除了西班牙本土以外，还有大半个意大利、南尼德兰、美洲的殖民地以及各个大洋上很多岛屿，因此成为各个强国眼中的一块肥肉。法王路易十四自然接受了这份遗产，他的孙子腓力当上了西班牙国王，是为腓力五世（1700—1746 年在位）。但是当时的神圣罗马帝国皇帝、奥地利大公利奥波德一世也声称自己的次子查理有继承权，双方争执不下。奥地利和担心法国过分扩张而打破欧洲均势的英国结盟，后来荷兰、葡萄牙以及德意志诸侯也都加入了这个联盟，共同反对法国。和法国站在一起的有西班牙和德意志的巴伐利亚。战争初期，法国一度进展顺利，在南尼德兰和意大利都取得了胜利，但是随后法国势单力孤的劣势开始显现，局势很快逆转。从 1705 年起，法军几乎连战连败，国内又爆发了胡格诺起义，内外交困的法国陷入危机。欧洲的局势却发生了微妙的变化：1709年，俄国大败瑞典，英国担心俄国强大以后打破欧洲均势，因此从1710年起就和法国谈判，不再积极参与反法同盟的行动；1711年，奥地利推出的西班牙王位继承人查理当上了神圣罗马帝国皇帝，是为查理六世，如果反法同盟战胜法国，那么查理六世将兼任西班牙国王，英国不允许一个如此强大的国家出现在欧洲大陆，于是更加希望结束战争。就这样，法国避免了被灭亡的命运。1713年，法、英、荷等交战各国签订了《乌得勒支和约》，承认腓力五世为西班牙国王，但是他及其后代要放弃对法国王位的继承权，这样西班牙和法国便不可能合并。战败国法国丧失了在尼德兰、意大利和北美的部分利益。

在路易十四统治的后半期，法国近半个世纪的对外征战最终也没有取得太大的成果，反倒丢失了一部分土地。战争让法国陷入财政危机，经济濒临破产，人民起义不断。路易十四所缔造的专制制度在迎来了巅峰期之后，开始走向衰落。

德意志——神圣罗马帝国的兴衰

到17世纪初，德意志仍处在四分五裂的状态，虽然有一个所谓的"神圣罗马帝国"名头，但是有名无实，帝国皇帝的权势几乎可以忽略不计，各大诸侯称雄一方。宗教革命又导致了德意志内部新教诸侯与天主教诸侯的大内战，混乱之上更加混乱。

哈布斯堡家族和德意志最大诸侯——奥地利

宗教改革令德意志境内诸侯分成新教和天主教两大阵营。当时德意志有七大选帝侯，其中勃兰登堡、巴拉丁和萨克森这三个世俗选帝侯是新教阵营的，波希米亚国王和科伦大主教等三位大主教是天主教徒。

当时的神圣罗马帝国皇帝站在天主教一方。从 15 世纪初开始，神圣罗马帝国皇帝被哈布斯堡家族控制，一直到帝国最后彻底灭亡。哈布斯堡家族是欧洲历史上支系最为繁多的德意志封建家族，同时也是统治时间最长、统治范围最广的封建家族。因为它的主要支系在奥地利，因此又称"奥地利家族"。哈布斯堡的远祖是日耳曼人的一支，最早生活在阿尔萨斯和瑞士的阿尔高地区。1020 年，这个家族的主教、斯特拉斯堡的维尔纳和拉德波特伯爵在阿尔高建立了哈布斯堡（又名鹰堡），这个家族因此得名。1273 年，哈布斯堡家族的鲁道夫一世当选神圣罗马帝国皇帝（1273—1291 年在位），结束空位期。1282 年，鲁道夫一世将奥地利和施蒂里亚分别传给两个儿子阿尔布雷希特（未来的德意志国王阿尔布雷希特一世）和鲁道夫，从此哈布斯堡家族和奥地利紧密结合起来。此后这个家族的贵族先后有多人当过德意志、波希米亚以及匈牙利国王。从 1438 年阿尔布雷希特二世开始，神圣罗马帝国的皇帝由哈布斯堡家族垄断，一直到 1806 年帝国瓦解。

神圣罗马帝国皇帝虽然地位尊贵，但是却没有什么实权，下辖诸侯都有很大的自治权。面对法国、西班牙以及奥斯曼土耳其帝国，各自为政的

鲁道夫一世战胜波希米亚国王场景
1278 年，波希米亚诸侯成为德意志最强大的诸侯。为维持势力均衡，鲁道夫一世和诸侯联合进攻波希米亚，史称"马池河战役"。

德意志也感到了危机。马克西米利安一世（1493—1519 年在位）试图统一全国，加强皇权，但是却一事无成。不过他通过王室联姻大大扩展了哈布斯堡家族的势力范围。首先马克西米利安一世娶勃艮第公爵"大胆"查理之女玛丽为妻，这让他获得了尼德兰、法国东部边境附近的一大片勃艮第领地，当时是 1477 年，他还不是帝国皇帝。1486 年，他继位成为德意志国王，后来和西班牙联姻，其子腓力娶西班牙国王之女胡安娜为妻，为其孙卡洛斯（即查理五世）取得了西班牙王位的继承权，卡洛斯将来除了可以继承西班牙、撒丁、两西西里王国以外，还可继承西班牙在美洲大片的殖民地。到 1519 年卡洛斯继承西班牙王位和神圣罗马帝国皇帝位时，哈布斯堡家族的势力范围已经囊括德意志、西班牙等广大地区，查理五世（1519—1556 年在位）在西班牙称"卡洛斯一世"（1516—1556 年在位），成为自 843 年查理帝国分裂以来，欧洲最大的帝国的统治者。1526 年，奥斯曼土耳其帝国在第一次莫哈奇战役中击溃匈牙利，匈牙利贵族不得不依附于哈布斯堡家族，拥后来的神圣罗马帝国皇帝斐迪南一世（1558—1564 年在位）为王，这样哈布斯堡家族又获得了匈牙利和波希米亚王国的王冠。

马克西米利安一世虽然在建立中央集权的统一国家方面收效不大，但是他却在让奥地利成为欧洲一等大国方面发挥了重要作用。当时奥地利是诸侯林立的德意志境内首屈一指的大邦。

8 世纪末，查理大帝击败阿瓦尔人征服了奥地利地区，建立起一块边疆伯爵领地。881 年，马扎尔人侵入该地。955 年，德意志国王奥托一世击败马扎

马克西米利安一世画像
马克西米利安通过自己及其子女的婚姻令哈布斯堡王朝成为"日不落帝国"。

鲁道夫一世

鲁道夫一世终结了德意志的大空位时代，为
奥地利哈布斯堡王朝的建立奠定了基础。

尔人，收复了这片土地。976年，奥托一世将这个边区"马克"封给来自巴伐
利亚巴奔堡家族的利奥波德一世伯爵。1156年，腓特烈一世封这里的统治者
为奥地利公爵，奥地利马克也升格为奥地利公国，统治者将首都迁到了罗马人
当年建立的文多波纳，将其更名为"维也纳"。此后奥地利统治者向外扩张，
一度吞并了施蒂里亚和卡尔尼奥拉，巴奔堡家族在这里的统治也达到了巅峰。
1246年，巴奔堡家族最后一任统治者腓特烈二世在和马扎尔人的作战中阵亡，
家族绝嗣，波希米亚的奥塔卡尔二世成为奥地利公爵，他和匈牙利瓜分了奥地
利的领土。

　　1273年，哈布斯堡家族的鲁道夫一世击败奥塔卡尔二世，成为神圣罗马
帝国皇帝，于1276年迫使奥塔卡尔二世退位，两年后又将其杀死，彻底控制
了奥地利。此后的几个世纪中，哈布斯堡家族先后获得了克恩腾、蒂罗尔等地，
其扩张之后的领土基本和现在的奥地利国家一致。1396年，奥地利邦议会召
开，奥地利首次作为一个国家实体出现在历史舞台上。从1438年开始，奥地
利的哈布斯堡统治者一直保有德意志皇帝和神圣罗马帝国皇帝的称号，成为德
意志境内首屈一指的诸侯。

三十年战争的爆发

1555 年，神圣罗马帝国皇帝查理五世同帝国境内德意志新教诸侯缔结了《奥格斯堡和约》，在德意志境内出现了两种教派，新教和天主教开始平起平坐，这种宗教上的纷争迅速被各大封建主以及帝国皇帝利用。新教和天主教诸侯都打着宗教的旗号抢夺地盘，帝国皇帝也不想永远做一个有名无实的国家元首，而要做中央集权的皇帝，一心削弱诸侯权力。因此，中央集权势力和诸侯割据势力之间的斗争成为 17 世纪上半叶德意志国家的主旋律。天主教诸侯站在了帝国皇帝一边。同时，欧洲其他国家也或多或少地参与了德意志内部的斗争，它们各有各的打算：西班牙不仅是天主教国家，同时也被哈布斯堡家族统治，和神圣罗马帝国皇帝算是"亲戚"；法国三面被哈布斯堡王朝包围，自然希望其越弱越好；荷兰、英国等国则都希望德意志继续这样割据、分裂下去，自己好从中分一杯羹。此时一盘散沙的德意志成为西欧诸股势力争权夺利、开疆扩土的逐鹿场。

1608 年，神圣罗马帝国皇帝命天主教诸侯巴伐利亚公爵占领新教控制下的自由市多纳沃特，在那里重新推行天主教。新教诸侯于是成立了"新教同盟"，以巴拉丁选帝侯为领袖。第二年，天主教诸侯也成立了以巴伐利亚公爵为首的"天主教同盟"。双方的矛盾不断升级，最终在 1618 年演变成一场持续 30 年的战争，这就是著名的三十年战争。

战争的导火索是发生在东欧波希米亚王国的"掷出窗外事件"。波希米亚从 1526 年开始就被神圣罗马帝国统治，不过这里向来就有强烈的民族独立倾向，15 世纪上半叶发生的胡斯战争让天主教会动用了多次十字军，并且对起义军内部进行分化瓦解，才最终将其平定。受天主教会剥削已久的波希米亚必然对新教有天然的好感。1609 年，神圣罗马帝国做出让步，批准了《大诏书》，给予波希米亚信仰自由权。但是新任波希米亚国王斐迪南二世（1617—1637 年在位，1619—1637 年为神圣罗马帝国皇帝）是神圣罗马帝国皇帝马蒂亚斯（1612—1619 年在位）的亲信，他是个狂热的天主教徒，公然违背《大诏书》，大肆迫害新教徒。1618 年 5 月 23 日，布拉格爆发人民起义，起义的新教徒冲进王宫，将斐迪南二世派来的两名钦差从 20 多米高的窗户扔出，史称"掷出窗外事件"，这是波希米亚王国历史上第二次"掷出窗外事件"。

神圣罗马帝国的统治者决心用武力征服波希米亚，三十年战争开始。三十

第二次"掷出窗外事件"

第二次"掷出窗外事件"是三十年战争爆发的导火索。德意志作为三十年战争的发生地及主战场，是战争中遭受破坏最严重的地区。

年战争按照新教阵营中站出来和哈布斯堡王朝对抗的国家不同，可以分为 4 个阶段，分别是波希米亚阶段、丹麦阶段、瑞典阶段和瑞典－法国阶段。

哈布斯堡帝国最终失败

波希米亚人民将国王的钦差"掷出窗外"以后，在 1619 年推举巴拉丁选侯腓特烈五世为新国王。此人虽然是新教联盟的首领，不过并没有获得预期中英国和新教同盟的援助，势单力孤的波希米亚在 1620 年 11 月被天主教同盟军队在白山战役中击败，腓特烈五世逃亡荷兰，斐迪南二世重新征服了波希米亚，血洗布拉格。同时休战已久的西班牙和荷兰在 1621 年再起战端，西班牙占领了巴拉丁，其选帝侯资格归于巴伐利亚。

哈布斯堡家族的胜利震惊欧洲，不仅德意志新教诸侯心生畏惧，甚至帝国之外的一些国家也惶恐不安。当时北欧的丹麦也是一个新教国家，国王克

瓦伦斯坦画像
尽管瓦伦斯坦是来自波希米亚的新教徒，但是他出于利弊权衡而选择为奥地利的哈布斯堡家族效力。

里斯蒂安四世（1588—1648 年在位）同时还是神圣罗马帝国内荷尔斯坦因公爵。1625 年，克里斯蒂安四世在英国、荷兰等国的鼓动下率军入侵德意志北部，三十年战争进入第二阶段，同时也从德意志内战转变为国际战争。战争初期进展非常顺利，丹麦军队所到之处新教诸侯纷纷归附。1626 年，斐迪南二世重新启用著名将领瓦伦斯坦率军迎战，并在 1626 年击败丹麦和新教诸侯的联军。1629 年，丹麦被迫签订了《吕贝克和约》，退出德意志，保证以后不再干涉德意志的事情。三十年战争的第二阶段结束，似乎天主教要"一统德意志"。

击败丹麦后，哈布斯堡统治者野心膨胀，试图称霸北欧，控制波罗的海的贸易，这被在波罗的海有重大利益的新教国家瑞典所不容。1630 年，在英国、法国、荷兰以及俄国的支持下，瑞典国王古斯塔夫二世·阿道夫（1611—1632年在位）率军进入德意志，三十年战争进入第三阶段。1631 年，瑞典在莱比锡附近全歼天主教同盟军队，随后直捣巴伐利亚、奥地利。神圣罗马帝国皇帝不得不再次启用瓦伦斯坦。1632 年 11 月，瑞典在吕岑战役中获胜，但是国王古斯塔夫二世·阿道夫却不幸阵亡。战败的瓦伦斯坦不久失宠，后被暗杀。获胜的瑞典军纪松弛，天主教联军趁机反攻。1634 年 9 月，天主教联军在诺德林根战役中大败瑞典军队，迫使其退回波罗的海沿岸。随后萨克森、勃兰登堡倒戈，瑞典无力再战。1635 年 5 月，萨克森和勃兰登堡与帝国皇帝签订了《布拉格和约》。三十年战争第三阶段结束。

哈布斯堡王朝在前三阶段皆取得了胜利，这其中固然有其实力雄厚的原因，但是也不能忽视法国这一新教阵营的支持者中最强大的国家并没有直接介入的因素。法国一心要打压同为哈布斯堡家族的西班牙，以瓦解哈布斯堡的势力。

在波希米亚、丹麦、瑞典等相继败在神圣罗马帝国手下之后，法国终于要亲自介入了。天主教的法国对天主教的神圣罗马帝国宣战，这场战争的宗教遮羞布终于被彻底撕掉。

法国和瑞典、荷兰结成同盟。1635 年 5 月，法国向西班牙宣战，三十年战争进入第四阶段。战争初期，西班牙进展颇顺，但是进入 40 年代以后，其主动权易手，长期征战的西班牙即将被拖垮，国内还出现了危机：1580 年被吞并的葡萄牙在法国人的支持下在 1640 年重新独立；加泰罗尼亚爆发要求独立的起义。1643 年，法军在罗克鲁瓦战役中大败西班牙。瑞典也同时在莱比锡取得胜利，顺势南下。1645 年春，瑞典军队和法军在巴伐利亚会师。1648 年，法国在隆斯击败奥地利和西班牙联军，瑞典也攻下了布拉格。此时交战的双方都已精疲力竭，神圣罗马帝国尤是如此，皇帝斐迪南三世（1637—1657 年在位）被迫求和，在军事上取得了占据优势的法国、瑞典等同意，三十年战争最终以神圣罗马帝国的失败结束。

其实交战双方早在 1643 年就开始和谈，因为法国和瑞典两大国的战略目标相差太大，所以不得不将各方代表分在威斯特伐利亚的两个城市——明斯特和奥斯纳布吕克进行。皇帝和天主教诸势力的代表——法国、西班牙还有德意志天主教诸侯在前者，帝国皇帝的代表和瑞典、德意志新教诸侯在后者。各方最终在 1648 年 10 月分别签订了两个条约：《明斯特和约》和《奥斯纳布吕克和约》，合称《威斯特伐利亚和约》。

按照和约，法国得到了洛林和阿尔萨斯（斯特拉斯堡除外），满足了天然疆界的要求；瑞典得到了西波莫瑞和东波莫瑞的一部分，还有维斯马城和不来梅、威尔登两个主教区，从此瑞典控制了波罗的海和北海沿岸的重要港口，还控制了德意志的奥德河和威悉河的入海口。荷兰和瑞士正式从神圣罗马帝国独立，成为独立的国家。帝国内部的诸侯也有收获：勃兰登堡得到了东波莫瑞和大半个马德堡主教区，为后来普鲁士的崛起奠定了根基；巴伐利亚因为其天主教联盟的地位得到了巴拉丁，还当上了选帝侯。关于宗教，1555 年《奥格斯堡和约》继续有效，德意志境内的新教，包括路德派和加尔文派和天主教地位等同。德意志境内各诸侯享有内政外交自主权。

帝国皇帝打输了三十年战争，从此德意志分裂的局面以条约的形式确立了下来，实际上德意志已经分裂为 300 多个主权国家，所谓德意志、神圣罗马帝国，只是一个名义上的国家，帝国皇帝几乎只剩下了授予贵族称号的权力。与此同时，曾经的强国西班牙继续衰落，而法国和瑞典的势力大增。

《威斯特伐利亚和约》签订场景

《威斯特伐利亚和约》是近代第一个国际法合约，既是国际法发展过程中的一个重要里程碑，又是国际关系史上的一个里程碑。

"农奴制的第二版"和奥地利的"开明专制"

中世纪时，德意志曾是东西方贸易往来的要道，经济非常繁荣，但是随着东方奥斯曼土耳其的崛起、东罗马帝国的灭亡，欧洲人开辟了新航路，大西洋沿岸取代地中海区域成为欧洲的商路和贸易的枢纽，尼德兰、英格兰商人也夺走了汉萨同盟往日的荣耀。因此步入近代以来，在西班牙、葡萄牙、尼德兰等先后走上海外殖民扩张的道路时，德意志却进一步落后，政治上表现为四分五裂，经济上则出现了"农奴制的第二版"的倒退。

德意志的农奴制在 13 世纪时已经开始瓦解，不少农奴成为自由农民，但是在 16 世纪，农奴制又卷土重来。不少地主趁农民无法缴纳地租之机将其土地收为己有，或者趁一些农民破产之后流入城市时，将其土地霸占。农民又被固定在土地上，成为新时代的农奴。三十年战争加速了这个历史倒退的过程。在战火当中，更多的土地荒芜无主，最后落入地主手中；更多的农民破产，失去一切生产资料，最终又成为地主的农奴。恩格斯将这种农奴制的复辟称为"农奴制的第二版"，这种现象在北德意志，尤其是德意志东北的勃兰登堡、普鲁士、波莫瑞、梅克伦堡及西里西亚等地更为突出。在其他地方，自由农民虽然还存在，但是也承受着相当沉重的剥削。

在德意志出现这样开历史倒车的现象有其深刻的历史原因。从 16 世纪开始，西欧资本主义迅猛发展，带来的一个结果就是城市人口大增导致粮食的需求大增，国际市场的粮价自然水涨船高，所以德意志的地主们自然倾向于经营粮食生产。但是这里经济发展缓慢，思想落后的地主们还不知道资本主义经营方式是怎么回事，只能在古老的农奴制框框内寻找出路，就运用手中的特权强占土地，奴役农民，以此扩大生产。经济发展缓慢导致市民阶级的力量几乎可以忽略不计，因此农民阶级没有盟友，地主可以肆无忌惮地复辟农奴制。农奴制严重阻碍了德意志的资本主义工业发展，大量人口以农奴、农民的身份被固定在土地上，工业劳动力来源极其短缺，同时也对国内工业产品市场的扩大造成了阻碍。

三十年战争以后，德意志已经不可能统一了，但是德意志境内最大的诸侯奥地利却逐渐崛起，成为欧洲几大强国之一。奥地利不断向外扩张，于 1699 年打败土耳其，兼并了匈牙利的全部领土，这样整个匈牙利都落入哈布斯堡家族的统治。18 世纪初，在西班牙王位继承战争中，奥地利虽然失去了西班

三十年战争中士兵掠夺农场

牙王位的继承权，但还是获得了南尼德兰、米兰公国、那不勒斯王国还有撒丁岛（1720年，撒丁岛换成西西里岛）。奥地利成为一个幅员辽阔、多民族的帝国。对外扩张给奥地利带来了版图扩大的同时，也带来了矛盾：在波希米亚王国，三十年战争以后，反对过哈布斯堡王朝统治的波希米亚贵族势力被清除殆尽，奥地利日耳曼人对波希米亚人民残酷剥削，同时还摧残斯拉夫民族文化，德语成了这里的官方语言；在匈牙利，德语也是官方语言，日耳曼文化也在摧残着当地民族文化，匈牙利人民也承受着横征暴敛，和波希米亚不同的是，本地贵族和奥地利人勾结在一起，共同剥削百姓。

　　除了民族矛盾以外，帝国境内还有其他隐患。17世纪下半叶，奥地利境内的农奴制也得到了强化。农民和地主之间的矛盾导致大小农民起义不断。专制政府和贵族封建领主也不是铁板一块，帝国政府长期的对外战争等都需要大量收入，但是各地大小贵族却一心维护自己的免税等特权。处于种种矛盾下的奥地利统治者曾经在18世纪下半叶，也就是女皇玛丽亚·特蕾莎（1740—1780年在位）及其子约瑟夫二世（1780—1790年在位）在位期间进行改革。

　　改革措施主要包括：实行土地改革，玛丽亚·特蕾莎时期减轻农民赋税负担，约瑟夫二世时更是废黜了农奴制；改革教会，没收一些教会财产，要求天主教主教效忠君主，而不是教皇；实行宗教宽容政策，给予天主教以外的教派合法平等地位。同时，改革的另一个目标是加强中央集权，玛丽亚·特蕾莎对国家组织机构进行改革，建立从中央到地方的行政管理系统。约瑟夫二世子承母业，在地方建立跨封建领地的地方政府，比如施蒂里亚、克恩滕和克赖因就在一个地方政府的治理下。

　　玛丽亚·特蕾莎母子改革都是打着"开明专制"的旗号，在当时也确实起到了一定的成效，在一定程度上促进了奥地利帝国的发展，不过这些措施只是小修小补，并没有从根本上触及封建专制统治，而且由于推行者操之过急等原因，这些措施遭到一些封建贵族的反对和抵制。在约瑟夫二世去世以后，这些改革措施基本都被取消，奥地利又恢复了原有状态。

新兴的普鲁士

　　在德意志境内，唯一能跟奥地利抗衡的诸侯是普鲁士。普鲁士的历史非常悠久而复杂，"普鲁士"这个词来源于波罗的海沿岸的"普鲁士人"。13 世纪，这片土地被东进的日耳曼骑士团征服，得名"普鲁士"。不过德意志诸侯中的"普鲁士"并不是从这块土地上发展而来，而是脱胎于勃兰登堡选帝侯国。

　　勃兰登堡是一个地名，地处易北河和奥德河中间，属于东方和西方的交界地，也是日耳曼人和斯拉夫人拉锯的地方，最早是神圣罗马帝国的一个边区"马克"，曾经有一个"神圣罗马帝国的砂石罐头"的蔑称，后来这里逐渐发展起来。1365 年，勃兰登堡伯爵被列为七大选帝侯之一。1415 年，勃兰登堡伯爵被来自德意志西南部的霍亨索伦家族继承。霍亨索伦家族历史悠久，在 10 世纪时统治了今天瑞士北方的索伦城堡。1100 年，布尔夏德一世受封索伦伯爵，封地在今天的上内卡河、士瓦本山和上多瑙河之间。1191 年，索伦伯爵腓特烈三世和纽伦堡城伯爵联姻，称"纽伦堡城堡伯爵腓特烈一世"。后来其二子分家，康拉德三世获得纽伦堡城堡伯爵的领地，形成信奉新教的弗兰肯支系；另一子腓特烈四世获得原来的士瓦本领地，形成信奉天主教的士瓦本支系。前者通过继承又获得一些领地，于 1363 年受封帝国侯爵。1415 年，腓特烈六世成为勃兰登堡选帝侯，称"选帝侯腓特烈一世"。16 世纪中叶，该家族又在索伦的称号前加上了"霍亨"的字样，意为高贵，此后正式称"霍亨索伦家族"。

　　在 16 世纪的宗教改革当中，勃兰登堡选帝侯接受了路德宗，并攫取了不少天主教会的财产，成为帝国内一个较重要的新教国家。1618 年，勃兰登堡选帝侯又得到了普鲁士公国，这是普鲁士（这里的普鲁士，指的是作为德意志两大诸侯之一的普鲁士）历史上具有里程碑意义的事件之一。

　　普鲁士公国的前身是德意志骑士团国家。13世纪时，波兰的马佐夫舍公爵试图征服普鲁士人失败，于是在1225年邀请德意志骑士团前往助战，结果是引狼入室。骑士团征服了普鲁士人以后，占据了这片土地，此后和波兰、立陶宛进行了近200年的战争。1410年，波兰、立陶宛联军击败骑士团，骑士团国家走向衰败。1466年，双方签订《第二次托伦和约》。和约规定：维斯瓦河以西的西普鲁士、东波莫瑞等地全部归属波兰，维斯瓦河以东的东普鲁士虽然还为骑士团统治，但是承认波兰王国的宗主权。骑士团国家从此从神圣罗马帝国脱离出去，成为波兰的藩属。1525年，骑士团国家世俗化，改称"普鲁士公国"，还改信路德宗，成为新教国家。1618年，该公国统治者阿尔布雷希特·腓特烈死后无嗣，勃兰登堡选帝侯约翰·西吉斯蒙德趁机以其长婿的身份继承了普鲁士公国。从此，勃兰登堡选帝侯国成为勃兰登堡－普鲁士公国。此时的普鲁士和勃兰登堡并不相连，中间还隔着波兰统治的西普鲁士、东波莫瑞等地。1648年三十年战争结束时，勃兰登堡－普鲁士又得到了东波莫瑞。也是在这一年，选帝侯腓特烈·威廉（1640—1688年在位）趁机摆脱波兰的臣属关系；1701年，选帝侯腓特烈一世在西班牙王位战争中以支持帝国皇帝为条件，获得了普鲁士国王的称号，成为霍亨索伦王朝的首位国王。从此勃兰登堡－普鲁士选帝侯国就变为普鲁士王国。

腓特烈·威廉铜像
竖立在柏林的夏洛特堡宫。其子腓特烈三世为了尊崇他，在1698年建宫建像。

　　普鲁士在德意志境内崛起，与其对经济发展有利的地理位置有关，同时也离不开连续几位统治者的励精图治。新航路开辟以后，欧洲贸易中心从地中海转到了大西洋沿岸，虽然这令整个德意志经济发展停滞，但是对勃兰登堡来说却是好事。因为德意志中部和南部地区总要进行商贸行动，北方的北海和波罗的海成为目标地区，勃兰登堡就成了必经之路。同时，普鲁士的统治者也充分利用了这样的地理优势，比如在选帝侯腓特烈·威廉统治时期鼓励工商业发展。1685 年，法国政府开始迫害胡格诺派教徒，大批胡格诺教徒逃亡国外，他们中的大部分是商人和手工业者，腓特烈·威廉对流亡者采取宽容、优待的政策，支持他们在境内建立工场。为了解决劳动力不足的问题，腓特烈·威廉还组织流浪汉、乞丐等充当劳动力。普鲁士崛起的另一个主要因素是其推行的军国主义政策。从腓特烈·威廉以来，普鲁士的每一个统治者都力争将国家变为一架强大的国家机器。腓特烈·威廉一世（1713—1740 年在位）创立了高效的军队和官僚机构，他重视军队建设，提高军人待遇。在他统治时期，普鲁士军队人数几乎翻了一番，达 8.5 万人，占全国人口的 4%。虽然普鲁士的人口在欧洲只能排第 13 位，但是军队数目却高居第 4 位。普鲁士就这样成为一个军人

腓特烈二世在无忧宫举办长笛音乐会

和官僚的国家，一个高度强权的国家。用普鲁士诸王的话说，那就是："普鲁士不是一个有军队的国家，而是一支有国家的军队。"

腓特烈·威廉一世的继任者腓特烈二世（1740—1786年在位）便是这数任专制统治者中的代表。他继续推行建立高度集权的君主专制制度的政策，实行军事官僚专制，主张重商主义，鼓励农业生产。他还鼓励文化艺术的发展，与法国的伏尔泰交情甚笃。不过他在思想控制上毫不含糊，文化的发展也被纳入专制国家和对外军事扩张的发展轨道。腓特烈二世被称为"腓特烈大帝"，在他统治时期，普鲁士成长为欧洲一流的强国，这与他极力对外扩张有关。普鲁士扩张的主要目标，就是同为德意志诸侯的奥地利。在他继位的那一年，即1740年，奥地利因为王位继承问题爆发了一场大战，即奥地利王位继承战争。

奥地利王位继承战争和七年战争

神圣罗马帝国皇帝、奥地利大公查理六世（1711—1740年在位）没有男嗣，为了不让哈布斯堡家族的统治在自己死后就断绝，他在1720年颁布了《国本诏书》，规定奥地利的所有领地不可分割，同时女性也可以继承皇位。这一诏书得到了神圣罗马帝国境内各邦以及大多数欧洲国家的承认。他死后，其长女玛丽亚·特蕾莎继位，周边国家都认为她软弱可欺，各有打算：巴伐利亚和萨克森垂涎皇帝位，西班牙想收回以前在意大利的领土，法国想夺取奥地利控制的南尼德兰，而普鲁士早就对奥地利的西里西亚觊觎已久。因此《国本诏书》被丢到一旁，奥地利有被瓜分的可能。1740年12月，普鲁士国王腓特烈二世更是不宣而战，入侵西里西亚，奥地利王位继承战争爆发。因为奥地利和普鲁士对西里西亚的争夺是这场战争的一个主要矛盾，所以这场战争又称"西里西亚战争"。

1741年5月以来，法国、西班牙、瑞典、撒丁以及巴伐利亚、萨克森等德意志诸侯陆续结成同盟，共同反对奥地利。当时支持奥地利的只有英国和俄国，但是英国陷于辉格、托利党争，而俄国正在和瑞典交战无暇抽身。奥地利在和普鲁士的战争中连连受挫，不得不在1742年7月和普鲁士签订《柏林和约》，将西里西亚和格拉茨割让给普鲁士，普鲁士则承认玛丽亚·特蕾莎的王位。

七年战争
1758 年 8 月 25 日，腓特烈二世率领普鲁士军队在曹恩道夫战役中对抗俄国人。

　　奥地利并不甘心这样的失败，玛丽亚·特蕾莎女王以她女性特有的魅力使奥地利国内团结起来，她以匈牙利国王的身份亲赴匈牙利，获得了匈牙利的宣誓效忠，同时对外争取到了英国、荷兰、撒丁等国的支持，于是展开反攻，先后击败巴伐利亚、法国和西班牙，局势一度逆转。普鲁士担心西里西亚得而复失，于是在 1744 年再度入侵奥地利。次年，奥地利彻底被普鲁士打败，两国签订《德累斯顿和约》，奥地利承认普鲁士对西里西亚的占领，同时普鲁士承认玛丽亚·特蕾莎的王位继承权，并支持其丈夫洛林公爵弗朗茨·斯特凡成为神圣罗马帝国皇帝，随后普鲁士退出了这场战争。

　　奥地利和法国的战争还在继续，玛丽亚·特蕾莎终于争取到了俄国的支持，俄军开入战场。在听说这个消息以后，法国因此决定和奥地利、英国议和。1748 年，交战各方签订了《亚琛和约》，《国本诏书》和弗朗茨一世的皇位得到承认，普鲁士将意大利境内的一些领地割让给西班牙和撒丁。奥地利王位继承战争结束。在战争中，法国和奥地利的实力被削弱，而普鲁士和英国得到了增强，不过引发战争的两大矛盾——英法矛盾和普奥矛盾并没有得到解决，相反还进一步加深了：玛丽亚·特蕾莎一心想向普鲁士报仇；法国则想着怎样在陆地上取胜的同时，在海上击败和自己争夺殖民地的老对手英国；而就此巩固了海上霸权的英国也在考虑如何在陆地上彻底击败法国。因此《亚琛和约》只是一个暂时的停战协定。

奥地利为了夺回西里西亚，暂时和法国结盟；英国为了和法国争夺殖民地，需要普鲁士在欧洲大陆牵制法国，同时也为了维持欧洲大陆的均势，于是和普鲁士结盟。随后俄国、萨克森、瑞典和西班牙等国先后加入法奥联盟，欧洲形成了两大对立集团。1756 年 8 月，双方开战，一直打了七年，因此这场战争被称为"七年战争"。法奥同盟最终战败。1763 年，奥地利和普鲁士、萨克森签订了《胡贝图斯堡条约》，确认了普鲁士对西里西亚的占领。

两场战争下来，奥地利失去了西里西亚，实力大为削弱，在德意志诸侯当中也不再是一枝独秀；而普鲁士因得到了西里西亚而实力大增，七年战争的胜利也成为其走向强盛的转折点。

农奴制大国——俄国

俄国的历史发展颇为独特，当西欧各国纷纷在发展资本主义并且在海外抢占殖民地时，沙皇俄国相对落后的农奴制度却获得了大发展。在彼得大帝和叶卡捷琳娜女皇两代有魄力的君主统治下，俄国以西方为师进行了改革，缩小了和西方的差距，虽然在经济、文化等方面和西方还差得很远，但是却凭借强大的军事实力和广阔的国土成为列强中一员，角色较为另类。

17世纪的罗曼诺夫王朝

1613 年俄国的罗曼诺夫王朝建立，伊凡四世逝世以后开始的几十年混

阿历克谢·米哈伊洛维奇画像
阿历克谢·米哈伊洛维奇是俄国第十位沙皇，罗曼诺夫王朝的第二位沙皇。

乱期并没有立即结束，因为新即位的沙皇米哈伊尔·费多罗维奇·罗曼诺夫（1613—1645 年在位）只有 16 岁，又没什么才能。当时两大外敌波兰和瑞典还占据着俄国的大片土地。在王朝新建立的 10 年中，罗曼诺夫家族作为沙皇的"全国会议"作用非常大，对内稳定了全国局势，对外遏制住了瑞典和波兰的侵略势头，不过芬兰湾沿岸地区和斯摩棱斯克、契尔尼哥夫一带仍掌握在外敌之手。

17 世纪的俄国还是落后的封建农奴制。1649 年，沙皇阿历克谢·米哈伊洛维奇（1645—1676 年在位）颁布了《法典》，从法律上确立了俄国的农奴制度。《法典》规定，不论农民逃亡多久，地主都有权追寻，而不像以前有 5 年或者 15 年的限期。农民因此被彻底地固定在土地上，耕种土地，缴纳地租，不得离开，原来可以在尤里耶夫节前后自由活动的权利也被取消了。

即便地主有无限追逃权，在残酷的压迫和剥削下，农民还是大量逃亡，成为哥萨克的队伍。"哥萨克"是俄国历史上一个颇为特殊的社会阶层。"哥萨克"一词源于突厥语，意为自由人，最早指的是从中亚突厥国家逃亡到黑海北部从事游牧生活的人，后来泛指 15 世纪到 17 世纪不堪农奴制压迫而逃亡的农民、农奴以及城市贫民，他们居住在顿河流域和伏尔加河流域等地区，以捕鱼狩猎以及当雇工等为生。哥萨克人有自己的首领，相对沙皇政府有不小的独立性，受剥削严重而无法生存时，他们就揭竿而起，发动起义。因此，农民起义频发，也是 17—18 世纪俄国历史的一大特色，1667 年到 1671 年的斯杰潘·拉辛起义是其中规模最大的一次。

农奴制是 17 世纪俄国经济的主体，不过也出现了一定的新因素，那就是手工工场的出现和全国市场的逐渐形成。到 17 世纪末，全国共有 20 家左右手工工场，涉及冶金、军工、皮革、玻璃制造和纺织等行业，农奴充当主要劳动力。俄国各地之间有了较普遍的贸易往来，在工商业的促进下，城市也朝繁荣的方向发展。不过农奴制还是占绝对垄断地位，工商业发展极其缓慢，和别的欧洲国家相比，俄国的经济仍非常落后。

与此同时，沙皇的专制统治不断加强，沙皇被神化，个人权力不断扩大，甚至凌驾于名义上的国家最高统治机构"领主杜马"之上。

17 世纪，俄国历史的另一大特点是大举对外扩张，分为东和南两个方向。俄国不断向南与奥斯曼土耳其控制下的克里米亚汗国发生冲突。俄国在南方的军事边界线，在 1610—1640 年的 30 年间，向南推进了 450 千米。俄国向东推进扩张的成果更大，因为俄国以东的西伯利亚是一片荒凉辽阔的土地，当时生活在这里的人民还处在氏族社会阶段，这给了俄罗斯殖民者可乘之机，他们沿着河道向前推进，大肆杀害、俘获沿途土著居民，攫取珍贵的毛皮等产品。1647 年，俄国殖民者已经进抵鄂霍次克海，次年到了亚洲的东北角。从 17 世纪中期开始，俄国的扩张矛头又指向了当时中国北方的黑龙江流域，不过在雅克萨之战等战役被中国清朝击败，被迫在 1689 年签订了《尼布楚条约》。条约规定：两国以格尔必齐河、额尔古纳河和外兴安岭往东至海为界，外兴安岭以北，格尔必齐河、额尔古纳河以西属俄国；外兴安岭以南，格尔必齐河、额尔古纳河以东属中国。俄国在远东的扩张势头得到了一定的遏制，不过此时，从本土出发的俄国侵略者已经向东推进了近 4500 千米，从鄂毕河到太平洋沿岸的广大地区都被其占领。

尽管俄国的领土面积翻了几番，经济也有一定发展，但和西欧的英法等相比还是一个比较落后的国家，这样的情况在 17 世纪末迎来了转机。1682 年，俄国换了一位新沙皇，他将为俄国带来翻天覆地的变化，后世更有人认为他是现代俄国的奠基人，他就是大名鼎鼎的彼得大帝。

彼得大帝的改革

1682 年，俄国沙皇费多尔三世（1676—1682 年在位）去世，其异母弟、

彼得一世肖像
现存于冬宫博物馆。

10 岁的彼得和兄长伊凡被同时立为沙皇，分别为彼得一世（1682—1725 年在位）和伊凡五世（1682—1696 年在位），不过大权掌握在费多尔三世异母姊索菲亚公主手中。1689 年，彼得一世推翻索菲亚的摄政正式亲政，7 年后伊凡五世去世，他成为唯一的君主。

彼得一世小的时候就接触过不少西欧国家来俄国的外交使者、商人等，从他们那里接受了西方知识文化，开阔了眼界，长大后游历欧洲，清醒地认识到了西方国家的先进和俄国的落后，因此他一心要让俄国摆脱落后的状态，跻身欧洲强国之列。为此，他亲政以后在国内进行了全方位、彻底的改革。首先是军事方面，他仿照普鲁士的形式，先后组建了一支强大的陆军和海军舰队，引进先进武器装备和战略战术，改革各种规章制度，提高军队战斗力。

在行政制度方面，彼得一世撤除了原来的贵族杜马、衙门行署等腐朽的机构，新建参政院掌管国家行政，又设立了十多个类似于西方各部的"院"，分管陆军、海军、外交、税务、司法等方面，将全国划分为 8 个大省，这些省后来又划分为 50 个府，直属中央管辖，中央集权大大加强。他推行宗教改革，将教会置于世俗政权之下。

在经济方面，彼得一世推行重商主义政策，大力发展工商业，在政策上鼓励开办工场。在他统治时期，工场数量激增到 240 多个，而且还扩展到新的工业部门。他还以优厚的待遇吸引外国专家来俄国办场，兴办算术、造船、航海等许多专门学校，培养人才，同时还派遣大批留学生去西欧学习先进的科学技术。

　　彼得一世的改革效果非常明显，随着时间的推移，俄国的国力明显增强，彼得一世在对外征战中的屡屡获胜就是一个最好的证明。彼得一世的另一项成就是对外扩张，其主要目标是为俄国夺取出海口。彼得一世首先瞄上的是南方的黑海出海口，俄国人的对手是奥斯曼土耳其，1695 年和 1696 年，俄军两次远征亚速并将其占领。彼得一世还想进一步夺取波罗的海的出海口，当时在波罗的海地区称霸的是瑞典。彼得一世抓住当时西欧各国正忙于西班牙王位继承战争而无法抽身的时机，加紧扩张。1699 年，俄国先后和丹麦、萨克森及波兰结成"北方同盟"，共同反对瑞典。1700 年，俄国和土耳其议和，以便集中力量对付瑞典。1700 年 8 月，俄国向瑞典宣战，进攻瑞典的纳尔瓦，这场战争被称为"北方战争"。此前萨克森和丹麦已经和瑞典先行开战。

北方战争

　　战争爆发的第一年，瑞典军队在国王卡尔十二世的率领下连战连胜，先击溃萨克森，又打败丹麦，迫使其签订和约退出战争。1700 年 11 月 30 日，纳尔瓦之战几乎让彼得一世率领的俄军全军覆没。瑞典军队随后乘胜入侵波兰，占领华沙、克拉科夫等城，扶持了一个傀儡国王。初战失利的彼得一世加紧军事改革，建设新式海陆军。1701 年底，俄国趁瑞典军队主力在波兰出兵，先后占领了波罗的海沿岸的诺特堡、尼恩尚茨、扬堡、纳尔瓦等要塞。1704 年，俄国又利诱波兰结成同盟，波兰参战。1707 年，瑞典军队从萨克森出发，在反对沙皇统治的哥萨克武装的配合下，在 1708 年初进入格罗德诺。俄军坚壁清野，逐步消耗和拖延敌军，并最终掌握了战场主动权，形成对瑞典军队的三面包围之势。被迫转移的瑞典军在 1709 年 4 月进抵要塞波尔塔瓦，企图进逼莫斯科，彼得一世率军施援。7 月，两军展开决战，瑞典军大败，卡尔十二世率残部逃入土耳其。此战是北方战争的转折点，此后丹麦、萨克森、波兰又先后站在俄国一方。1710 年夏天，俄军占领波罗的海沿岸的维堡、里加、雷瓦尔和厄塞尔岛等战略要地。

　　1710 年 11 月，在瑞典国王卡尔十二世的鼓动下，土耳其对俄军宣战，彼得一世暂时停止北方的战事，南下远征土耳其。1711 年 7 月，4 万俄军在普鲁特河畔陷入土耳其军队和克里米亚汗国军队包围，俄国被迫签订《普鲁特和

油画《彼得一世时期的圣彼得堡街道》
1712年，彼得一世迁都圣彼得堡。从此以后，一直到1918年，这里都是
俄国政治、经济、文化的中心。

约》，将亚速归还土耳其，同时允许卡尔十二世过境回国。安抚好土耳其后，
俄国重新开始对瑞典的攻势，主力集中于芬兰方向，占领了赫尔辛福斯（今赫
尔辛基）和奥布（今图尔库），此后俄军占尽优势。1714年8月，俄军在汉科
角海战中击败瑞典海军，将瑞典逐出芬兰。当时西班牙王位继承战争已经结束，
西欧诸国尤其是英国开始介入波罗的海争端，于是俄国为了获得既有战果想尽
快结束战争。1718年，两国开始和谈，但是卡尔十二世却在年末去世。次年，
战端再起，俄军掌握优势，不仅在海战中连连取胜，还在1720年登陆瑞典，
直逼其首都斯德哥尔摩，瑞典被迫求和。1721年9月10日，双方签订了《尼
什塔特和约》，历时21年的北方战争终于结束。

取得北方战争最后胜利的俄国获得了卡累利阿部分地区，还有英格利亚、
埃斯特兰、立沃尼亚等大片土地，俄国就此占据了波罗的海东岸的大片土地，
实现了获得出海口的愿望。然而在北方战争中牺牲巨大的波兰却被俄国玩弄，
俄国没有履约将埃斯特兰和立沃尼亚交给波兰，波兰也继续成为俄国的附庸。

俄国至此从一个内陆国变成滨海的、幅员辽阔的大国，成为欧洲权力争
夺场上的一股新力量，令西欧诸国刮目相看。1721年，彼得一世被参政院奉
上"皇帝"和"祖国之父"的尊号，俄国也改称"俄罗斯帝国"。1723年前后，
彼得大帝出征波斯，夺取里海西岸和南岸广大地区。俄国在远东方向继续扩张，

侵占了堪察加半岛和千岛群岛，后曾试图侵占中国长城以北地区，不过没有得手。1725 年 2 月，彼得一世在他统治时期新建的首都圣彼得堡去世。

叶卡捷琳娜的对内"开明"和对外扩张

彼得一世用铁血手腕推动改革，这样的改革具有较浓的个人权威色彩，而且并没有触及俄国农奴制基础，其社会基础并不牢固，因此，在他去世以后，一部分改革成果也就随之消失了。其中一个表现是贵族势力重新抬头。在他去世以后的 30 多年中，俄国王室争夺权力的斗争一度非常激烈，共发生 5 次政变，彼得大帝的妻子、孙子、侄女、女儿等先后当上帝国皇帝，他们在位的时间大都不长。1730 年，彼得大帝之孙彼得二世（1727—1730 年在位）去世后无嗣，此时罗曼诺夫王朝的男嗣已绝，继承帝位的是安娜·伊凡诺芙娜（1730—1740 年在位），她是彼得一世的侄女、伊凡五世的女儿。此后做皇帝的多为外戚，不过仍继续使用罗曼诺夫王朝的室号。1762 年，彼得一世之女伊丽莎白一世·彼得罗芙娜（1741—1762 年在位）去世，传位于彼得三世。彼得三世是德意志人，基本不会说俄语，他继位以后即推行亲普鲁士政策，甚至为此损害了俄国的利益，招致贵族们的不满。1762 年 7 月 9 日，彼得三世的妻子叶卡捷琳娜发动政变，推翻自己丈夫的统治并将其处死，自立为女皇，是为叶卡

叶卡捷琳娜二世画像
叶卡捷琳娜治国有方，使俄罗斯成为名副其实的欧洲第一强国。她因此成为俄罗斯历史上唯一一位被冠以"大帝"之名的女皇。

捷琳娜二世（1762—1796 年在位）。

叶卡捷琳娜本名索菲娅·弗里德里克·奥古斯特，是一个德国小公爵之女，从小便受到了法国启蒙思想的影响，曾和孟德斯鸠、伏尔泰等思想家保持书信往来，在她成为女皇后仍继续书信往来。伏尔泰等思想家称赞她"开明专制"。1745 年，她同还是皇储的彼得三世结婚，不过夫妻之间并没有什么感情。叶卡捷琳娜二世的统治持续了 37 年，是继彼得一世以后又一位比较有作为的皇帝。

叶卡捷琳娜在内政上的开明主要体现在经济上鼓励工商业发展，支持开办工场，逐步放弃重商主义政策而转向自由贸易。在她统治期间，俄国的铁产量和政府税收都有大幅度的提高。此外，她在土地政策上的一些措施，比如放开土地转让、买卖的限制，在一定程度上促进了资本主义的发展。

这位女皇在政治上的"开明"表现就少很多了。1767 年，她曾召集一个立法委员会，委员会的代表来自除了农奴以外俄国各阶层，表示推行全面的政治改革。叶卡捷琳娜为此拟定了《圣谕》，其中大量引用启蒙思想家的言论，在专制权力至高无上的前提下，宣传法律面前人人平等的思想。即便如此，俄国沙皇要用开明专制的思想改造俄国的举动震惊了欧洲，《圣谕》在法国甚至被禁止传播。然而，这个立法委员会在一年半的时间里召开了 200 多次会议但却毫无结果。1768 年，女皇以对土耳其开战为由解散了立法委员会，此后女皇再也不提"开明专制"。

之后，叶卡捷琳娜继续巩固俄国的根本制度——农奴制度，这也是为了争取贵族的支持。1765 年，她颁布诏书，规定地主有权放逐冒犯自己的农奴，

被囚的普加乔夫
1775 年 1 月 21 日，普加乔夫在莫斯科被处决。俄国历史上最大的一次农民起义被镇压下去了。

将他们送往西伯利亚做苦工。她又在 1767 年颁布农民必须服从地主、禁止对地主提出控诉的诏书。如此一来，农奴制度发展到了顶点，农奴的地位跟奴隶差不多。农奴的境地如此悲惨，自然要奋起反抗。1773 年，俄国便爆发了历史上规模最大的农民起义——普加乔夫起义。

普加乔夫是一个顿河哥萨克人，曾经参加过七年战争和俄土战争。1773 年9 月，他集结了 80 名哥萨克在乌拉尔河西岸的托尔卡乔夫田庄发动起义。他利用群众怀念"善良的沙皇"的心理，称自己是"彼得三世"，宣传要废除农奴制度、取消人头税等，一时间响应者众。起义军一度攻占喀山，威胁莫斯科，最终因为缺乏统一指挥而在 1775 年被镇压了下去。

这次起义对沙皇统治的打击极大，农民起义的力量让女皇认识到，要维护自己的专制统治，就必须依靠贵族，从此以后，女皇便彻底倒向贵族一方，公开推行反动统治。1775 年，女皇颁布《全俄帝国各省管理体制敕令》，加强了贵族在地方的权力，从而可以更有效地监督农民，以此将所有贵族动员起来共同维护农奴制度。1785 年，她又颁布《贵族宪章》，赋予贵族种种特权。

在对外方面，叶卡捷琳娜对西方思想的爱好仅仅局限于文学艺术等方面，她在国内兴办了多所学校，培养贵族的文化艺术水平。但是她却坚决摒弃西欧先进的政治经济制度，甚至出兵干预。1789 年法国大革命爆发以后，叶卡捷琳娜公然宣称启蒙思想是"法兰西的瘟疫"，还积极参与组织反法同盟，镇压干涉法国革命，开俄国干涉欧洲革命的先河。

除了镇压欧洲进步势力，叶卡捷琳娜还大举对外扩张。

俄国扩张侵略的主要目标是南方的奥斯曼土耳其。在 1735 年到 1739 年，

漫画《叶卡捷琳娜女皇的梦想》
这幅漫画是 18 世纪的英国漫画家创作的，描绘了贪心的叶卡捷琳娜为了扩张愿望与魔鬼做交易。

俄国对土耳其发动了第四次俄土战争，根据战后签订的《贝尔格莱德和约》，俄国重新占领了亚速。叶卡捷琳娜二世在位期间又对土耳其发动了两次战争。第五次俄土战争发生 1768 年到 1774 年期间，战败的土耳其被迫割让黑海以北包括克里米亚的大片土地，1783 年俄国正式吞并克里米亚汗国。这次战争让俄国打通了黑海的出海口。第六次俄土战争因两国对克里米亚和格鲁吉亚的争夺而引发。1787 年 9 月，土耳其首先对俄国发动攻击，战争爆发。1792 年，土耳其战败，被迫签订《雅西和约》，承认俄国对克里米亚的占领，放弃格鲁吉亚，同时将南布格河和德涅斯特河之间的大片土地割让给俄国，两国以德涅斯特河为新边境。从此黑海北岸的土地全部落入俄国之手，沙俄实现称霸黑海的目标，也为进一步侵略巴尔干、地中海和中亚做好了准备。

俄国在欧洲的主要扩张目标是波兰。1772 年、1793 年和 1795 年，沙俄和普鲁士、奥地利三次瓜分波兰，俄国占领了立陶宛、白俄罗斯和西乌克兰大部分的土地。总之，在叶卡捷琳娜二世统治时期，俄国的领土增加了 67 万平方千米。到 18 世纪末，虽然俄国在经济、文化上与西欧各国相比仍有不小的差距，但是凭借其广阔的国土和强大的军事实力，已经是欧洲几大列强之一了。

波兰、瑞典和丹麦的衰落历史

波兰、瑞典和丹麦这三个国家在近代史上有一个共同的特点，那就是都曾在欧洲称雄一世，成为一方霸主，又都因为各自的原因而衰落下去，在最后争霸欧洲的几大国当中，并没有它们的身影，甚至波兰还沦为大国瓜分的对象，亡国一百多年。

波兰的衰落

波兰曾是东欧的一个强国，曾一度战胜骑士团国家令其俯首称臣，也曾占

领莫斯科公国首都、掌控沙皇兴废，但是从 17 世纪中叶开始走下坡路，到 18
世纪末甚至被周围列强瓜分，从此在地图上没有波兰这个国家。波兰衰落得如
此之快，一方面是因为其周围国家——普鲁士、奥地利、沙俄皆为虎狼之辈，
另一方面则是更主要的内部原因。

　　首先是经济上的原因。波兰的"农奴制第二版"导致其工商业极其不发达，
几乎没有发展空间。除此之外，这种落后的制度还阻碍了农业的进步和发展，
使得作为波兰主要经济部门的农业出现衰退。16 世纪时，波兰议会甚至禁止
本国商人从事外贸，禁止将手工业品运往国外。此时，波兰所有邻国都已经认
识到了发展工商业的重要性，开始鼓励工商业发展，可波兰却还在巩固农奴制，
这让其在经济上开始大幅度地落在了后边。

　　其次是政治上的原因，波兰的政治特色也决定了其衰落的命运。波兰王权
始终不够强大，贵族势力把持政权，为一己私利而争权夺利，置国家利益于不
顾。一个明显的例子就是波兰的议会。这个基本都是由贵族组成的议会有一项
这样的惯例：一项议案只要有一票反对就不能通过。这使得议会存在的价值被
大大降低，形同虚设，而各地贵族各自为政的趋势进一步强化，导致波兰整个
国家支离破碎。

　　总的来说，当欧洲大多数国家在朝着君主专制制度发展，大力发展工商业，
或者更超前一步地发展资本主义时，曾经的强国波兰却在背道而驰，政治上逐
步解体、分裂割据，经济上农奴制地位牢固、工商业欠发达。更不幸的是，周
围的俄国、普鲁士、奥地利纷纷崛起，波兰的悲剧命运也就不可避免了。从 17
世纪后半叶开始，波兰厄运不断。

　　首先，波兰和俄国对乌克兰、白俄罗斯和波罗的海沿岸一些地区的争夺已
持续了几个世纪。1648 年，哥萨克统领赫梅利尼茨基在乌克兰发动起义，建
立了一个实际独立的国家。1654 年，赫梅利尼茨基和俄国签订协议，宣布乌
克兰和俄国合并，波兰－立陶宛为此和俄国开战。此时瑞典入侵波兰，于是俄
国在 1656 年和波兰停战，共同对付瑞典。1658 年，波兰试图策动乌克兰从俄
国脱离出来，重新对其加以控制，但遭到乌克兰人民反对，同时乌克兰人民在
俄国的支持下再次发动起义，俄波两国再次开战。1667 年，两国签署《安德
鲁索沃停战协定》，后两国结盟共同反对土耳其以及克里米亚汗国。1667 年是
波兰和俄国关系史上的转折点，波兰开始衰落，而俄国开始兴盛。

　　其次，瑞典也觊觎波兰控制下的波罗的海地区。17 世纪初，瑞典和波兰就
曾因为争夺立沃尼亚而大打出手。1626 年，瑞典侵占了波兰波莫瑞的大部分

奥古斯都二世像

地区。1655 年，瑞典勾结勃兰登堡再次入侵波兰，瑞典国王卡尔十世一度成为波兰统治者。虽然瑞典侵略者最终被赶出波兰，但是根据 1660 年签订的和约，波兰还是丢掉了立沃尼亚的大部分土地。也是在 1660 年，东普鲁士摆脱与波兰的臣属关系，并入了勃兰登堡。波兰可谓每况愈下。

　　波兰统治者也曾试图扭转波兰衰落的趋势，但是都因为贵族的反对以及外国势力的干涉而失败了。外国势力的干涉愈演愈烈。1733 年 2 月，波兰国王奥古斯都二世（1697—1706 年、1709—1733 年在位）去世，波兰国内为推举新国王发生了分歧，俄国和奥地利操纵一部分贵族支持奥古斯都二世的儿子弗里德里克·奥古斯都继位为王，但是更多的贵族倾向于斯坦尼斯瓦夫·列琴斯基。斯坦尼斯瓦夫·列琴斯基和波兰王位大有渊源。在北方战争中，波兰曾被俄国强拉参战，瑞典国王卡尔十二世一度攻入波兰，操纵议会将原来的国王奥古斯都二世废黜，拥立斯坦尼斯瓦夫·列琴斯基为王。1706 年，奥古斯都二世正式宣布投降，放弃波兰王位，三年后在俄国的支持下复辟，将斯坦尼斯瓦夫·列琴斯基逐往普鲁士。奥古斯都二世去世以后，多数波兰贵族支持列琴斯基为王，他是法国国王路易十五的岳父，因此得到了法国和西班牙的波旁王朝的支持。1733 年 9 月，尽管有俄国和奥地利的军事威胁，波兰议会还是提名斯坦尼斯瓦夫·列琴斯基为国王，随后俄军打着支持奥古斯都的名义进入波兰。俄国、奥地利为一方，法国、西班牙和撒丁为另一方，波兰的王位继承问题演变为欧洲几大势力的对抗，史称"波兰王位继承战争"。

三次瓜分波兰

俄军一方进展顺利，迅速占领华沙，列琴斯基逃往但泽（今波兰的格但斯克）。1733 年 10 月 5 日，在俄军的操纵下，弗里德里克·奥古斯都被选为波兰国王，称奥古斯都三世（1733—1763 年在位）。1734 年 6 月，俄军攻占但泽，列琴斯基再次逃亡。1735 年 10 月，交战各方在维也纳达成初步协议，奥古斯都三世获得了承认。1738 年，法国和俄国正式签订《维也纳和约》，俄国实现了控制波兰的目的，波兰从此开始被列强任意宰割。

1763 年 10 月 5 日，波兰国王奥古斯都三世去世。1764 年 9 月 6 日，在俄国沙皇叶卡捷琳娜二世的操纵下，亲俄的贵族斯坦尼斯瓦夫·波尼亚托夫斯基（1764—1795 年在位）当选新国王。这位贵族曾经在俄国的圣彼得堡出任使节，结识了叶卡捷琳娜并育有一子。新国王思想较为开明，他希望在女皇和贵族的支持下实行改革，效仿邻国的"开明专制"，改变波兰衰弱的局面，推行了最早的革新运动，但是他的改革遭到一些大贵族的反对，他们获得了叶卡捷琳娜

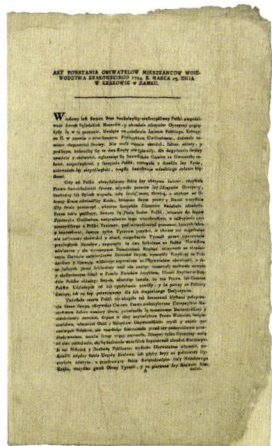

科希丘什科起义条约

二世的支持。1767年，俄国勾结普鲁士以通过异教徒权利法案为由强行干涉波兰内政，彻底地破坏了这次改革。1768年，波兰贵族在临近土耳其的巴尔成立了反对俄国侵略和国王改革的协会——巴尔党。巴尔党获得了土耳其的支持。俄军在镇压巴尔党人时和土耳其发生冲突，两国再次开战，俄军连战连胜，这引起了奥地利的不安。同时普鲁士也不希望看到一个过分强大的俄国，急着要吞并将它的东普鲁士和勃兰登堡本土隔开那块波兰领土，因此普鲁士国王腓特烈二世在1769年2月提出三国瓜分波兰的建议。此后奥地利和普鲁士两国达成一致，迫使俄国放弃对巴尔干的领土要求、接受分割波兰的建议。1771年，奥地利又和土耳其结成同盟，陷入外交孤立的沙俄被迫放弃独占波兰的企图，转而接受了三国瓜分波兰的建议。

1772年8月，俄、普、奥三国在圣彼得堡签订瓜分波兰的条约，俄国获得了西德维纳河、德鲁特奇河和第聂伯河之间的白俄罗斯以及部分拉脱维亚的土地，总面积为9.2万平方千米；奥地利获得了维斯瓦河和桑河以南地区、大部分加里西亚地区，面积为8.3万平方千米；普鲁士所得最小，包括除去但泽的波莫瑞、除去托伦的海尔诺姆省和马尔博克省等，面积只有3.6万平方千米，但是普鲁士王国的东普鲁士至此和勃兰登堡本土连在了一起。波兰总面积为74万平方千米，这次被割去21.1万平方千米的土地，约占30%。

18世纪的80年代，波兰的进步贵族和新兴的资产阶级又掀起了一次爱国革新运动，他们利用当时相对有利的国际环境企图使波兰摆脱被瓜分的命运。1788年，波兰在华沙召开议会，这次议会一共开了4年，史称"四年议会"，准备推行根本的改革。1791年，在法国大革命的影响下，波兰通过了《五三宪法》。俄国等列强自然不能坐视不理。1792年4月，叶卡捷琳娜二世策动一部分反动贵族，同时出动10万大军侵入波兰，占领华沙。次年1月23日，俄国和普鲁士又签订了新的瓜分协议，俄国占领了白俄罗斯、第聂伯河西岸乌克兰的大部分，以及立陶宛的一部分，总面积达25万平方千米；普鲁士获得了但泽、托伦、大波兰地区的几个省、马佐夫舍的一部分，共计5.8万平方千米。

惨遭第二次瓜分的波兰又失去近31万平方千米的土地，仅剩下22.25万平方千米的国土，亡国就在眼前。1794年3月24日，在克拉科夫爆发了科希丘什科领导的人民起义，起义军曾一度占领华沙等城市，建立革命政权，但还是在11月被俄、普、奥镇压下去。1795年10月，三国签订第三次瓜分波兰的协议，俄国占领立陶宛、西白俄罗斯、库尔兰、沃伦西部及大部分的西乌克兰，总面积为12万平方千米；奥地利占领小波兰地区和马佐夫舍的一部分，面积

4.75 万平方千米；普鲁士占领了西部剩余地区，面积 5.5 万平方千米。至此，波兰 70 多万平方千米的国土已经被俄、普、奥三国分三次瓜分完毕，地图上已经不存在波兰这个国家，这样的历史一直持续到第一次世界大战结束，波兰才复国。

争霸波罗的海的瑞典

16 世纪以后的北欧有两个独立的国家 —— 瑞典和丹麦。这两个国家都是当年海盗时代诺曼人的后裔。

瑞典最早在 11 世纪初形成统一的瑞典王国，不过在 1026 年就被丹麦的克努特大帝征服，南部被并入北海大帝国。12 世纪中叶，瑞典征伐芬兰，迫使其皈依基督教。1284 年，芬兰成为瑞典的一个公国。1250 年到 1363 年为瑞典的福尔孔王朝，封建化进程进一步加快，王权加强，因此损害了一部分贵族的利

古斯塔夫一世像
古斯塔夫一世为瑞典封建君主专制的发展和不久后称霸波罗的海地区打下基础。

益，他们向丹麦求援。14 世纪末，丹麦征服瑞典以及挪威，三国结成卡尔马联盟，奉丹麦女王为共主，实际上丹麦吞并了另外两国。

被丹麦统治的瑞典国内长期存在两派政治斗争，分别是以丹麦王室、占有封地的瑞典大贵族组成的联盟派，以中小贵族、矿业主等组成的独立派。1520 年，丹麦为了更有力地控制瑞典，出兵占领斯德哥尔摩，丹麦国王克里斯蒂安二世（1513—1523 年在位）加冕为瑞典国王，随后大肆屠杀独立派成员。1521 年，一位幸免于难的贵族古斯塔夫·瓦萨发动起义，两年后将丹麦军队逐出瑞典，瓦萨被推举为王，称"古斯塔夫一世"（1523—1560 年在位），瑞典瓦萨王朝建立，就此摆脱丹麦的控制，卡尔马同盟瓦解。古斯塔夫一世是一位颇有作为的君主，他推行一系列改革，加强王权，限制教会权力，将瑞典建成统一的封建君主国。

17 世纪初到 18 世纪初的 100 年，是瑞典对外扩张的 100 年，瑞典一度成为波罗的海的霸主。这是因为瑞典摆脱丹麦的控制以后，就迅速形成了专制、统一的政治制度。首先，稳定的政治局势为经济发展提供了有利条件；其次，统一的集权制国家有利于人力物力的集中，也就有利于发展军事力量。当时的国际环境也为瑞典称霸提供了有利条件：丹麦贵族势力强大，德意志四分五裂，俄国在伊凡四世去世以后陷入混乱，波兰已呈现衰落的苗头，而且波兰人的注意力在东方的俄国。环视波罗的海，瑞典获得了非常好的扩张机会。

古斯塔夫二世（1611—1632 年在位）是另一位大有作为的瑞典国王。他非常清楚瑞典人口稀少、资源短缺、远离国际商道等在发展经济上的劣势，因此他在瑞典铜铁资源丰富的优势上做文章，鼓励外国人、外资进入瑞典，鼓励

古斯塔夫二世石棺
旧瑞典国会于 1633 年 2 月赋予古斯塔夫二世"大帝"的称号，他也是迄今为止唯一获得该荣誉的瑞典君主。

生产，使得瑞典采矿业非常发达。以此为基础，瑞典又形成了发达的军火工业。到 1630 年，瑞典的武器畅销欧洲。经济发展获得的大部分财力被古斯塔夫二世投入到武装军事力量中。他改革征兵制度，引进先进战略战术思想，装备新式武器，狠抓实战训练，打造出一支战斗力极强的军队，在三十年战争中屡战屡胜。

古斯塔夫二世在位早年和荷兰、德意志结盟，和波兰、俄国以及丹麦争夺波罗的海霸权，曾占领芬兰湾，将俄国的波罗的海出海口堵住。三十年战争爆发以后，古斯塔夫二世和勃兰登堡、萨克森选帝侯结盟，和神圣罗马帝国作战，进展非常顺利，但是他本人却不幸在吕岑战役阵亡。瑞典最后和法国等盟友一起取得了三十年战争的胜利。17 世纪中叶，瑞典成为欧洲强国之一，本土以外的领土有芬兰、挪威、丹麦的一部分，德意志北部沿海的大片土地，还有波罗的海沿岸的立沃尼亚、爱沙尼亚以及波莫瑞等地。瑞典在第一次北方战争（1655—1661 年）中击败丹麦，占领了斯堪的纳维亚半岛南端的斯堪尼亚等地区，成为波罗的海的霸主。

不过瑞典赖以称霸的优势正在逐步缩小乃至消失。昔日没有发展起来的邻国，除了波兰外都有不小的发展，尤其是俄国和普鲁士，在大力发展工商业的同时，也在效仿瑞典的军事制度和战略战术等。瑞典原来的劳动力不足、资源缺乏的劣势逐步显现，体现在国际斗争当中就是霸权的衰落。

走向君主立宪的瑞典

1697 年，15 岁的瑞典国王卡尔十二世（1697—1718 年在位）继位，于是俄国等波罗的海的其他国家都想趁机挑战瑞典在三十年战争后树立的霸权。在 1700—1721 年的北方战争中，瑞典被俄国击败，丢失了大片土地，瑞典本土以外的领土只剩下芬兰和维斯马、斯特拉尔松德等几个波罗的海的沿岸据点，其在波罗的海地区开始转攻为守。

瑞典国内将霸权的衰落归结于专制王权制度，认定这一种制度已经不能再维护国家的安全，于是开始朝君主立宪的道路发展。早在北方战争进行时，瑞典国内就曾出现反专制王权的苗头。1718 年，卡尔十二世在对挪威的战争中去世，占上风的反专制主义政治势力将他的妹妹乌尔丽卡·埃利诺拉推上王位，还强迫她宣布反对专制主义。但是乌尔丽卡·埃利诺拉在位期间依旧沿袭专制主义方式行事，还在北方战争中连续战败。1720 年，乌尔丽卡·埃利诺拉被推翻，她的丈夫腓特烈被推为国王。腓特烈本是外国人——他是德意志的黑森－卡塞尔伯爵领地的继承人，并没有继承王位的权利，他的统治必须获得议会的支持，这也是瑞典人推举他为王的原因。1720 年和 1723 年，瑞典先后通过《政体法令》和《议会组织条例》，议会成为瑞典国家最高的权力机构，议员来自教士、贵族、资产者和农民四个阶级，议会休会时由贵族及官僚组成的参政会处理国家大事。国王的权力一落千丈，在参政会中只是一个首席行政长官，有两票的表决权。

18 世纪 30 年代，瑞典议会出现政党的雏形，存在两个对立的政治集团：由大贵族组成的"礼帽党"，自称是"戴礼帽的优雅人士"；新兴壮大的市民阶级反唇相讥，自称"便帽党"。初期，礼帽党得势，他们从 1739 年到 1764 年一直把持着政权，对瑞典的经济和文化发展作出了不小的贡献。他们还在 1741 年向俄国发动复仇之战，结果战败，使得芬兰的大部分领土被俄国占领。1743 年，瑞典和俄国签订《奥布和约》，瑞典收回芬兰，但是将基米河以东的所有领土割让给俄国，同时接受俄国支持的阿道夫·腓特烈（1751—1771 年在位）为瑞典王储。1765 年，便帽党开始执政，推行一些改革，旨在限制大贵族的封建特权、消除官僚体制积弊等。1772 年，在保守派贵族的支持下，古斯塔夫三世（1771—1792 年在位）发动政变，恢复君主专制，议会的权力被大幅削弱。古斯塔夫三世在位期间曾对俄国发动战争（1788—1790 年），因为国内贵族势力的掣肘，先败后胜，最后两国签约维持战前边界。1792 年，古斯塔夫三世试图参加镇压法国大革命的联盟，但是被刺杀身亡。其子继位，是为古斯塔夫四世（1792—1809 年在位）。

1805 年，古斯塔夫四世参加了第三次反法联盟，对抗拿破仑一世，但是屡战屡败，被法军夺取了瑞属波莫瑞等地。1808 年，已经和拿破仑议和的俄国打着要瑞典服从拿破仑的大陆封锁政策的旗号入侵芬兰，只用了一个月的时间就将大部分芬兰占领。次年 9 月，瑞典和俄国签订《哈米纳和约》，将东部 1/3 的国土割让给俄国，在那里成立了作为俄罗斯帝国傀儡的芬兰大公国。

1809 年 3 月，瑞典贵族发动政变，推翻古斯塔夫四世的统治。1809 年 6 月，瑞典议会通过新宪法，确定了有一定限制的君主政体。1810 年，拿破仑的将领让·巴蒂斯特·贝尔纳多特被迎为瑞典王储，改名为卡尔·约翰，就是后来的卡尔十四世（1818—1844 年在位）。1813 年，瑞典进攻丹麦。1814 年 1

月，战败的丹麦和瑞典签署《基尔和约》，将挪威割让给瑞典，随后瑞典又用武力征服了争取独立的挪威。11 月，挪威议会承认瑞典的卡尔十三世（1809—1818 年在位）为挪威国王，瑞典 - 挪威联盟形成。

也是从 1814 年起，掌权的卡尔·约翰意识到对外征战多年的瑞典国力贫乏，又失去了芬兰等土地，从此不再介入国际纷争，瑞典也从此享有和平。

丹麦的发展历史

丹麦的历史可以上溯到北欧海盗（维京人）时期。1016 年，克努特登上了英格兰王位，随后又成为丹麦国王、挪威国王，并占领瑞典南部地区。至此，克努特建立起包括丹麦、英格兰、挪威、苏格兰大部和瑞典南部的"北海大帝国"，称霸北欧地区。1035 年，克努特去世，北海大帝国很快就分崩离析。1157—1182 年在位的瓦尔德马一世统一丹麦，建立瓦尔德马王朝，又不断对外扩张，占据了爱沙尼亚、易北河以北地区和果特兰岛。1397 年，丹麦控制了瑞典和挪威两国，三国成立卡尔马联盟，奉丹麦国王为共主，原为挪威统治的格陵兰、法罗群岛也归丹麦管辖。

卡尔马联盟为了和德意志的汉萨同盟抗衡，争夺波罗的海的霸权，又吞并了易北河地区的石勒苏益格和荷尔斯泰因。常年的对外战争严重削弱了丹麦的

埃德蒙与克努特大战

国力，内有农民不堪封建贵族剥削而发动的暴动，外有汉萨同盟的经济封锁和瑞典、挪威两国试图摆脱丹麦控制的斗争，14 世纪中叶爆发的黑死病又夺走了丹麦近一半人口的生命。1520 年，丹麦国王克里斯蒂安二世（1513—1523 年在位）亲自率军占领了瑞典首都斯德哥尔摩，大肆屠杀瑞典贵族，史称"斯德哥尔摩惨案"。1521 年，古斯塔夫·瓦萨领导在达拉纳起义。1523 年，丹麦军队战败，瑞典从丹麦的控制下挣脱出去，卡尔马联盟瓦解，而挪威还在丹麦控制之下。

此后，丹麦和新独立的瑞典在几百年间不断发生战争。1563—1570 年，新兴的瑞典试图抢夺波罗的海霸权，丹麦要遏制其发展，双方展开了长达 7 年的较量，史称"北方七年战争"。最后，丹麦虽然在战争中取得了一定的优势，却没能遏制瑞典的崛起。1611 年，卡尔马战争爆发，但丹麦又没有达到预期的目标。随后欧洲大陆发生三十年战争，丹麦介入，结果在 1626 年被神圣罗马帝国击败。1635 年，三十年战争进入最后的瑞典、法国阶段时，瑞典军队连战连捷，丹麦对瑞典的强大感到不安，于是两国在 1643 年开战。次年，战败的丹麦被迫将哥得兰岛、萨列马岛、霍兰以及挪威的两个省割让给瑞典，至此丹麦已经完全丧失了波罗的海的霸权。在 1655—1661 年的第一次北方战争中，丹麦再次败给瑞典，又将斯堪的纳维亚半岛南端的斯堪尼亚等地区割让出去。

对外战争的屡败屡战使得丹麦人民对本国封建割据的形式非常不满，认为这是国力衰落的根源，希望建立君主专制制度。腓特烈三世（1648—1670 年在位）趁机剥夺贵族的地方行政权，建立了国王统领的官僚体系。他之后的克里斯蒂安五世更是以立法的形式废黜了地方分治的制度，君主专制也在丹麦确立起来。

丹麦的君主专制制度并没有起到立竿见影的效果，此后的斯堪尼亚战争（1675—1679 年）、北方战争（1700—1721 年），丹麦也都败给瑞典。丹麦逐渐开始远离欧洲大陆的争端，此后的七年战争（1756—1763 年）、英法战争（1766—1783 年）以及法国大革命初期，丹麦都力图保持中立或避免直接介入。

丹麦的航运业和海外贸易非常发达，拥有的商船数量在欧洲居第二位，仅次于英国，在海外的西印度群岛和非洲的几内亚也有殖民地。19 世纪最初的十几年是英国纠合欧洲力量对抗发生大革命以后的法国的十几年。第二次反法同盟中，英国是主要的组织者和领导者，为了彻底掐断法国的经济命脉，对法国各港口实施封锁。经济利益被侵犯的国家在俄国的牵头下组织了第二次武装中立联盟，反对英国的要求。丹麦也加入进去，但是这激怒了英国，认定这是和法国结盟。

1801 年 4 月，英国海军开进丹麦领海，发动哥本哈根之战，重创了丹麦海军，迫使其退出了武装中立联盟。此后几年丹麦一直被英法两国夹在中间难以喘息。英国要求丹麦与其结盟反对法国，并且交出舰队，而丹麦如果同意必然引来法军入境。1807 年，英国出动舰队，炮轰哥本哈根三天，丹麦海军全军覆灭。此后丹麦只得与法国的拿破仑结盟，加入拿破仑的"大陆封锁体系"。1814 年，拿破仑战败，丹麦再次惨遭欺凌。1814 年，丹麦和瑞典签订了《基尔和约》，将挪威割让给瑞典。

连年的战乱使得丹麦的经济尤其是农业遭到严重打击，丹麦政府被迫进行改革，限制地主贵族的权力，先后在各地推行佃赋制，中世纪以来农民对地主的人身依附就此终结。后来丹麦又出售西印度群岛和几内亚的殖民地以缓解财政危机。直到 19 世纪中叶，丹麦的经济状况才有所好转，不过大国的地位已是一去不复返了。

西欧的启蒙运动

启蒙运动是发生在 17 到 18 世纪欧洲的一场思想文化运动，资产阶级和人民大众是运动的主要力量。反对封建专制和宗教愚昧及特权主义是这场运动的主要目标，堪称"文艺复兴之后的第二次思想解放"，对后世影响非常深远。

启蒙运动的背景和兴起

"启蒙"这个词的意思，按照德国哲学家康德在其著作《什么是启蒙》中的说法，就是让人民从未成熟的状态中脱离出来，让人们从迷信和偏见中解放出来，因此后人用这个词来称呼那场思想运动。

　　启蒙运动的发生有其一定的历史背景，是历史发展的必然产物。首先，资产阶级发展到 17—18 世纪，力量已经颇为雄厚，尤其是经济实力，他们手中掌握着巨额的财富，但是行将就木的封建制度还没有覆灭，它的存在成为限制资本主义获得更大发展的主要瓶颈。在这一时期，资本主义和封建专制的矛盾愈发尖锐，资产阶级和广大人民群众的反封建抗争如火如荼。为了将腐朽的封建制度彻底推翻，资本主义需要理论上的支持，一批优秀的、勇敢的思想家从不同角度对封建专制，以及腐朽的神学理论等进行批判，启蒙运动就这样诞生了。所以，启蒙运动是资产阶级反封建专制的时代要求的产物。

　　同时，在这两个世纪，自然科学获得了突飞猛进的发展，这为启蒙思想家们提供了锐利的武器。自然科学进步的一个原因是一些先进的研究方法的出现，思想家们将这些方法应用在了社会科学的研究领域当中。此外自然科学的进步也为启蒙思想家提供了一定的理论依据。例如，天文学、生物学等领域的进步使人们在自然科学领域有了自然神论、无神论的持续进步，可以用来对上帝信仰、宗教迷信等进行抨击；在政治科学领域，王权神授的谎言遭到了社会契约论等新兴理论的严重挑战。总之，自然科学的进步武装了人们的头脑，让人们更加理性、科学、清醒，从而向黑暗的封建制度猛烈开炮。

　　启蒙运动最早兴起于西欧，走在前面的两个国家是英国和荷兰。在荷兰，宗教思想占据统治地位，进步的思想家们首先针对宗教神学展开批判。胡果·格劳秀斯（1583—1645 年）和巴鲁赫·斯宾诺莎（1632—1677 年）是荷兰启蒙思想家中的代表人物。

　　胡果·格劳秀斯生于荷兰的一个议员家庭，16 岁获得法学博士学位，曾经

康德画像
康德是德国哲学家、作家，德国古典哲学创始人，被认为是继苏格拉底、柏拉图和亚里士多德后，西方最具影响力的思想家之一。

做过律师、官修《荷西战史》总编辑、荷兰省检察长等。1618 年，格劳秀斯卷入一宗政治、宗教争端，被判终身监禁。3 年后，格劳秀斯越狱，亡命法国，后长期定居那里进行写作，1634 年任瑞典驻法国使节。1645 年，格劳秀斯在罗斯托克去世。格劳秀斯的研究范围非常广泛，在法学、政治学、文学、语言学、史学等领域都有一定的成就，其中最突出的要数法学，他是古典自然法学派主要代表，同时是世界近代国际法的奠基人。

格劳秀斯的中心观点是，无论是国内法还是国际法，都以自然法为基础。1625 年，格劳秀斯发表了他不朽的著作《战争与和平法》，阐述了他的自然法理念：以神的意志为准绳的法律属于意志法、人定法，与其相对应的正是自然法，在这两者当中，人定法应当服从于自然法；自然法代表着人理性的一面、本性的一面，人所具有的建立和他人和平共处的社会本性，正是自然法的来源；自然是万古长存、亘古不变的，即便是上帝也不能改变。格劳秀斯是第一个将自然法的概念从宗教神学的藩篱中剥离出来的人，恢复并发展了自然法的世俗观念。

《战争与和平法》是一部关于国际法的奠基之作，格劳秀斯首次阐明了国际法的概念，并且提出了一些比较完整的原则，比如主权国家是国际法的主体，此论点奠定了国际法的基础，格劳秀斯因此被称为"国际法之父"。格劳秀斯在国际法领域的另一项主要贡献是他的公海自由主张。当时殖民大国葡萄牙垄断了东印度洋群岛航线上的贸易，不容他国插手。格劳秀斯对此展开批评，他认为大海是"取之不尽、用之不竭"的，应该为全人类所共有，而不能为某一个国家所独占，大海应该向世界上所有国家和人民开放。在海上，主权也要为航海自由和贸易让步。格劳秀斯的公海自由理论对后世影响巨大，现在这已经成为一项国际法原则，为全世界所接受。

巴鲁赫·斯宾诺莎是荷兰另一位杰出的启蒙思想家。他生于阿姆斯特丹一个犹太商人家庭，早年曾在法国学习，在那里接触了一些进步思想，和正统的神学思想产生分歧。1656 年，斯宾诺莎被犹太人公会处以革除教籍的最高处分，不得不搬出犹太人聚居区，搬到了阿姆斯特丹南边的一个小村庄，靠磨制镜片为生，连名字也被迫从原来的本托改为贝内迪特。1670 年，斯宾诺莎定居海牙。1673 年，曾有人邀请他到海德堡大学任教，条件是不可涉及宗教，斯宾诺莎婉拒。1677 年，斯宾诺莎病逝。

斯宾诺莎是一个唯物主义哲学家，他从剖析宗教起源入手，认定社会上根本就不存在超自然的神，从而从根源上揭穿了王权神授的谎言。斯宾诺莎认为，

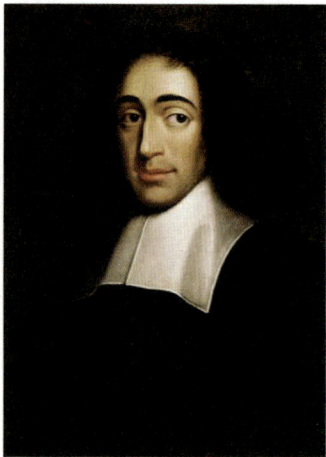

斯宾诺莎画像
斯宾诺莎最早提出"政治的目的是自由",为启蒙运动
的拓展奠定了思想理论基础。

人对无法用已有的规则理解、控制的环境产生了恐惧感,将这一切归结到所谓
的"上帝"身上,这样就产生了各种宗教;封建统治者利用宗教为王权罩上一
层神圣的光环,让人们对帝王奉若神明,以此巩固封建统治。斯宾诺莎从根本
上否定了神的存在,对神学目的论、拟人观和天意说进行了集中批判,对自然
界进行自然的解释,而不是从神学、宗教的角度进行解释。虽然斯宾诺莎的无
神论是不彻底的,他的主张是泛神论的,并不主张彻底消灭宗教,但是他的理
论还是从理性主义角度出发,开批判宗教学说之先河,对宗教的社会起源进行
了相对深刻的揭露和批判,这在近代西方无神论史上是较早而且较成系统的。

　　在政治学理论上,斯宾诺莎持有和英国霍布斯一样的观点,即自然权利和
社会契约。斯宾诺莎虽在哲学、政治学、法学等领域取得了卓越的贡献,但是
在他逝世后的一段时期内,他的理论却遭到了来自不同宗教派别的非难,这种
情况直到 17 世纪末才有了一定的改观,此后越来越受到重视。斯宾诺莎的理
论对法国后来的思想启蒙运动产生了很大的影响。

培根和霍布斯的贡献

　　英国在思想启蒙运动中起到了重要作用,涌现出一大批杰出的启蒙运动思
想家。比较早期的是弗朗西斯·培根(1561—1626 年)。培根出身于伦敦一个
新贵族家庭,12 岁起进入剑桥大学学习,在那时就对当时被教会尊为经典的亚

里士多德哲学产生了疑惑和不满，认为其夸夸其谈，没有实际意义。1576 年，培根任英国驻法国使馆随员，3 年后回国，以律师为业。詹姆斯一世（1603—1625 年在位）时期先后出任首席检察官、掌玺大臣、大法官等宫廷要职。1621 年，培根因受贿罪被免职，此后退出政坛，潜心学术研究。培根的代表著作有《学术的进展》《新工具论》等。

培根对统治中世纪的经院哲学展开批判，批评他们脱离实际、玩弄概念、崇尚空谈的习气，认为经院哲学是人和自然之间的一道障碍，阻碍人类认识自然，禁锢人类思想。培根认为世界是物质的，在承认人需要服从自然规律的前提下，肯定人的主动作为的价值，人是自然的主人，只要对自身的能力有充分的认识并加以适当发挥，就可以对自然有更充分的认识，最终达到掌握自然规律、获得真理的目的。"知识就是力量"就是他主张知识重要性的名言，知识论也是培根哲学思想的中心。培根不是纯粹的无神论者，而是承认上帝是万有之源，他的哲学并不是彻底的唯物主义，正如马克思所指出的，"充满了神学的不彻底性"。但是他继承和发展了古代自然哲学的唯物论传统，从而确立了自然界和经验在哲学中的崇高地位，开了英国经验唯物主义的先河。他作出的贡献是巨大的，堪称哲学史、科学史上的巨人，因此马克思称他为"英国唯物主义和整个现代实验科学的真正始祖"。

托马斯·霍布斯（1588—1679 年）是英国另一位杰出的启蒙运动思想家。霍布斯出生于英国的一个牧师家庭，14 岁时进入牛津大学学习，20 岁起在贵族家庭任家庭教师，此后曾三次周游欧洲大陆，同伽利略、培根等人过从甚密。1640 年，霍布斯在英国内战之前流亡法国。1646 年，霍布斯成为流亡在外的查理王子的教师。1660 年，斯图亚特王朝复辟，查理登上王位，霍布斯颇受礼遇，不过被教会、贵族势力所攻击。霍布斯的主要著作有《论人》《利维坦》《论物体》《论社会》等。

霍布斯从培根那里继承了经验唯物主义的观点，并就此发展成为他自己的机械唯物主义理论。霍布斯认为，几何学和力学是科学思维的最理想楷模。他从 17 世纪的力学研究中汲取营养，借鉴了将一切事物都用机械运动的原理进行解释的方法，认为运动就是机械运动。同时，他运用机械运动原理对人进行研究，在他看来，人不过是一架非常精密的仪器而已，比如一台钟表，心脏就是发条，神经就是游丝，关节就是齿轮，生命也不过是组成人体的各个零部件共同和谐运动而已。人既然是一种机械，那么人的种种行为也必然遵循他的机械运动原理，比如思维运动，拆分开来不过是若干个观念的机械运算，加加减

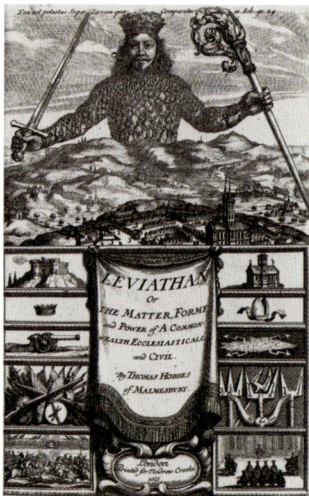

《利维坦》封面卷头插画
《利维坦》的全名为《利维坦，或教会国家和市民国家的实质、形式和权力》，是托马斯·霍布斯创作的政治学著作。

减或者组合拆散而已，完全可以用量化、机械运动的角度考虑。另外，人所具有的情感、欲望同样可以用机械运动原理进行解释。他提出了"自然状态"的概念，即人们处于本性生活状态，没有凌驾一切之上的公共权力。霍布斯认为无休止地追求个人利益和权力是人的本性，因此自然状态下的人们会彼此争夺不休，然而维持生存的要求和对死亡本能的恐惧又促使人们渴望结束这种争斗状态，实现和平。因此理性告诉人们，不可以完全按照自己的本性行事，生活需要一个规则，或者说公约，由大家共同遵守，这就是所谓的"自然法"。霍布斯从人的情欲和理性的对立入手进行机械化分析，试图从中找到社会动乱的根源、实现安宁的途径，这在当时对于反封建来说是有积极意义的，不过霍布斯的分析方法已经离唯物主义越来越远了。

理性指导人们形成共同遵守的规则，即自然法，由此便上升为政治层面的理论，霍布斯将机械主义进一步发展，形成了他的国家学说，即社会契约论。在霍布斯看来，国家也不过是一部机械，一个人造的机器人，官吏是骨骼，百姓是皮肉，财富是体力，主权是灵魂，国泰民安就是健康，相反就是疾病甚至死亡。自然法只能在道德上约束人民，并不具备真正强有力的约束力量，想要自然法得到切实贯彻而不被违背，人们需要订立契约，将除了自我保存以外的自然权利让渡给由一个人或者一些人组成的机构管理，这就是国家，这样的国家理论被称为"社会契约论"。霍布斯反对君权神授，但是主张君主专制。霍布斯对天主教势力持反对态度，在他看来，教皇是魔王，教士是群鬼，不过他并不主张彻底消灭教会势力，而是主张由国家控制教会，利用其来控制百姓。霍布斯的理论在当时具备一定的反封建意义，其社会契约论的思想对后世欧洲政治学发展产生了深远的影响。

约翰·洛克和普里斯特利的自由思想

在培根和霍布斯之后，英国又有一位思想家对他们的理论进行发展，并取得卓著的成就，他就是约翰·洛克（1632—1704年）。1632年8月29日，洛克生于英国萨默塞特郡的一个清教徒家庭，20岁进入牛津大学学习。青年时期的洛克对科学产生了浓厚的兴趣，曾与著名科学家罗伯特·波意耳和艾萨克·牛顿过从甚密。1665年，洛克进入英国驻德国大使馆担任秘书。次年回国后治好了英国著名自由派政治家莎夫茨伯里伯爵的肝病，并成为其侍医兼家庭教师，后来出任秘书。莎夫茨伯里伯爵是辉格党的创始人之一，他对洛克的思想有极大的影响。后来莎夫茨伯里伯爵掌权，洛克也出任政府职务。1682年，莎夫茨伯里伯爵失势逃亡荷兰，洛克作为亲信也随同前往。1688年，英国发生光荣革命，次年洛克返回英国。洛克曾出任贸易和殖民大臣。洛克晚年隐居乡间，于1704年10月24日病逝。洛克的主要著作有《政府论》《人类理解论》《教育漫话》《基督教的合理性》等。

洛克继承了霍布斯的社会契约理论，不过他不是全然接受，而是做了重大

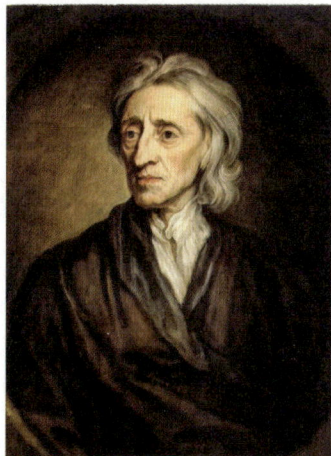

约翰·洛克画像
约翰·洛克是英国哲学家和医生，被称为"自由主义"之父，是第一个通过意识连续性来定义自我的人。

的改动，这主要体现在有关"社会契约"的合法性问题上。霍布斯主张社会契约一经确立便不可更改，统治者的一切行为都是正义的，人民必须服从，反抗便是破坏契约，有为专制统治辩护的嫌疑。洛克则认为只有具备如下条件，社会契约才得以成立，政府的统治才具有合法性：政府的统治征得被统治者的同意，同时被统治者的生命、自由、财产等基本自然权利获得了政府的保障。如果不符合这个条件，那么人民有权推翻政府，有权推翻现行契约，这和霍布斯的"一契定终身"思想是截然不同的。

洛克反对拥有无限权力的封建专制君主制度，信奉权力分散的原则，主张立法、行政和外交三项权力分散。不过这三项并不是平起平坐的：立法权为最高权力，负责制定和颁布各项法律制度，掌握在民选的议会手中；另两项权力的最高代表为国王，也要受议会的立法权制约。

洛克认为自由、平等和拥有私有财产的权利是人与生俱来的，先于国家而存在。他认为国家存在的主要目的，就是保护私有财产不受侵犯。后世有的学者将这种思想称为"守夜人"理论。

在其他方面，洛克的思想也具有一定的先进性。洛克对宗教的态度较为宽容，他主张国家不应当对国民的宗教信仰进行干涉，反对宗教迫害。17世纪60年代洛克制定了一部殖民地法律，明确规定宗教宽容。1688年，光荣革命爆发，洛克呼吁国教和清教和解，调节双方矛盾，以理性的角度看待宗教信仰。

洛克的学说影响巨大，他的国家学说为光荣革命奠定了理论基础，其三权分立等学说也在很大程度上影响了后来的孟德斯鸠、伏尔泰、卢梭等思想家，对美国独立战争的诸位领袖也有很大影响，从美国的《独立宣言》即可看出洛克的学术倾向。因此洛克被后世认为是思想启蒙运动中，影响力最大、贡献最大的思想家。

英国还有一位提倡言论、信仰和接受教育自由的思想家——约瑟夫·普里斯特利（1733—1804年）。他的代表作《论政府的首要原则以及政治、民事和宗教自由的性质》，主张人民应当有广泛的政治权利，包括发言权、自主权以及为了捍卫自己的民主自由而进行革命的权利。此书被奉为18世纪自由思想的杰出代表之一。1782年，普里斯特利发表《基督教的讹传教义史》对基督教进行无情揭露，认为所谓的"三位一体""得救预定""神启圣经"等等都是骗人的鬼话。普里斯特利更以其化学家的身份而闻名于世，氧气、二氧化氮、一氧化氮的发现以及光合作用的发现都要记在他的名下。

伏尔泰和孟德斯鸠的政治理论

18世纪的法国还为黑暗的封建专制所统治，这里的思想家们接受了启蒙运动的先行者——英国、荷兰思想家的思想，将启蒙运动推向了高峰，因此法国历史上的18世纪，有"启蒙时代"之称。

皮埃尔·培尔（1647—1706年）是法国思想启蒙运动的先驱。培尔在1697年编纂的《历史的和批判的辞典》是他的代表作，这是一部关于历史和圣经人物的辞书，对前人的错误进行了纠正。更重要的是，培尔是一位无神论者，同时又是一位怀疑论者，因此他以怀疑一切的态度对基督教信仰进行无情的驳斥，他说："对于那门神圣的学问来说，怀疑论是危险的，但是对于自然科学和国家来说，好像不是这样的。"《历史的和批判的辞典》一经问世多次再版，成为启蒙思想家和基督教论战的一大有力武器，其作者皮埃尔·培尔也获得了很高的评价，马克思这样称赞他："对于17世纪来说，他是最后一个形而上学者，但是对于18世纪来说，他则是第一个哲学家。"后来启蒙运动的旗手伏尔泰称他为"人类骄子"。

法国思想家、文学家、史学家伏尔泰（1694—1778年）原名弗朗索瓦·马里·阿鲁埃，伏尔泰是他发表第一部悲剧作品《俄狄浦斯王》时的笔名，由于《俄狄浦斯王》一举成名，"伏尔泰"这个笔名便也流传于世。1694年11月21日，伏尔泰出生于巴黎一个富裕的资产阶级家庭，早年求学期间为自由主义思潮所影响。中学毕业以后，伏尔泰从事文学创作，曾因发表讽刺封建专制、揭露宫廷腐败的作品而两次被投入巴士底狱。1726年，伏尔泰流亡英国，深入学习了英国先进的资产阶级思想，接受了牛顿、洛克等人的学说，对百科全书派的启蒙思想表示支持，反对封建专制，主张开明专制。

1729年，伏尔泰回到法国，积极投身启蒙运动。1734年，伏尔泰发表全面阐述其哲学和政治思想的《哲学通信》，但是立即就被查禁、焚毁。伏尔泰被迫逃到远离巴黎的西雷城堡，在那里一住就是15年，潜心著述。18世纪40年代，伏尔泰受到重用，先后任法兰西史官、法兰西学院院士，和普鲁士王腓特烈二世、俄国女沙皇叶卡捷琳娜二世等都保持着书信往来。1750年，伏尔泰应腓特烈二世之邀前往柏林。他本怀着说服君主推行开明专制的理想，却最终发现自己不过是腓特烈二世想要利用的棋子，于是便在1755年愤然回国。此后的20多年，伏尔泰定居在法国和瑞士边境上的凡尔纳，继续通过各种形式来进行反封建的斗争，直至1778年5月30日逝世。

伏尔泰所作的《牛顿哲学原理》的插图
画中牛顿像个天神，缪斯女神（希腊神话中主司艺术
与科学的女神）将牛顿的洞见通过反光镜传递给伏
尔泰。

伏尔泰的哲学观点是自然神论的唯物主义。他从此出发对宗教神学所谓的
灵魂不灭、可以脱离肉体存在的谎言进行了批驳。虽然伏尔泰没有真正弄清宗
教产生的社会历史根源和阶级根源，只是肤浅地把宗教产生的原因归结为人们
的无知和教会人士的欺骗，但是他从人类的理性和历史事实两个方面，对宗教
教义的荒诞不经和教权主义的腐朽罪恶的揭露与批判还是相当深刻的。他犀利
地指出，耶稣就是一个凡人，《圣经》也不过是一些荒诞之极的神话故事而已；
而教会的历史，就是一部充斥着黑暗、掠夺、迫害的罪恶史。

在伏尔泰的主要活动时期，法国的封建反动势力还比较强大，形势对于进
步的资产阶级、对于启蒙思想家来说并不算乐观，他们处于相对劣势。此时的

资产阶级在思想上的一个总体特征就是妥协性和局限性，既有进步的一面，也有不彻底、妥协退让的一面。伏尔泰就是在这样的历史情形下的思想家的最佳代表。在哲学上，他的不彻底性体现在始终没有彻底摆脱神，还不是彻底的唯物论和无神论；在政治方面，他虽然反对特权阶级、揭露封建专制的罪恶，但是对共和思想态度暧昧，主张开明专制，即保留君主制，通过君主来进行自上而下的改革。尽管伏尔泰在思想上有不彻底和局限的一面，他的思想理论还是为反对封建制度、反动教会作出了很大的贡献，堪称法国思想启蒙运动的旗手之一。

法国思想启蒙运动的另一旗手是孟德斯鸠（1689—1755 年）。1689 年 1 月 18 日，孟德斯鸠出生于法国波尔多的一个贵族家庭，16 岁进入波尔多大学学习法律。1716 年，他继承了世袭的爵位和波尔多高等法院院长的职位。1721 年，他匿名发表《波斯人信札》。1726 年，他将职位出售，潜心著述。1728 年，他开始游历欧洲各国，考察社会情况，在英国期间曾专门研究约翰·洛克等人的理论，对英国议会制度赞许不已。1731 年回国后，他专心著述，1755 年 2 月 10 日在巴黎去世。孟德斯鸠的著作除了《波斯人信札》以外，还有《罗马盛衰原因论》《论法的精神》。

在哲学观点上，孟德斯鸠是一个自然神论者，虽然承认是上帝创造了世界，但是坚持自然规律支配着世界，即便是上帝也无法改变自然规律。孟德斯鸠对天主教会的腐败、无耻进行了无情的批判，抨击其迫害异教徒的残暴行为，主张宗教宽容。在社会历史观方面，他是一个唯心主义者，尤其重视地理因素在人类社会发展中的作用，认为气候、土壤和居住地域的大小等对于一个民族的性格、风俗、道德、精神面貌、法律政治制度等的形成具有决定性的作用。孟德斯鸠的这种论断虽然是不合理的，但就其表述而言，是客观且有分寸的，这也说明了社会的历史发展并不是上帝决定的，而是取决于客观条件。

孟德斯鸠成就最大、影响也最大的是其政治理论，1748 年发表的名著《论法的精神》是其思想的全面表现。孟德斯鸠继承并发展了霍布斯、洛克的分权理论，进一步将政权细分为立法、司法、行政三个部分，同时要求三个部分之间要严格分离而且相互约束：人民代表掌握立法权，君主掌握行政权，选举出来的法官掌握司法权，三者互不干涉，但是相互制约，没有哪一方能一家独大。这就是著名的三权分立理论。这一理论后来成为很多国家宪法的理论基础。

但是，孟德斯鸠的三权分立理论仍不够彻底，他并不主张彻底消灭王权，

孟德斯鸠画像
孟德斯鸠的理论是欧美资产阶级革命家反对封建暴政
的锐利武器，他的关于分权和法制的理论甚至直接被
资产阶级国家采用。

他心目中最理想的制度是英国的君主立宪制。因此他用维护贵族和法院的特权的办法限制、约束专制王权，同时也保留了王权。

孟德斯鸠于1721年匿名发表的《波斯人信札》是其另一部代表著作。这部书以两个漫游法国的波斯人通信的形式，对当时法国上流社会的情形进行了全景式的勾勒：荒淫腐败的天主教人士、只会空谈而无实际的绅士、傲慢无礼而又愚蠢无知的名门贵族、穿梭往来的所谓"交际花"的贵族荡妇等先后登场，栩栩如生。此书一出便大受欢迎，也是孟德斯鸠唯一一部文学作品。1734年，孟德斯鸠发表《罗马盛衰原因论》一书，书中指出罗马共和国的兴盛衰败，并不像教会所说的那样取决于神的意志，而是取决于统治者自身：罗马实行共和制所以兴盛，实行专制暴政所以走向衰败。孟德斯鸠借古讽今，矛头直指路易十五统治下的法国。

尽管孟德斯鸠的思想有一定的不彻底性，但是他对封建专制暴政的深刻剖析，对宗教迷信的无情揭露，以及他主张的自由、民主等思想，都在当时产生了巨大的积极作用。

百科全书派

随着法国思想启蒙运动高潮的到来，有一批唯物主义思想家相当突出，"百科全书派"就是其中的杰出代表。18 世纪中叶，在巴黎的一位书商组织学者编写一部《科学、美术与工艺百科全书》，当时参加撰稿的学者数量很多，他们有着不同的哲学观点和宗教信仰，其中一个以主编狄德罗为首，以唯物论者为核心的团队逐渐形成了一个反对封建专制、反对天主教会的派别，后人将其称为"百科全书派"。百科全书派的主要成员有狄德罗、伏尔泰、孟德斯鸠、霍尔巴赫、爱尔维修等，他们都在启蒙运动中发挥了很大的作用。

保尔·霍尔巴赫（1723—1789 年）是 18 世纪法国机械唯物主义的代表人物之一。霍尔巴赫本是德国人，1723 年生于巴伐利亚的一个商人家庭，原名亨利希·梯特里希，12 岁移居法国，21 岁进入荷兰的莱顿大学读书。1749 年，霍尔巴赫结识狄德罗，加入其组织的百科全书的编纂工作，并成为百科全书派的主要成员之一。1753 年，霍尔巴赫继承其伯父的爵位，称"霍尔巴赫男爵"。霍尔巴赫的主要著作有《自然的体系》《社会的体系》《揭穿了的基督教》等。

霍尔巴赫的思想概括起来就是机械唯物主义的自然观和对宗教的批判。1770 年，霍尔巴赫在荷兰匿名出版的《自然的体系》是其最主要的哲学著作，一经出版便震动了欧洲学术界，有"18 世纪的唯物主义圣经"的美誉。霍尔巴赫批判宗教的思想，在他的《揭穿了的基督教》《被揭穿的教士》等著作中得到了最充分的体现。他犀利地对封建专制制度的精神支柱——天主教会进行了无情的批判，从理论上批判了宗教神学的荒谬，并指出宗教是人类社会万般不幸和灾祸的根源。同时他无情地揭露了宗教势力和封建王权相互勾结、利用的事实，指出要推翻封建专制，必须先消灭教会势力。当时一位青年因携带《揭穿了的基督教》而被判处充军 9 年，霍尔巴赫的思想在当时的影响可见一斑。

丹尼斯·狄德罗（1713—1784 年）是《百科全书》的主编，也是百科全书派的首脑。1713 年 10 月 5 日，狄德罗生于上马恩省郎格里城的一个工匠家庭，1729 年到巴黎求学，3 年后获得巴黎大学文科硕士学位。他精通多国语言，以译著沙夫茨伯里的《德性研究》而闻名于世。1751 年，狄德罗开始主编《百科全书》，此后一直任主编长达 20 多年，这也是狄德罗一生最大的成就。他的周围聚集了伏尔泰、霍尔巴赫、卢梭等一大批卓越的思想家，狄德罗和他们相比毫不逊色。他深受培根、霍布斯、洛克等人的影响，基本上将一生都献给了《百科全书》这部著作的编纂。尽管此书问世后因其进步性而为反动当局所查封，但是狄德罗并没有气馁，坚持与法国反动势力做斗争。狄德罗也一度被俄国女沙皇所谓的开明专制蒙蔽了双眼，在 1773—1774 年间到圣彼得堡访问，最终失望而归。1784 年 7 月 31 日，狄德罗逝世于巴黎。狄德罗的个人主要著作有《对自然的解释》《哲学思想录》《达朗贝尔和狄德罗的谈话》《关于物质和运动的哲学原理》，以上都为哲学著作，另外还有《美之根源及性质的哲学的研究》《谈演员》《论戏剧艺术》等美学著作。

政治理论上，狄德罗接受了社会契约论的观点，他认为政治契约赋予了君主权威，他要负责保证公民不受欺凌。他在《哲学思想录》中抨击暴君，对神权势力进行了犀利的批评，向往自由，包括政治自由、贸易自由和学术自由。狄德罗主张开明专制，将希望寄托在开明的君主身上。

卢梭及其对启蒙运动的影响

法国启蒙运动中还有一位大思想家，他虽然也曾参加过《百科全书》的编纂工作，和狄德罗等人也有交往，但是一般不将他列为百科全书派的成员，他就是让·雅克·卢梭（1712—1778 年）。

卢梭于 1712 年 6 月 28 日出生在瑞士日内瓦的一个钟表匠家庭，其祖先是 16 世纪为躲避宗教迫害而逃亡日内瓦的法国人。卢梭从小生活困苦，幼年

卢梭画像
卢梭的社会政治哲学所追求的最高目的是人的自由和平等。

丧母，10 岁失父，后被一位牧师收养，并于 1728 年逃到巴黎。长期的流浪生活让卢梭对社会底层有充分的了解。同时他坚持自学，于 1737 年写成第一部喜剧作品《纳尔西斯》。1741 年，卢梭开始从事戏剧创作，曾与伏尔泰合作。1750 年，卢梭凭借一篇征文《论科学与艺术的复兴是否有助于敦风化俗》一举成名。此后他又参与了《百科全书》的编纂。1754 年，卢梭再次以《论人类不平等的起源和基础》一文应征，虽然落选，但是却为他赢得了声誉。1756 年 4 月，卢梭开始隐居。1762 年发表《社会契约论》，这是卢梭最重要的一本著作。同年法国政府查禁其著作《爱弥儿》并要逮捕卢梭，他不得不逃亡国外，于 1770 年回国。1778 年 7 月 2 日，卢梭在巴黎逝世。

在社会观上，卢梭的理论主要集中在两个方面。首先是对私有财产的观点。卢梭认为，在自然状态下人人享有平等自由，但是私有制的出现破坏了这一局面，因此需要社会契约来对个人的自由和私有财产进行保障。不过卢梭并不主张取消私有财产，他反对的是大私有制，主张建立没有贫富之分的社会。卢梭观点的进步性体现在，他强调人民有推翻破坏社会契约的专制政权的权利，有重新建立符合人民意愿的新政权的权利。在《社会契约论》当中，卢梭提出了人民主权理论，认为人人生而自由，天赋人权，人民拥有国家主权，不可分割与转让。议员和政府只是受人民委托而代行主权，并不是主权的拥有者。

卢梭的学说对后世产生了巨大的影响，尤其是人民主权理论对各国资产阶级革命影响非常大。在法国大革命中，曾经执政的雅各宾派的不少领导人就是卢梭的信徒，《人权宣言》中很多地方几乎照搬《社会契约论》原文，卢梭的影响可见一斑。另外，社会契约论经霍布斯、洛克和卢梭三大思想家之手最终发展定型，因此一般将这三人合称"社会契约三大理论家"。

法国的空想社会主义者从卢梭那里得到了启发，18 世纪的两位空想社会主义者——摩莱里和马布利也属于启蒙运动学者。摩莱里的真实姓名和生卒年月均不详，摩莱里是他的笔名，大约活跃于 18 世纪的 40 年代到 70 年代，可以认定其有 8 部著作，涉及领域广泛，其中长诗《巴齐里阿达》和《自然法典》较为充分地介绍了他的空想社会思想。摩莱里认为私有制是社会一切罪恶的根源，破坏了人类自然状态下的和谐与平等，因此主张建立一个没有压迫剥削、没有私有制、全体成员一切平等的社会。不过摩莱里混淆了平等和平均的概念，推崇绝对平均主义。马布利（1709—1785 年）的代表作是《论法制和法的原理》，他也认为私有制是人类所有不幸的根源，主张恢复公有制，这样才能将所有丑恶现象彻底消灭。

　　启蒙运动也影响到了欧洲的一些其他国家，甚至远及北美大陆。各国启蒙思想家结合本地实际情况，抨击本国腐朽黑暗的封建专制制度。在北美，美国独立运动的领导们，包括杰斐逊、富兰克林、潘恩等都参与了启蒙运动。启蒙运动传播到亚洲、非洲等地则比较晚，比如在 19 世纪末 20 世纪初，中国才出现了一批启蒙学者，他们将一大批欧美的启蒙思想家著作引入中国。

　　启蒙运动在历史上具有非常重要的意义，各国的思想家们敢于站在真理一边，敢于冒着身陷囹圄的危险向反动教会、封建专制制度猛烈开炮，在批评其种种丑恶、腐朽现象的同时，宣传民主、自由、平等的进步思想，构建理想中的社会情境。这场启蒙运动虽然有不彻底的地方，也有空想的成分，但它为后来的资产阶级革命提供了理论武器。美国独立战争、法国大革命以及 19 世纪中期欧洲的一系列革命都深受启蒙运动的影响。

18 世纪的法国沙龙盛况
18 世纪初，以法国巴黎为中心逐渐兴起了独特的"沙龙文化"，讨论的主题涉及政治、自然科学以及宗教，还派生出专门谈论政治问题的俱乐部。

07

西欧各国的殖民活动以及
西方世界优势的形成

　　文艺复兴、新航路的开辟等事件的发生，使欧洲人在发展道路上走在了世界的前列。欧洲人的历史也不再仅限于欧洲，随着他们不断对外扩张，整个世界都被纳入欧洲历史的视角之内，先进的欧洲人征服、掠夺、殖民其他地区的人民，最终在全球确立了以其为主导的世界格局。

你方唱罢我登场——西欧各国的殖民活动

> 最早开辟新航路的两个国家是葡萄牙和西班牙，随后是荷兰，不过这三个国家的海上霸权都属于昙花一现，最终对外殖民的两个霸主是英国和法国，两者为了争夺殖民霸权进行了数次战争。

葡萄牙的衰落

西班牙和葡萄牙这两个伊比利亚半岛的小国成为开辟新航路的先锋，于16世纪在全世界建立了庞大的殖民帝国：西班牙占领了除巴西之外的整个拉丁美洲，葡萄牙则占领了印度洋、太平洋沿岸等地。两个国家为了争夺殖民地、争夺贸易霸权展开了激烈的争夺。这场争夺以1580年葡萄牙被西班牙兼并而画上了一个暂时的句号。

葡萄牙的衰落和其独占香料贸易有关，这项让葡萄牙人的钱袋迅速鼓起来的生意，从长远看，却造成了葡萄牙在经济上的危机。葡萄牙人独占的香料贸易，是用现金或者欧洲的金属制品、纺织产品等从遥远的东方换取香料，然后运回西方，在欧洲的几大贸易集散地比如尼德兰的安特卫普出售，赚取其中的差价。葡萄牙本国的工业并不发达，并不生产那些用来交换的欧洲产品，所以都是在欧洲赊购以后运往东方，换回香料出售以后再付账。赊购的利息非常高，年利率高达25%，而且从西欧前往东方的商路非常漫长，所以欠债的时间也很长，利息越滚越多，葡萄牙的外债也就越来越多。

同时，葡萄牙别的支出也在增加，在东方拓展殖民地、招募远航人员等都需要大笔的资金，葡萄牙人的资金开始紧缺。另一个不好的消息是，葡萄牙人辛辛苦苦运回的香料价格有下跌的趋势，一方面是因为随着新航路的开辟，美洲的香料大量涌入，东方香料的价格自然下跌；另一方面是因为原来垄断这一生意的意大利商人们不甘心失败，想方设法从原来的红海、阿拉伯海旧商路运输香料，虽然说还不至于重夺香料贸易霸主地位，但是也对葡萄牙人形成了一定的威胁，直接的后果就是香料的价格继续下跌。

　　葡萄牙香料贸易的收入很快就不能弥补各项支出，不得不发行国债。葡萄牙人的大笔财富就这样流入了其他国家，垄断东方贸易的葡萄牙反倒日趋贫困。与此同时，欧洲的一些国家和地区，比如英国和尼德兰却从葡萄牙人的东方贸易中获益匪浅。葡萄牙的工业基础不算雄厚，用来换取东方香料的欧洲工业品都是在欧洲的商业集散地比如安特卫普收购的，如此大手笔的买卖自然导致此类工业品价格的上涨，因此尼德兰、英国等工业发达的国家和地区一方面受益良多，一方面又用赚来的资金继续扩大生产，夯实了工业基础。从贸易中致富的葡萄牙人没有发展本国的工业，而是将钱用到了提高自己的物质生活水平上，他们需要更多、更高级的生活用品，于是大量的家具、地毯、车辆、衣饰等流入葡萄牙，同时大量财富流出葡萄牙，流入工业发达的英国、尼德兰等国家和地区。这透露出葡萄牙一个最为薄弱的地方，也是其殖民霸权衰落的一个主要原因：本国工业基础薄弱。时间已经过去了几百年，16 世纪的葡萄牙工业生产和 13 世纪比起来并没有太大的变化，只有一些铁匠铺、瓦窑、土布纺织作坊、制鞋作坊等，只能满足本地人最基本的生活需要，离大规模的工业体系还差得很远。这也是葡萄牙先败于西班牙、后败给荷兰和英国的主要原因。

　　另外，葡萄牙在军事力量上的薄弱也是一个重要原因。葡萄牙海军力量不算强大，没有足够的力量保卫海外的殖民地，而葡萄牙的殖民地又过于分散，只是一堆散布在海岸线上的据点而没有连成片，所以很容易被各个击破。当尼德兰和英国等工业发达的地区和国家发展起来，准备将葡萄牙这个自己不生产、只是做中间商就攫取了巨额财富的贸易霸主赶下宝座，葡萄牙的这些弱点就被无限放大了。

　　16 世纪末，葡萄牙王室内部出现了纷争，这给了早就虎视眈眈的西班牙人可乘之机。塞巴斯蒂昂一世（1557—1578 年在位）是一个宗教狂热、野心勃勃的君主，他一心想征服异教徒统治下的北非摩洛哥等地，根本不顾本国是否有这样的实力。葡萄牙 1574 年首次入侵摩洛哥失败，于 1578 年又纠集了一支乌合之众入侵北非。当时的西班牙国王腓力二世明智地拒绝参加，还将自己女儿和塞巴斯蒂昂一世的婚期延后。塞巴斯蒂昂一世鲁莽出兵，在摩洛哥的阿尔卡塞尔·吉比尔惨遭大败，自己也丢了性命。他没有子嗣，谁来继承王位就成

塞巴斯蒂昂一世
塞巴斯蒂昂虽然战死，但是葡萄牙人认为他只是失踪了，总会在葡萄牙最危急的关头出现。在被西班牙占领期间，前后有 4 人冒充塞巴斯蒂昂。

了大问题。1578 年，塞巴斯蒂昂一世的叔祖父、若昂三世的弟弟、摄政大主教恩里克成为国王，他已 66 岁高龄，同时也没有子嗣，因此王位问题实际上还是没有解决，恩里克一世（1578—1580 年在位）只是一个过渡。

当时的王位候选人有曼努埃尔一世第六子杜阿尔特王子的次女、布拉甘萨女公爵卡塔琳娜，曼努埃尔一世次子路易斯的私生子安东尼奥，还有当时的西班牙国王腓力二世。腓力二世的母亲伊萨贝尔是曼努埃尔一世的女儿、若昂三世和恩里克一世的妹妹，所以他作为曼努埃尔一世的外孙、前两位国王的外甥，也有继承权，而且排位还很靠前——卡塔琳娜是女人，安东尼奥是私生子。当时葡萄牙上层社会都倾向于腓力二世，因为在他们看来选择葡萄牙和西班牙联合好处多多：西班牙有强大的舰队，葡萄牙商船可以免受海盗侵袭之苦；西班牙有富得流油的殖民地，联合以后葡萄牙人说不定可以到白银遍地的中美洲发一笔大财。总之，葡萄牙上层社会都想让腓力二世当他们的国王，选择他就是选择了一笔财富。

恩里克一世努力调和各方矛盾，避免出现通过战争争夺王位的场面，但是他还没彻底解决王位继承问题就在 1580 年 1 月去世了。陈兵边界的腓力二世并没有轻举妄动，他不想给自己留下一个以武力抢夺王位的名声，但是另一位王位候选人安东尼奥却在 6 月自立为王，腓力二世立刻出兵，长驱直入，击败了安东尼奥的势力，迫使他流亡国外。1581 年 1 月，腓力二世被正式拥立为葡萄牙国王。

腓力二世当时保证，虽然两国合并，但是保留了葡萄牙相当大的自主权利，比如各级官员也都将是葡萄牙人、两国的殖民地也还归各自统治等，用腓力二世的话说，两国的关系特殊之处在于拥有同一个国王而已。腓力二世的保证中缺少最关键的两条：不动用葡萄牙的税收为西班牙所用，不抽调葡萄牙的军队为西班牙所用。1580 年，葡萄牙被哈布斯堡王朝统治，直到 1640 年才恢复独立。

西班牙的衰落

　　另一边，西班牙自身的境遇也不太好，也在走下坡路。从 16 世纪末开始，西班牙和葡萄牙的经济状况差不多，同为最早开辟新航路而垄断贸易的国家，西班牙并没有因获得的巨额财富而走上富强发达之路，而是逐渐衰落，原因也和葡萄牙相似。在美洲殖民地攫取的大量白银流入西班牙，引起了严重的通货膨胀，同时权贵们将金钱用在了奢靡的生活上，西班牙国内工业基础薄弱，无法生产出满足他们需求的产品，所以大量产品需要进口，工业发达的尼德兰和英国掌握了西班牙大部分的进口贸易，大量财富流入外国人的口袋。可以说，垄断殖民霸权短期内让西班牙一部分人富了起来，长期看却让这个国家经济状况恶化。

　　西班牙衰落还有另外一个原因，那就是自从哈布斯堡王朝统治西班牙以来，西班牙就数次卷入欧洲的战争当中。哈布斯堡家族不仅统治西班牙，还是神圣罗马帝国的皇帝，在中西欧错综复杂的关系当中，这个家族的身上集中了各种矛盾，其和英国、法国、丹麦、瑞典还有神圣罗马帝国内的各诸侯都有微妙的关系，可以说，在哈布斯堡王朝统治下经济日趋恶化的西班牙在政治上又被卷入了西欧权力争夺的大漩涡。

　　首先是尼德兰革命，经过几十年的战争，西班牙最终被迫承认了尼德兰的独立，西班牙就此失去了这块富庶的宝地。此外，在尼德兰战争当中，英国一直站在尼德兰的背后提供支持。西班牙和英国的矛盾由来已久：西班牙是天主教国家，而英国皈依了新教，有着宗教矛盾，腓力二世又是一个宗教狂热的君主；在经济上，英国迈开了海外冒险的脚步，自然会和当时的海外殖民霸主西班牙产生矛盾。在尼德兰战争中，西班牙舰队的封锁影响了英国和尼德兰的贸易，损害了英国的经济利益，因此英国站在尼德兰一边，后来甚至直接出兵参战。腓力二世认为，只有战胜英国，才能从根本上解决尼德兰问题。1587 年初，西班牙向英国宣战。次年 5 月，西班牙的海军无敌舰队浩浩荡荡地从里斯

如日中天的哈布斯堡王朝
1556 年，哈布斯堡王朝一分为二，斐迪南一世开创了奥地利哈布斯堡王朝，腓力二世开创了西班牙哈布斯堡王朝。

本出发，远征英国。然而，无敌舰队在格拉沃利讷海战中失利，被迫向北航行，在苏格兰附近海域遇到暴风雨天气，受到严重损害，只有 65 艘船返回了西班牙，而幸存者中的大多数人都患上了严重的维生素 C 缺乏病（原称坏血病）和营养不良，一病不起。格拉沃利讷海战使西班牙海军损失惨重，成为西班牙海上霸权衰落的标志。

此后欧洲大陆又发生了将中西欧多个国家牵涉进去的三十年战争，西班牙因为哈布斯堡王朝的原因也参与了进去。常年的战争让西班牙国力更加衰弱，在对外战争中，无论是海战还是陆战都遭遇失败，内部还有葡萄牙人和加泰罗尼亚人要求独立的起义。用时人的话说，"西班牙就像一只掉进坑里的大熊，比每一只进攻它的狗都强大，但是它终究敌不过所有的对手"。1648 年，三十年战争结束，根据《威斯特伐利亚和约》，荷兰的独立得到正式承认，这本是西班牙统治的领土。

三十年战争中，1580 年被西班牙吞并的葡萄牙趁机独立。从 1580 年腓力二世当上了葡萄牙国王以来，支持这一决定的只是社会的上层贵族，中下层葡萄牙人民是强烈反对的，他们一直以各种形式争取独立，西班牙的统治越来越不得人心。1640 年 12 月 1 日，以布拉干萨公爵若昂为首的一些贵族趁西班牙深陷三十年战争的泥潭中而无暇抽身，发动政变，冲进王宫，推翻了西班牙的统治，宣布废黜原来的国王腓力三世（1621—1640 年在位，即西班牙国王腓力四世），立若昂为葡萄牙国王，称若昂四世（1640—1656 年在位）。葡萄牙正式复国，若昂四世也得到了"复国者若昂"的称号。

西班牙没有坐视不理，以后的几十年中数次出兵入侵葡萄牙，双方在交战了 28 年之后，终于在 1668 年签订和约，西班牙承认葡萄牙的独立。在被西班牙吞并了 60 年以后，重新独立的葡萄牙已是元气大伤，已经不是那个称霸海上的殖民帝国了，海上贸易已然衰落，很多殖民地被荷兰等国家夺走，甚至包括海外最主要的殖民地——巴西也一度落到了荷兰人手中。衰落的葡萄牙也和西班牙一样，还统治着不少的殖民地，包括美洲的巴西，非洲的安哥拉和莫桑比克，亚洲的果阿、第乌岛以及澳门。

三十年战争结束后，西班牙的哈布斯堡王朝没有在《威斯特伐利亚和约》上签字，西班牙和法国的战争继续。法国成功将西班牙原来的盟友英国拉到了自己这一边，英国人先后夺走了西班牙的重要据点敦刻尔克和加勒比地区的殖民地牙买加，最终西班牙战败。1659 年，双方签订《比利牛斯和约》，西班牙赦免法国的叛乱贵族孔代亲王，将阿图瓦、鲁西永和塞尔达涅割让给法国，同时两国王室联姻，西班牙将玛丽公主嫁给法王路易十四。这桩联姻为后来一场席卷欧洲的大战埋下了祸根，也再一次将精疲力竭的西班牙卷了进去。

西班牙玛丽公主嫁给法兰西国王路易十四时，两人宣布放弃西班牙王位的继承权，西班牙为此要付出一大笔金钱作为放弃王位的补偿金以及公主的嫁妆，法国王室收到这笔钱以后，两人将再一次声明放弃西班牙王位的继承权。但是穷困的西班牙王室已经无法拿出这样一笔巨款，所以法国王室也就没有再次宣布放弃西班牙王位继承权，这为两国的关系埋下了一颗定时炸弹。

1665 年，西班牙国王腓力四世去世，继位的是他年仅 4 岁的儿子卡洛斯二世（1665—1700 年在位），法王路易十四趁机凭借自己腓力四世的女婿身份，声称在王位继承上要比卡洛斯二世更有资格，因此索要西属尼德兰作为补偿。虽然法军在战场上打得西班牙军无力还手，但是最终在欧洲其他各国的干涉下，路易十四没有完全实现预期目的，根据 1668 年签订的《亚琛和约》，法国得到了佛兰德的一部分。

1700 年，西班牙国王查理二世去世，遗命王位首先由路易十四的子孙继承。路易十四自然不能将这份大礼拒之门外，于是将自己的孙子扶上西班牙王

卡洛斯二世画像
卡洛斯二世是西班牙哈布斯堡王朝的最后一位国王。在他生命的最后几年，他的种种怪异举动被外国的密探称为"着魔"，于是有了"中魔者"的绰号。

位，称"腓力五世"，开启了西班牙的波旁王朝历史。这一举动招致奥地利等德意志诸侯还有荷兰、英国等反对，最终导致了西班牙王位继承战争。1713年，交战各方签订《乌得勒支和约》，西班牙成为大输家之一。西班牙将直布罗陀和梅诺卡岛割让给英国，同时还将西属美洲殖民地的奴隶贸易特权转让给英国，为期30年。此外，西班牙将意大利的伦巴第、那不勒斯、撒丁还有西属尼德兰割让给了奥地利，将西西里割让给了萨伏伊，将格尔德恩割让给了普鲁士。孱弱不堪的西班牙被列强任意宰割。

就这样，在开辟新航路中抢占先机的西班牙只是尝到了最初的甜头，随后就因为在内工业基础薄弱、在外频繁卷入战争而持续衰落下去。不过，尽管如此，西班牙还是保留下了庞大的殖民地。

"海上马车夫"荷兰的短暂兴起

首先将西班牙和葡萄牙赶下殖民霸主宝座的是年轻的资本主义国家荷兰。在尼德兰还没有成为一个独立的国家之前，这里的人民就已经在浩瀚的大海上从事贸易活动了。西班牙国王腓力二世吞并了葡萄牙，下令关闭了里斯本港口，禁止荷兰商船来往。荷兰人于是另辟蹊径，直接和印度、葡萄牙控制下的东印度群岛（欧洲国家对东南亚盛产香料的群岛的通称，又称香料群岛）往来。荷兰人打劫葡萄牙商船，不管是从葡萄牙开往北欧的商船，还是从亚洲返回葡萄牙的商船，都成为荷兰人打劫的目标。

这只是荷兰人抢夺殖民地的先声。荷兰初获独立就做出更大的动作，1595年和1598年，荷兰人的远征舰队两次前往东南亚的印度尼西亚等地，获得了大批香料。进入17世纪，荷兰的殖民扩张脚步更加迅速，于1602年成立东印度公司，随后使用掠夺、欺骗、强占等方式强占殖民地，或将葡萄牙殖民势力赶走，或奴役本地土著居民。1619年，荷兰人在爪哇岛上建立了巴达维亚，这是荷兰人第一个殖民据点。随后荷兰人以此为基地继续侵略扩张，向西侵略苏门答腊岛，从东葡萄牙手中夺走了摩鹿加群岛，于1641年占领了马六甲，于1656年占领锡兰。荷兰人侵略的脚步还指向印度的西海岸，占领了印度半岛的马拉巴海岸、科罗曼德海岸。至此，葡萄牙人在东方的殖民地绝大部分都落到了荷兰人的手中。荷兰人建立起一个以摩鹿加群岛和巽他海峡为中心的荷属东方殖民地，又在印度、中南半岛以及日本建立贸易据点。

荷兰人的主要对手在东方是葡萄牙人，在西半球则是西班牙人。1609年，英国探险家哈得孙受荷兰之托探索新航路，在北美大陆探险，对北纬38°~45°之间的北美洲海岸进行考察，随后荷兰探险家绘制了地图，1614年声称这一地

被称为"海上马车夫"的荷兰
17世纪的荷兰一度控制着波罗的海、印度及美洲的全部贸易，因而有"海上马车夫"之称。

区归荷兰所有，将其命名为"新尼德兰"，次年在哈得孙河口的曼哈顿岛上修建了一座城市，将其命名为"新阿姆斯特丹"。荷兰侵略的魔爪还伸向了拉丁美洲，占领了安得列斯群岛中的一些岛屿。1621年，荷兰成立西印度公司，逐步控制了圭亚那的大部分地区。1648年，荷兰和西班牙签订和约，西班牙承认荷兰对圭亚那的统治。

1652 年，荷兰在非洲建立好望角殖民地，这具有很重大的意义：地处从西欧到东方航路上的好望角能为荷兰在东方的殖民扩张提供强大的物质支持。荷兰在世界各地抢占殖民地，在 17 世纪上半叶几乎垄断了全世界的贸易。荷兰人拥有世界规模最大的船队，其总吨位占欧洲总吨位的 3/4，数量在 15000 艘左右；国际贸易中处处可见荷兰人的身影，波罗的海地区的贸易，东方印度的贸易，以及美洲的贸易，全都掌握在荷兰人手中，甚至在英国自己的西印度群岛殖民地上，英国商人也不是荷兰商人的对手。

荷兰人在探索地球上未知领域时也有新的贡献，即发现了大洋洲。16 世纪以前，不管是欧洲人、中国人，还是阿拉伯人都有一种模糊的、不确切的"南方的大陆"的想法，最早将这想法付诸实践并取得成就的是荷兰人。1605 年，詹兹、哈托格、塔斯曼等先后对澳大利亚的部分海岸进行了考察。1642 年，塔斯曼发现塔斯马尼亚岛，将其命名为"范迪门地"，在年末发现今天新西兰的南岛，将其命名为"斯达特恩兰特"，意思是"我国之地"。后来荷兰殖民者认为这里和荷兰的西兰省非常像，就将其命名为"新西兰"。塔斯曼并不看好新西兰这片土地，因为他在这里遭遇大风浪，登陆后又和本地的毛利人发生了冲突，在他的描述里，这里是一片荒瘠而又可怕的地方，因此没有引起荷兰殖民者的重视。1644 年，塔斯曼勘察澳大利亚大陆的北岸，将澳大利亚大陆命名为"新荷兰"。

荷兰之所以能迅速兴起并成为世界贸易霸主，首先得益于其得天独厚的地理优势。荷兰地处大西洋沿岸，拥有数处良港，同时面对经济繁荣的英国和广阔的大西洋，背后是整个欧洲大陆，欧洲两条传统商道（从伯尔根到直布罗陀，从芬兰湾到英国）都经过荷兰，因此荷兰这片土地天然就是商业宝地。另外尼德兰革命也为荷兰的崛起提供了有利的条件：尼德兰革命催生了荷兰的独立，荷兰一跃成为世界上第一个资本主义国家。资产阶级的掌权使得荷兰踏上了商业革命的快车道，国力迅速发展，为争夺海上霸主地位提供了重要的物质基础。

除了以上客观条件外，荷兰的兴起还有一个更为重要的主观因素：通过独占贸易进行殖民活动。由于新航路开辟后国际贸易中心的转移，从 1595 年至 1602 年，荷兰陆续成立了 14 家以东印度贸易为重点的公司。为了整合力量，1602 年 3 月，14 家公司合并成一家联合公司，也就是荷兰东印度公司。这家公司奇特的一点在于其融资方式：向全社会融资，任何一个人都可以投资入股，成为股东，最后按自己的股份大小获得分红。当时荷兰有成千上万的人将自己的积蓄投进这项利润巨大、风险也巨大的事业当中，甚至阿姆斯特丹市市长的女仆也成为东印度公司的股东。通过这种方式，荷兰人成功将社会上分散的财富整合到一起，成为自己对外扩张的资本。股东大会为公司内最高机构，由其选出董事会，再由董事会选出经理会主持公司日常事务。东印度公司获得了政府的大力支持——荷兰政府也是股东之一，它以部分公共权力折合成货币的形式入股，不仅授予东印度公司东起好望角、西到麦哲伦海峡的贸易特权，甚至还允许其建立自己的军队，有权进行战争、修建堡垒、发行货币、任免官员等等。这大大提高了东印度公司的可靠性。此外，东印度公司成立的前10年并没有向股东分红，这是因为这10年间东印度公司基本在集中精力进行"基础设施建设"，比如造船、建设殖民地等。为此，荷兰人还创造了一种新的资本流转制度，以保障股东们的利益不受损害：1609年，世界历史上第一家股票交易所在阿姆斯特丹成立，股东可以随时将自己手中的股份出售。这让荷兰人尝到了甜头，因此在1621年，荷兰又成立了西印度公司。

荷兰正是凭借客观上的天然地理优势、自身的航海商业传统、独占贸易公司这一强有力的形式才击败了葡萄牙和西班牙这两个殖民霸主，垄断了世界航运霸权，荷兰也因此被世人称为"海上马车夫"。

法国早期的殖民活动

荷兰将葡萄牙和西班牙赶下了殖民霸主的宝座而独霸世界贸易后，另外两个欧洲大国——法国和英国随后也向荷兰的霸主地位发起了挑战。

法国人从事对外殖民活动的时间并不比西班牙人晚多少，当西班牙侵占拉丁美洲的时候，法国也在从事海外探险活动。法国人雅克·卡蒂埃（1491—1557年）在法国国王弗兰西斯一世（1515—1547年在位）的支持下，也在探索前往东方的新航路。卡蒂埃一共进行了3次远航，都到达了今天的北美加拿大地区，其中1535—1536年进行的第二次航行意义最大。1536年5月，卡蒂埃的船队到达圣劳伦斯河口，溯河而上，到了现在的魁北克。卡蒂埃问当地印第安人这里是什么地方，得到的回答是"Canada"，就是村庄或者居住的地方的意思，这也是"加拿大"名字的由来。随后卡蒂埃继续前行，在印第安人的村庄霍切里加附近遇到激流，无法继续前进，他便将附近的一座山命名为"蒙特利尔"，意为"皇家山"，此后蒙特利尔又成为1642年法国殖民者在这里建立的一座城市的名字。

　　法国人虽然起步不算晚，但是由于国内形势比较复杂，政治、宗教斗争不断，法国在 16 世纪始终没有抽出力量专心对外扩展殖民地，这样的情况到 17 世纪才有了一定的改变。法国对外殖民的一个主要方向还是北美。1603 年，法国的贵族居阿和探险家塞缪尔·德·尚普兰带着法王的特许状前往北美，最初在芬地湾的圣克罗伊斯岛建立居留地，1604 年迁移到安纳波利斯盆地的罗伊尔港。1608 年，尚普兰在圣劳伦斯流域建立了魁北克城，这是法国殖民者第一个永久定居点。魁北克城建在悬崖上，俯视圣劳伦斯河，地势非常险要，随后法国殖民者以此为中心建立了法国在加拿大的第一块殖民地：新法兰西。

　　1627 年，法国成立了新法兰西公司。国王将统治新法兰西殖民地的诸多权力，包括行政管理和垄断贸易权都交给新法兰西公司。新法兰西公司还要负责向殖民地移民。新法兰西公司成立以后，法兰西殖民者继续探索未知的地区。

魁北克城风光
"魁北克"源于印第安语，原义是峡湾，圣劳伦斯河从西流至此地豁然开阔。

　　1642 年，法国建立了另一个殖民据点蒙特利尔，还在五大湖地区进行了探索。到了 17 世纪 70 年代，法兰西探索的脚步来到了密西西比河地区，发现密西西比河直通墨西哥湾。不过新法兰西公司在北美的活动一直为英国殖民者所干扰。1628 年，英国舰队就曾拦截新法兰西公司前往新法兰西的第一批船队，致其损失惨重。1629—1632 年，英国人更是占领了魁北克。由于新法兰西公司在贸易方面的进展也不太顺利，所以不得不在 1645 年将垄断贸易权转让了出去。法国向新法兰西移民的计划也没有完成，一直到 1663 年，新法兰西还是一个只有 2500 多人的殖民地，以魁北克、三河城和蒙特利尔为中心。1663 年，新法兰西公司停止活动，新法兰西成为法王直属下的一个行省。

1682 年，法国探险家罗伯特·拉塞尔在法王路易十四的支持下，从密歇根湖出发向南探索，到达密西西比河，随后顺河而下到达河口，拉塞尔宣布密西西比河流域为法国所有，并将其命名为"路易斯安那"，以此纪念法国国王，此后这里便成为以新奥尔良城为中心的路易斯安那殖民地。到 18 世纪初，新法兰西殖民地北到哈得孙湾，南到密西西比河河口，东到大西洋，西到五大湖区。一些法国人继续向西走，到达了今天加拿大的萨斯喀彻温省。

法国在加勒比地区也侵占了不少岛屿作为殖民地，包括海地、瓜德罗普和马提尼克等。法国殖民者在岛屿上建立了大批种植园，并从非洲输入大批黑奴从事劳动生产。

在非洲，法国殖民者在西非的塞内加尔河口、东非的马达加斯加岛等地都建立了殖民据点，伺机侵略。

亚洲的印度是法国人拓展殖民地的一个重点地区。1664 年，法国成立了法属东印度公司，准备侵略印度。1674 年，法国在印度本地治里建立了第一个殖民据点，几年以后又在孟加拉建立了另外一个重要的殖民据点——昌德纳戈尔。18 世纪，法国开始在印度扩张，虽然建立了一块"法属印度"的殖民地，但远没有英国人的殖民地获利多。

后来居上的英国的殖民活动

1588 年，英国舰队在英吉利海峡击败西班牙的无敌舰队，这一战也让西班牙失去了海上霸权。英国也和法国一样，加入对外扩张、抢占殖民地的队伍当中。如果说 16 世纪的英国的主要标签是海盗式的抢劫和贩卖黑奴的无耻贸易的话，那么 17 世纪的英国就应该贴上抢占殖民地的标签。

16 世纪晚期，英国出现了大量的垄断贸易公司，其中 1600 年成立的英属东印度公司规模最大，对印度的侵略主要是由它完成的。英属东印度公司最开始的目标是东印度群岛，即印度尼西亚一带，但是那里的霸主是取代了葡萄牙的荷兰，几经较量之后，荷兰垄断东印度群岛的贸易，英属东印度公司转向印度。1613 年，英国冲破葡萄牙的阻力，在印度西海岸的苏拉特建立了第一个贸易据点，获得了贸易特权，英国人自此在印度站住了脚跟。1615 年，英属东印度公司获得了在莫卧儿帝国全国进行商贸活动的特权。1639 年，英属东印度公司在马德拉斯附近租了一片土地，建立了圣乔治堡。1661 年，英王查理二世从葡萄牙国王手中获得孟买，作为凯瑟琳公主的陪嫁。1667 年，英王将孟买卖给英属东印度公司。1689 年，东印度公司决定在印度进一步发展，扩大贸易、增加税收、建立武装乃至国家，成为一个有军事力量的政治机构。1698 年，英属东印度公司在胡格利河口建立一座新的城市，这就是加尔各答。

进入 18 世纪，莫卧儿帝国更加孱弱不堪，全国四分五裂。英国殖民者肆无忌惮地拓展殖民地，贿赂、武力、鲸吞、蚕食，各种手段灵活运用，印度已经成为英帝国的一大财富来源，也想在印度抢占殖民地的法国已经不是在此根深蒂固的英国的对手了。

除了东方的印度，英国人另一个殖民扩张的方向是北美。1583 年，一支英国探险队在英王伊丽莎白一世的支持下到达今天美国的东海岸，他们将这里命名为"弗吉尼亚"。1607 年，英国人在这里建立了第一个居留地，并以当时的英王詹姆斯一世的名字将此地命名为"詹姆斯敦"，此后便以此为中心发展为弗吉尼亚殖民地，这是英国在北美第一个殖民地。

1620 年 9 月 16 日，英国的 102 名清教徒因不堪忍受斯图亚特王朝的压迫，乘坐一艘名为"五月花"号的船从英国的普利茅斯出发，到达北美，在今天美国马萨诸塞州的鳕鱼角附近登陆，船上的 41 名成年男子签订了一份自治公约，这就是著名的《"五月花"号公约》。新的殖民者们通过这份公约确立了一种自己管理自己、不再有凌驾于人民之上的强权的自治体制，包含了一

"五月花"号船只
"五月花"号并非第一艘从英国驶往北美的移民船只，但它却因为运载清教徒到北美建立普利茅斯殖民地并制定《"五月花"号公约》而闻名。

定的民主理念。此后殖民者在这里建立了一块新的殖民地，将其命名为"马萨诸塞"——当地一个印第安部落的名字，意为"大坡地"。此后的一百多年间，英国殖民者先后在北美洲的东海岸建立了十几个殖民地。此外，英国殖民扩张的脚步也迈向了加勒比海上的西印度群岛，在 17 世纪的二三十年代，圣基茨、巴巴多斯、尼纳斯、托尔图加、蒙特塞拉特、安提瓜、普罗维登斯、巴哈马、特克斯、瓜德罗普等都被英国占为殖民地。英国殖民者在殖民地上建立了大量的种植园，役使大批黑人奴隶，将烟草、蔗糖等运回欧洲牟取暴利。

英荷争霸：三次英荷战争

英国、法国、荷兰等几个新兴的殖民大国之间很快就产生了矛盾，为了争夺殖民地、原料产地、市场和贸易霸权而冲突不断，从竞争、抢夺最终发展为战争。17 世纪和 18 世纪是殖民战争频发的两个世纪，先是后起的英国挑战新兴的霸主荷兰，将其击败，随后是英国和法国这两个后起的殖民大国的争夺。

荷兰和英国几乎同时从事殖民活动，两国的矛盾也是同时显现。17 世纪早期在东印度群岛的争夺中，荷兰人获胜，英国殖民者只好转向印度发展。此后英国爆发了资产阶级革命和内战，无暇对外扩张，于是荷兰取代西班牙和葡萄牙成为世界贸易的霸主。17 世纪 40 年代末，英国内战结束，建立共和国，随后便开始和荷兰争夺贸易霸权。

1651 年，英国政府颁布《航海条例》，宣布一切从欧洲运到英国的货物，都只能由英国或者货物生产国的船只运输；从亚洲、非洲、美洲运到英国和英国殖民地的货物，只能由英国和英国殖民地的船运输；英国本国内的货物则只能由英国船只运输。这一条例意在将拥有世界第一航运能力的荷兰请出英国和英国殖民地市场。从世界海运中获取巨大利润的荷兰自然不能同意英国的这一做法，双方剑拔弩张。

1652 年春，荷兰海军进入英吉利海峡为荷兰船队护航，曾和英国海军发生冲突。7 月 8 日，英国向荷兰宣战，第一次英荷战争正式爆发。双方海军在周边海域发生多次激战，互有胜负，不过火炮先进的英国海军逐步占得上风。1653年春，英国海军接连击败荷兰海军。6 月，英国海军开始封锁荷兰。8 月初，英国海军再次击溃荷兰舰队，荷兰海军司令特龙普也在此战中阵亡。此后荷兰国内因为连吃败仗而出现动荡，荷兰政府不得不在 1654 年 4 月和英国签订了《威斯

第二次英荷战争

敏斯特和约》，荷兰承认英国的《航海条例》，同时赔偿英国商人的损失，不再支持英国流亡的王党势力。第一次英荷战争结束，不过两国的争夺远没有结束。

荷兰在第一次英荷战争中战败的主要原因是武器装备上的落后和指挥上的失误，因此荷兰海军在战争结束后大力改革，提高海军实力。

英国方面，1660 年斯图亚特王朝复辟，查理二世在一定程度上继续推行保护资产阶级利益的政策，于 1662 年和 1664 年先后颁布条令，进一步打击荷兰的海上航运贸易。1663 年，英国企图夺取荷兰在非洲西海岸的殖民地。1664 年 8 月，英国出兵北美，占领荷兰的殖民地新阿姆斯特丹，将其改名为"新约克"，即纽约。荷兰展开反击，和法国结盟，于 1664 年 10 月出动海军夺回被英国占领的非洲西海岸据点。1665 年 2 月 22 日，第二次英荷战争正式爆发，这次战争的主战场在英吉利海峡和西印度群岛。7 月 13 日，英国约克公爵（即后来的英王詹姆斯二世）率领英国海军在洛斯托夫特海战中击败荷兰舰队，荷兰舰队司令奥普丹阵亡。1666 年 1 月，法国对英国宣战。6 月 11 日，荷兰海军取得敦刻尔克海战胜利，但是在 8 月的试图溯泰晤士河上行进攻伦敦的北福兰角海战失利，英军随后封锁荷兰海岸，此后主战场一度转移到西印度群岛。1666 年 4 月，法军夺取了英国在西印度群岛上的 3 个据点，但是在 1667 年 5 月 30 日的尼维斯岛附近海域的海战中，英国海军击溃法荷联合舰队，重夺制海权。6 月 10 日，荷兰海军发动奇袭，趁黑夜涨潮之机而突进泰晤士口，随后溯流而上，到达查塔姆船坞，将停泊在此的多艘英军舰船或击沉、或掳走，令英军损失极为惨重。英国也被迫在 7 月和荷兰签订了《布雷达和约》，按荷兰要求修改《航海条例》，并将南美的苏里南归还荷兰，荷兰则将新阿姆斯特丹留给了英国。第二次英荷战争结束。

　　第三次英荷战争比较复杂，可以说是西欧数个国家之间战争的一部分。试图称霸欧洲的法国国王路易十四将矛头指向荷兰，从 1669 年开始先后和勃兰登堡、巴伐利亚、瑞典等订约，1670 年又和英国结盟，一起对付荷兰。1672 年 3 月，英国海军在海上突袭荷兰船队，第三次英荷战争打响。4 月 29 日，法军入侵荷兰。荷兰方面由德·鲁伊特率领荷兰海军以英国海军作为主要对手，运用灵活的战术成功挫败了英法联军企图运送陆军登陆的企图。但是在大陆上，法王路易十四亲率 12 万法军来势汹汹，一路高歌猛进，直逼荷兰首都阿姆斯特丹，对荷兰割地赔款求和的请求充耳不闻。当法军距离阿姆斯特丹还有一天的路程时，荷兰政府不得不掘开堤坝，放海水阻挡法军。法军的前进势头暂时被挡住了，但是成千上万的荷兰人流离失所，荷兰政局陷入混乱。8 月，荷兰发生政变，之前执政的德·维特兄弟被刺，威廉被推为荷兰执政，组织力量抗击法军侵略，同时积极实施外交攻势，寻求支援。

　　在海上，荷兰海军在德·鲁伊特的率领下多次击败英法联合舰队。1673 年春夏之际，欧洲大陆的形势已经逆转，荷兰争取到神圣罗马帝国和西班牙的支持，德意志诸侯也见风使舵，开始从战争中抽身。在荷兰、西班牙、神圣罗马帝国军队等的联合打击下，法军连遭败绩。8 月，英法联合舰队和荷兰海军在特塞尔岛附近海面展开决战，荷兰海军大胜。此役也成为英法联盟破裂的开始，英国海军一直对法国海军的极差战斗力和消极避战的态度非常不满，特塞尔岛海战以后，英军统帅鲁伯特更是声称，法国海军要为此战的失利负全部的责任。

特塞尔海战
特塞尔岛之战结束了荷兰和英国为控制海洋所进行的一系列旷日持久的战争。

海战不断失利，同时担心法国这个主要竞争对手的势力增强威胁自身，英国于是试图单独和荷兰媾和，退出战争。1674年，英国和荷兰签订了第二个《威斯敏斯特和约》，重申《布雷达和约》有效，第三次英荷战争结束，双方的关系和战前相比并没有大的变化。此后的几十年间，荷兰一直疲于应付法国的入侵，经济遭到破坏。三次英荷战争以后，荷兰已经将贸易霸主的宝座拱手让给了英国。

荷兰衰败的主要原因在于其没有雄厚的工业基础。英国在资产阶级革命成功以后，迅速发展资本主义工业，因此其商业贸易背后有雄厚的工业基础。荷兰自然资源不算丰富，同时又是一个以商业立国的国家，缺乏大力发展资本主义工业的条件。因此在英荷竞争之后，英国能用胜利果实继续发展本已雄厚的工业，而不得不接受英国的《航海条例》等苛刻限制的荷兰却在逐步让出世界航运市场份额。除了英国，法国也颁布了很多针对荷兰商人的条令。荷兰商人及大量商业资本因此无处可去，又不能像英国那样投资工业，于是转入金融业，从事投机、证券、高利贷、保险、外国投资等活动，这样的经济行为是无助于荷兰本国经济的发展的。相反这样做的风险非常大，比如1789年法国大革命爆发以后，荷兰人手中的大笔路易十六债券成为废纸，大批银行倒闭破产，阿姆斯特丹也拱手将欧洲金融中心的地位让给了伦敦。总之，三次英荷战争以后，荷兰失去了霸主地位，此后持续衰落，到18世纪中期，荷兰已经不是欧洲大国了。

英法争霸

英国在将荷兰从世界贸易霸主的宝座赶下去以后，又和另一个殖民大国法国展开了斗争。这两个国家的斗争持续了七八十年，范围波及全世界，时间可谓漫长，规模可谓宏大。英法两国的争斗，还和欧洲大陆的争霸战争交织在一起，情况非常复杂。这一阶段法国国王路易十四一心要建立法国在欧洲大陆的霸权，因此对周边的国家，比如新独立的尼德兰、老迈的西班牙，还有庞大而空虚的神圣罗马帝国以及帝国内部奥地利、巴伐利亚等诸侯，都产生了不同的影响，结盟、征伐不断。而英国自1688年光荣革命以后，对外政策发生了重大转变：首先，不再和法国站在一起，让英法同盟的历史画上了句号，开始和法国进行争夺世界霸权的斗争；其次，光荣革命中，荷兰执政威廉当上了英国国王，两个经历了三次大战、几十年争夺的国家朝友好方向逆转，结成同盟，其中英国处于支配地位，荷兰就在法国附近，成为英国打击法国的跳板，国力开始走下坡路的荷兰由此卷进了大国争霸的漩涡；第三，英国采取了在欧洲大陆调节"均势"、大举扩张在海外殖民地的外交政策。

所谓调节欧洲大陆的"均势"，即让欧洲大陆的各股势力加上英国处于一种平衡的状态，拒绝一国独大、称霸的局面存在，有哪一方要崛起称霸，英国就会站在它的对立面，就像一个砝码一样，保持大局天平上整体的平衡。在奥地利王位继承战争之后，英、法、普、奥联盟的重组就明显地体现了这一点。这样的政策是由英国自身的特殊情况决定的。英国是一个孤悬海外的岛国，在英法百年战争以后，欧洲大陆上已经没有一寸属于英国自己的土地，因此在大陆上站住脚跟并且参与争霸，需要面对的是整个欧陆本土国家，这样的局面是非常可怕的。所以英国索性不在大陆谋求一点势力范围，抽身到大陆之外，只做决定力量对比的最后一颗砝码。英国的岛国地理环境又决定了英国外交政策的双面性，一面调节欧洲大陆力量的均衡，一面大力拓展殖民地、抢夺贸易霸权，巩固制海权。在当时的欧洲大陆，有称霸意图的是雄心勃勃的法国，在拓展海外方面有不小野心的也是法国，法国在这两个方面都和英国的政策发生了冲突，因此英法两国的矛盾冲突成为当时欧洲国际关系的一条主线。纵观两国几十年的争斗，一共有四场大的战争。这些战争可以概括为：在欧洲大陆，英国和法国的敌国结盟，支持其进攻法国；在海外，英国强大的海军亲自上阵，打击法国的力量。

第一场大战是奥格斯堡同盟战争（又称大同盟战争）。晚年的法王路易十四不断向外扩张，其咄咄逼人的势头令周围的奥地利、荷兰、西班牙、瑞典等国感到不安。于是这些国家结成了"奥格斯堡联盟"对抗法国，其中最坚决的当属路易十四的死敌、当时的荷兰执政威廉三世。英国原本是置身于这场斗争之外的，而且当时的英王詹姆斯二世是法王路易十四的表哥，这位国王是位天主教徒，所以说不管是从宗教的角度还是从亲戚的层面上来讲，英国即便不能明面上支持法国，至少也不会站在法国的对立面。但是作为天主教徒的詹姆斯二世在英国的统治不得人心，英国在 1688 年爆发了光荣革命，詹姆斯二世被资产阶级赶到了法国，他的女婿、荷兰执政威廉三世被迎为英王。路易十四大力支持自己的表兄夺回王位，将英国彻底地推向了自己的对立面，使敌对阵营添加了一个重量级的角色。

英法持续几十年的争夺，就是从光荣革命开始的。詹姆斯二世被赶下台，法王路易十四支持其复位，这场争夺的序幕正式拉开。奥格斯堡同盟战争可以分为陆地和海上两个主要战场，在海上交锋的是英国、荷兰联军和法国海军。这是英法两国海上力量的第一次交锋，也标志着英法开始争夺海上霸权。

在海上作战中，法国海军先胜后败。法国海军在 1690 年 7 月的比奇角海战中击败英荷联军，随后英国痛定思痛，大力提升海军实力。在 1692 年 5 月底的拉奥格海战中，英荷联合舰队击败法国海军，挫败了路易十四准备登陆不列颠的计划。此后英荷海军封锁法国海岸线，法国在海上战场没有占到任何便宜，同时陆上还要对付奥格斯堡同盟其他国家，最终法国战败，在 1697 年被追签订了《里斯维克和约》，法国退还了大部分侵占的土地，同时对威廉三世

比奇角海战
比奇角海战是大同盟战争期间的一次重要海战，英荷联合舰队损失惨重，法国却连一只小艇也没有损失。

的英王之位予以承认，表示不再支持他的敌人的复位行动。在之前的战争中，路易十四支持詹姆斯二世打回英国，结果被威廉三世击败，再次逃亡法国的詹姆斯二世最后在法国终老。奥格斯堡同盟战争的一个结果是，刚刚通过光荣革命脱胎换骨的英国在欧洲有了初步的影响力。

18 世纪初的西班牙王位继承战争是英法争霸的第二场大战，奥地利对法王路易十四的孙子继承西班牙王位提出了异议，荷兰、瑞典、葡萄牙以及德意志境内数家诸侯各怀目的纷纷加入反法同盟，英国抱着不能让法国坐大而打破欧洲均势的目的也加入了反对法国的阵营。1704 年，英国从西班牙手中夺取了扼守要道直布罗陀海峡的直布罗陀。1713 年，西班牙王位继承战争结束，交战诸方签订了《乌得勒支和约》。据此，英国获得了直布罗陀和梅诺卡岛，获

《乌得勒支和约》
《乌得勒支和约》瓜分了西班牙的海外殖民地，并成为划定后来欧洲国家疆界的基础。

得了法国在北美的纽芬兰、新斯科舍、哈得孙湾和圣基茨岛等殖民地，英国的海上霸权开始确立，它已不是之前那个偏居一隅的岛国，这是西班牙王位继承战争之后最为引人注目的一幕。另外，在这场战争进行时，北欧进行的另一场大战——北方战争中，新兴的俄国击败了瑞典，有打破欧洲均势的可能，于是英国对敌手法国的态度便有些转化，后来英国的盟友奥地利有可能和西班牙合并，英国更是不再支持奥地利，从而避免了法国彻底毁灭的命运，这便是英国"均势"政策的直接体现。战败的法国丧失了在尼德兰、意大利和北美的部分利益，在欧洲的霸权宣告结束。

七年战争中的英法争霸

　　奥地利王位继承战争反映的仍然是英法之间的利益争夺和对抗。英国站在奥地利一方，和试图削弱奥地利的法国、普鲁士等作战。这场战争的主线其实是新兴的普鲁士对女王当政的奥地利的掠夺，以及法国的趁火打劫。一开始英国并没有直接卷入，只是在金钱等方面对奥地利进行支持。后来战争不断升级，英国直接插手，和奥地利结盟对抗法普联盟。英国陆军的主要战场在南尼德兰。在这里，英、奥等国军队曾经被法军打得大败，但是在海上战场上，英国海军却取得了压倒性的胜利。奥地利王位继承战争的最终结果是法国惨败，奥地利被普鲁士夺取了西里西亚，两国的势力都被削弱。不过欧洲大陆的两大主要矛盾——英法争夺海外殖民霸权的矛盾、普奥争夺神圣罗马帝国内部领袖地位的矛盾都没有得到彻底的解决，所以《亚琛和约》的签订只是标志着暂时的休战。

战火在熄灭七年以后重燃。奥地利为了夺回西里西亚向普鲁士复仇，暂时将和法国的矛盾放在一边，与法国结成同盟。英国为了打击法国，同时在奥地利王位战争中陆战的失利，也让英国明白在欧洲大陆一定要有一个对抗法国的帮手，从而在陆战、海战上彻底征服法国。出于维持欧洲均势的考虑，英国扔下奥地利，选择和普鲁士结盟。欧洲其他国家出于各种各样的目的先后加入这两个集团，俄国、萨克森、瑞典和西班牙支持法奥联盟。1756 年战争爆发，持续了 7 年，因此被称为"七年战争"。在欧洲大陆作战的主角是俄国、普鲁士、奥地利和法国。法奥联盟方面一度对普鲁士取得优势。1760 年，俄普奥联军攻占普鲁士首都柏林。1762 年初，继位不久的俄国沙皇彼得三世单独和普鲁士媾和，退出了法奥联盟，于是战局逆转，普鲁士最终击败了法奥联军，取得了最后的胜利。1763 年 2 月 15 日签订的《胡贝图斯堡条约》标志着欧洲战事的结束，普鲁士对西里西亚的统治得到了巩固。

英法两国在欧洲以外更大战场上的争夺是七年战争的另一条战线。从一定程度上来说，七年战争中的海外战场对后世的影响更大。英法在美洲、非洲、亚洲全面开战。在当时的北美，英法两国都拥有大片殖民地，英国的殖民地主要有两处，一处是美洲东海岸的新英格兰，即后来独立建立美国的 13 个殖民地，另一处是北面哈得孙湾沿岸地区。当时从英国大陆移民而来的殖民者们将新英格兰建设得非常富裕，在全世界的殖民地中也是数一数二的。法国在北美的殖民地则是圣劳伦斯河流域的新法兰西（即今天加拿大的魁北克省）与密西西比河流域的路易斯安那。两国的殖民地在北美大地上是邻居，从面积上来说，法国的殖民地更大一些，但是没有英国的殖民地富饶，生活在法国殖民地上的人口也远没有英国殖民地上的多。此外，当时在美洲大陆东南角的佛罗里达半岛，以及半岛北面大陆沿岸地区是西班牙的殖民地。

1756 年 4 月，法国海军击败英国海军，占领了地中海上的梅诺卡岛，不过此后英国海军在欧洲周边海域战场全面占据了上风。1759 年 8 月，在葡萄牙附近的拉古什湾，英国海军将法国海军的地中海舰队击溃，法国集中力量突破英吉利海峡的计划破产。2 个月以后，在法国西海岸的基伯龙湾，法国海军主力再次被英国全歼，英国从此牢牢掌握了制海权。

英国在北美大陆扩大殖民地的进展也很顺利，于 1758 年 7 月占领路易斯堡。这一据点，具有非常重要的战略意义，因为路易斯堡护卫着新法兰西的侧翼海域安全。随后英军大举进攻新法兰西，尽管法国的新法兰西总督路易·约瑟夫·蒙卡尔姆奋起反抗，一度还取得了不小的战果，但他毕竟是孤军奋战，

英吉利海峡风光

英吉利海峡是分隔英国与欧洲大陆的法国，连接大西洋与北海的海峡。

英军则是源源不断开来。1759 年 9 月，魁北克沦陷；1760 年，英军占领蒙特利尔，从而占领了整个法属加拿大。英军随后杀向西印度群岛的法国殖民地，法国的马提尼克、格林纳达和圣卢西亚诸岛相继沦陷，加勒比诸岛还掌握在法国手中的只剩多米尼加岛。在印度，1757 年 6 月 23 日爆发的普拉西战役中，英军击败亲法的孟加拉总督军队，征服孟加拉。随后英军进攻法国在印度的殖民地，1761 年 1 月 16 日，法军投降，标志着继新法兰西之后，法国在印度的殖民地也落入了英国之手。在西非战场，英军攻占法国的殖民地塞内加尔。在北美战场上，法国不甘失败，以还没丢失的殖民地路易斯安那为保证将西班牙拉拢过来，一起同英军作战。结果腐朽的西班牙帝国更不是英军的对手，反倒被英军占领了自己的殖民地——佛罗里达、古巴还有菲律宾，法国发现西班牙的参战除了让自己多了一个难兄难弟以外，没有取得任何其他效果。

战败的法国求和，1763 年 2 月 10 日，英、法签订《巴黎条约》，七年战争中的海外战争结束。根据和约，在北美，法国将整个法属加拿大、密西西比河以东的路易斯安那（新奥尔良除外）割让给英国，同时将路易斯安那的密西西比河以西的地区和新奥尔良割让给西班牙，作为补偿。在印度，法国只保留 5 个沿海的贸易据点，还不得驻军。在西印度群岛，法国收回马提尼克、瓜德鲁普和玛丽加朗特诸岛，但是将多米尼加、圣文森特、格林纳达和多巴哥诸岛割让给英国。在非洲，法国将马略卡岛让给西班牙，收回塞内加尔的戈雷岛，但是将塞内加尔割让给英国。西班牙将佛罗里达割让给英国，收回古巴和菲律宾。

英国是最后胜利者的原因

七年战争对英法的影响可谓云泥之别。惨败的法国几乎丧失了海外所有的殖民地，从这个角度来说，法国的失败比西班牙在 16 世纪、荷兰在 17 世纪所遭受的失败更加耻辱，也更加彻底。因为西班牙和荷兰虽然先后被赶下殖民霸主的宝座、颜面扫地，但是各自还是统治着大量的殖民地：西班牙统治着拉丁美洲和亚洲的菲律宾，荷兰统治着亚洲的东印度群岛。

英国是七年战争的最大赢家，彻底击败法国这个缠斗多年的老对手，海外殖民地大大增加，正式成为海外殖民霸主，"日不落帝国"初步形成。七年战争的胜利所奠定的英国世界霸主的地位一直保留到第二次世界大战，持续了近 200 年。

同为欧洲大国，为什么英法争霸的最后胜利者是英国？为什么西班牙、荷兰还有法国都不是一个海外岛国的对手？

首先，英国有雄厚的工业实力作为对外战争的基础，这是最根本的原因。纵观西方殖民大国的发展史，英国不是行动最早的，但却是笑到最后的胜者。最早的两个殖民国家——葡萄牙和西班牙，将开辟殖民地所掠夺来的财富用于物质享受，很快就被商业发达的荷兰所超越；荷兰相对于西班牙和葡萄牙是进步的，但是它是一个商业立国的国家，工业基础也不算雄厚，因此又被英国超越；法国凭借其集中王权体制下所蕴含的强大实力，和英国抗衡一时，但是法国贵族势力强大，资产阶级势力相对弱小，因此没有发展资本主义工业。而这正是英国能够击败一个个对手，最终成为世界霸主的关键所在。16 世纪中期到 17 世纪中期的这 100 年，英国工业飞速发展，重工业基础就此奠定。欧洲大陆的三十年战争旷日持久，对军事物资的需求持续增加，因此置身事外的英国得以大发战争财，采矿业、冶金业和化学工业大有发展。欧洲大陆战争不断，而海外的不列颠岛相对安定，因此不少法国、德意志和尼德兰等地的工匠、商人纷纷移民英国，他们带来的资金、技术对英国工业的发展也起到了很大的促进作用。论工业产量，法国和英国差不多，但是法国的总人口比英国多两倍还不止，同时法国工业产品中奢侈品的比重更大；而英国产品中比例最大的是纺织品和金属制品，前者可以大量出口且利润丰厚，后者则是发展其他轻工业的基础。

有了强大的工业作为基础，英国十分重视军队的建设，尤其是海军。可以说在欧洲国家当中，英国是最重视海军建设的，到了 18 世纪，英国的海军也是欧洲最强的。虽然在陆地上的战争中，英军面对法国等对手可能没有太大的优势，但海上绝对是英国皇家舰队的天下，七年战争中英国海军几乎打垮了法国海军，夺得制海权，令法国的殖民地和法国本土失去了联系，陷入孤立无援的境地。这也是英军在北美等地对法国殖民地动手都取得不小战果的原因。英国海军的强大，在几十年以后的拿破仑战争中还有体现。

英国能击败法国还有一个原因，即法国虽然也在海外抢占殖民地，但这并不是法国统治者的战略重心所在。换一句话说，法国的战略重心还是在欧洲大陆。从 16 世纪开始，法国就对一盘散沙的意大利地区垂涎三尺，同时还在和神圣罗马帝国哈布斯堡王朝争夺欧洲的霸权，称霸欧洲才是法国的首要目标。因此，在波旁王朝时期，法国没有将所有的注意力用在拓展海外殖民地上，这一点从向海外殖民地移民的情况也能看出来，在北美新法兰西和路易斯安那广阔的殖民地上，到 1688 年为止，法国移民只有 2 万人。而与此形成鲜明对比的是英国殖民地，英国殖民地集中在北美洲东岸的沿海地带，从面积上说远没有法国殖民地大，但是这里的英国移民却有 30 万人。法国移民少除了统治者不重视以外，还有两个原因：一是法国政府不准新教徒移民海外，英国则没有这条禁令。二是法国的土地很肥沃，非常适合发展农业，因此法国的农民依靠土地还能维持生活，不情愿远涉重洋；而英国的一场圈地运动令大量农民流离失所，到殖民地去碰碰运气成为他们不多的选择之一。在殖民地人口数量上的优势，在七年战争中转化为军队战斗力上优势，这也是英国在和法国争夺北美殖民地的战争中占得先机的一个主要原因。

西班牙、葡萄牙、荷兰、英国和法国，经过绵延两个世纪的殖民战争，最终英国确立了殖民霸主的地位，"日不落帝国"已遥遥在望。葡萄牙和西班牙当时虽然还统治着大片的殖民地，不过已经在持续衰退，丝毫不见活力。同时，其大片的殖民地也成为新兴的殖民国家眼中的肥肉。

几大殖民国家之间你死我活的战争，对于广大殖民地人民来说区别不大。这块殖民地属于谁，对他们来说不过是换个宗主而已，殖民国家对殖民地的疯狂掠夺、残酷剥削都是一样的。殖民者在殖民地欺压当地百姓，将其变为奴隶，甚至大肆屠杀反抗殖民统治的人民。截至 1541 年，仅西班牙殖民地被杀害的印第安人就至少有 1500 万人；殖民者疯狂掠夺当地资源，巨额的财富源源不断从世界各地的殖民地流向欧洲，加速了殖民国家的资本原始积累进程，为工业革命的发生奠定了基础，而殖民地原来的居民却为此付出了惨痛的代价。

西欧掌控全球的局面形成

　　西方殖民大国争夺世界霸权背后的一个既成事实是，世界已经成为这几个欧洲国家纵横驰骋的舞台，他们争夺的便是欧洲以外不少地区的控制权。可以说，欧洲，或者说西欧几个国家在全球范围占据了优势，开始了可以主宰其他地区命运的时代。

西欧取得优势的原因

　　西欧为什么能走在世界的前头？首先，开辟新航路、地理大发现，以及随后的殖民大扩张为他们的发展奠定了雄厚的经济基础。西班牙、葡萄牙等几个国家为了开辟新航路而进行海上探险活动，于是有了地理大发现，使得欧洲人的视野相对开阔。他们在世界主要贸易航道上，通过武力、欺骗、强占等种种手段建立殖民点，垄断世界贸易，更有甚者将大片新发现的土地变成殖民地，奴役其人民，掠夺其资源。他们通过掠夺全世界的方式养肥了自己，也养肥了本国的资产阶级，对殖民地的掠夺无疑大大地加速了这一过程，也使得他们开始走在世界的前头。可以说，没有殖民地的贡献，欧洲的资产阶级最终也不会发展起来。

　　其次，宗教改革和文艺复兴两大思想上的运动解放了人们的头脑。漫长的中世纪是黑暗的，主要的原因之一便是天主教会对人们思想上的控制。从经济的角度来说，天主教会是资本主义发展的一大障碍，因为天主教会的理论对经商发财、放贷取利等活动都是嗤之以鼻、严格禁止的；在政治上，天主教会配合封建专制力量对一切进步力量进行打压，其中也包括新兴的资产阶级。宗教改革之后，天主教会的势力大幅削弱，出现了英国、荷兰这样的新教居主导地位的国家，为资本主义的发展扫清了障碍。文艺复兴进一步解放了人们的头脑，让人们从天主教的原罪、将一切都寄托于来世等消极理论中挣脱出来，有了崭新的、积极进取的人生态度，奋发向上，为现世的幸福而奋斗。这是人们从事海外活动的精神支柱。

第三，西欧各国的政治环境为资本主义发展提供了较好的政治条件。纵观西欧历史，封建专制王权是在和地方割据贵族的斗争中建立起来的，王权通过和资产阶级结盟的方式充实自己的力量，因此，王权巩固以后，统治者多对资本主义经济采取扶持、保护的政策，一个最明显也最极端的例子是发生在英国的圈地运动。资本家的工场需要大量的劳动力，因此专制政府通过立法强迫流浪者进工场当工人，而这些人正是早期圈地运动中丧失了土地的农民。从辩证法角度来看，在资本主义发展的初期，专制政府确实起到了促进的作用，后来却走向了反面，成为制约其发展的瓶颈，法国就是一个例子，因此才有了冲破专制制度桎梏的资产阶级革命。

那么，在东方地区，在东亚的中国、日本等国家，在西亚的奥斯曼土耳其等国家，为什么在西欧迅速崛起的时候，还在原地踏步而被西欧甩在身后了呢？

这背后也有数个原因，巧合的是，东方诸国每一个落后的原因，和西欧诸国每一个领先的原因，都是相对应的。首先，在西方出现资本主义并迅速发展

广州十三行
1757 年乾隆帝限定广州为唯一通商口岸，实行"一口通商"政策，限制海外贸易。

的时候，东方诸国的发展趋势却是封建专制统治不断强化，皇权至高无上，体现在经济上便是以皇帝为首的地主阶级占有绝大部分土地，对农民残酷剥削，封建自然经济根深蒂固。即便在一些地方产生了资本主义的萌芽，也没有生长的土壤。

资本主义经济在东方诸国缺乏发展土壤还有一个原因，那就是东方诸国大多对工商业持否定态度，例如中国长期以来都实行"重本抑末"的政策，认为农业才是一个国家经济的基础，是"本"，工商业是"末"，为了巩固"本"必须要打压"末"的发展。清世宗雍正帝曾说："朕观四方之业，士之外，农为最贵。凡士工农商，皆赖食于农，以故农为天下之本务，而工贾皆其末也。"在这样的政治环境中，连商业都无从发展，就更谈不上发展资本主义了。

在西欧国家大肆从事海上冒险活动开辟新航路时，东亚国家却纷纷实行闭关锁国的政策。这一政策是统治者在遭遇海盗、殖民者等的骚扰之后，做出的应对之策。这种将自己封闭起来、不和正在发生大变化的世界接触的政策，注定了这些国家要在自我封闭中落后。中东奥斯曼帝国的情况稍有不同，它还像古代那些靠武力征服而强盛一时的大帝国一样，非常热衷于军事征服，其矛头主要指向中东。不过在两次围攻维也纳没有成功后，西方国家早已开始了疯狂的海外掠夺。奥斯曼统治者在观念上的落后注定了帝国的衰败。

此外，东方诸国在思想上加强对人们头脑的控制，又正和宗教改革、文艺复兴解放了人们的头脑形成鲜明对比。以中国为例，程朱理学、心学等都是以维护封建专制统治为目的的、对思想进行控制的理论，封建统治者还以"文字狱"等形式对异己思想进行打压。因此，人们的思想和封建专制体制一样僵化、落后而不思进取。

基于以上数个原因，从全世界的角度来看，曾经在政治、经济、文化等方面都处于领先地位的东方诸国故步自封，逐渐走向了衰落。而西欧诸国则将扩张的脚步迈向了全世界，在一些更加落后的地区，比如印第安人的美洲、撒哈拉以南的非洲等地建立了殖民统治，而这一活动也为全世界的面貌带来了不小的变化。

地理大发现、殖民活动为世界带来的变化

　　西欧的殖民活动给世界带来的影响、变化涉及非常广的范围，影响也很深刻。首先，从地理学上来说，殖民活动改变了原有的人种分布情况。世界上大致分为三大人种：黑色人种，又称尼格罗人种；黄色人种，又称蒙古人种；白色人种，又称欧罗巴人种、高加索人种。黑色人种主要分布在撒哈拉以南的非洲、太平洋的几个小岛上。白色人种分布在欧洲、非洲北部、中东地区、西亚以及印度。黄色人种主要分布在亚洲的东部、西伯利亚还有中亚。美洲的印第安人也是黄色人种，他们大概是在冰河时期从亚洲北部的白令海峡踏着冰面迁徙到美洲的。在 1500 年以前，除了在三大人种分布区域的交界地区以外，可以说三大人种是相互隔绝的，很少出现人种混杂的局面，比如在东亚不会出现大量的白色人种，在西欧也不会出现大量的黑色人种。

　　西欧人的殖民活动改变了这一切，属于白色人种的西欧殖民者的脚步踏上其他大陆，并且定居、移民，结束了种族隔离的局面。以荷兰人为例，他们最早在南非的好望角附近建立了永久性据点，到 1760 年，荷兰人已经向北扩展，渡过奥伦治河，如此，撒哈拉以南的非洲不再只有黑色人种。

　　此外，美洲人种的变化最大。1492 年，哥伦布发现新大陆，在此之前，美洲大陆的居民是印第安人，属于黄色人种。西方入侵以后，大批白色人种殖民者涌入，同时，殖民者还进行罪恶滔天的奴隶贸易，从非洲贩卖大量奴隶到美洲。就这样，美洲从只有黄色人种一个人种变成三个人种都有。同时，因为殖民者当中男人的数量远高于女人，因此不少白人男子娶当地印第安人为妻或妾，就有了印欧混血人——白色人种和黄色人种的混血。此外白人和黑人结婚的也不少，于是又出现了欧非混血人——白色人种和黑色人种的混血。

　　欧洲殖民者的入侵给印第安人带来了沉重的苦难，造成其人口锐减。1492 年以前，美洲的印第安人数量到底是多少现在还有争议，大致在 1400 万至4000 万人之间，但是在欧洲人入侵以后，印第安人大批死去，死于殖民者的屠杀、沉重的劳动、欧洲人带来的疾病等。有统计说，在地理大发现后的 100 年间，印第安人的人口数量锐减到原来的 5% 到 10%，着实惊人。殖民者从非洲贩卖黑奴到美洲的一个原因，就是当地的印第安土著几乎被屠杀殆尽，没有干活的人了。

　　迁移到美洲的欧洲人还把各种家畜和农作物带了过去。美洲大陆缺乏大型

家畜，比如牛、马、羊，而殖民者从欧洲带来了家畜，并在当地繁殖开来。另外，欧洲的粮食作物如小麦、燕麦、大麦及裸麦，以及水果中的橄榄、葡萄等也被引入美洲。与此同时，美洲独有的各种食品也从美洲流向欧洲，随后又扩散到世界的其他地区，这些食品包括玉米、土豆、番茄、花生、南瓜等，极大地丰富了各地人民的餐桌。另外还有两种非常重要的经济作物也和美洲有颇深的渊源：一种是烟草。最早吸烟的就是印第安人，他们发现其中含有可以让人兴奋的物质。后来西班牙殖民者将其带回欧洲，又传入世界其他地区。另一种是棉花，美洲虽然不是棉花唯一的原产地，但是现在广泛栽培的棉花品种是由印第安人培育的。

吸烟罐
这个玛雅时代的陶器可追溯至公元 700 年，上面的象形文字翻译后的意思是"他或者她的烟草容器"。

和人种、动植物品种的变化同样重要的，是世界各地的经济往来也有新的变化。原来联系亚洲、欧洲的主要贸易往来是这样的：东方的奢侈品，包括香料、丝绸、宝石、香水等，经中间商阿拉伯商人和意大利商人之手运到欧洲，贸易量相对较小，贸易商品的范围也比较窄。殖民活动开始后则大有变化，生活必需品取代奢侈品成为贸易的主流，而且在数量上也有了质的变化。

首先是欧洲、美洲和非洲的三角贸易往来。殖民者在美洲殖民地建立了大量的种植园，这些种植园一般只产出单一的产品，比如烟草、蔗糖、咖啡等。这些产品再加上殖民者掠夺的大量白银被运往欧洲，欧洲把一些初级工业产品，比如布匹、枪支、金属制品等运往非洲，换取或者干脆是抢掠黑人奴隶运往美洲，进入种植园从事劳作，如此循环。当然，美洲的种植园也需要进口日常必需品，因此也会有大宗的粮食、鱼、布匹及金属用具等从欧洲运往美洲。

开辟新航路等活动使西欧人口大为增加，对粮食的需求量不断增长，这大大刺激了东欧粮食的出口。大量粮食和其他原料从东欧出口到西欧，这也促进了东欧农奴制的巩固，即"农奴制的第二版"。相比之下，西欧和亚洲的贸易额要小很多，这是由两个因素造成的：首先东南亚、印度等地的纺织品一度因物美价廉而在西欧非常受欢迎，导致一些本地纺织业资本家反对，在他们施加的压力下，一些国家禁止进口这些产品。另一个原因是欧洲的商品在亚洲市场上完全没有市场，亚洲各国基本可以自给自足，对欧洲人的产品没什么兴趣。这样的情况一直持续到工业革命之后，欧洲的纺织品成本大降以后，才打开了亚洲市场。

由此可见，第一次大规模的国际分工出现了。非洲提供劳动力，美洲和东欧提供初级产品，亚洲提供奢侈品，西欧则处在这些贸易的中心，负责指挥调度和中介贸易，同时进行初级产品的深加工。通过对美洲奴隶的剥削、对东欧农奴的剥削，西欧获取了大量的利润，为工业革命奠定了基础。

在文化层面上，世界各地区的交流也加强了，尤其是美洲的文明发生了剧烈演变。总体来说，西欧文化压倒了印第安文化，不过后者对前者也有一定的影响。

全球通史

❶ 日本早期历史

天皇迁都至平城京（今奈良），日本进入奈良时代。

日本开始大化改新，从奴隶制向封建制过渡。

桓武天皇将都城从平城京迁到平安京（今京都），日本进入平安时代。

日本进入古坟时代。

592 年

300 年

645 年

710 年

公元前 300 年

794 年

日本历史上的第一位女性天皇——推古天皇即位，后圣德太子实行推古改革，日本进入飞鸟时代。

日本进入弥生时代。

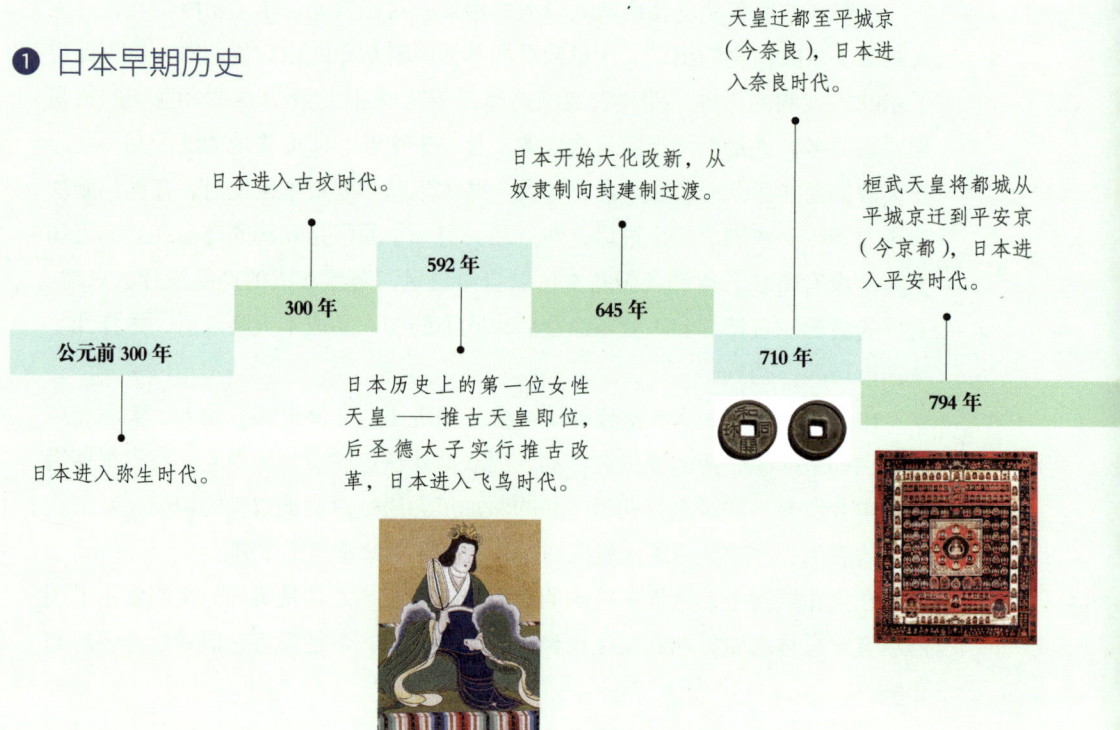

足利尊氏攻入京都建立室町幕府，后醍醐天皇逃往南方另建朝廷，日本进入室町时代。

后醍醐天皇举兵倒幕未遂，史称"正中之变"。

1392 年

1336 年

1333 年

1324 年

1221 年

足利义满统一南北朝。

镰仓幕府灭亡，镰仓时代结束。

"承久之乱"爆发，鸟羽上皇的朝廷军被幕府军打败。

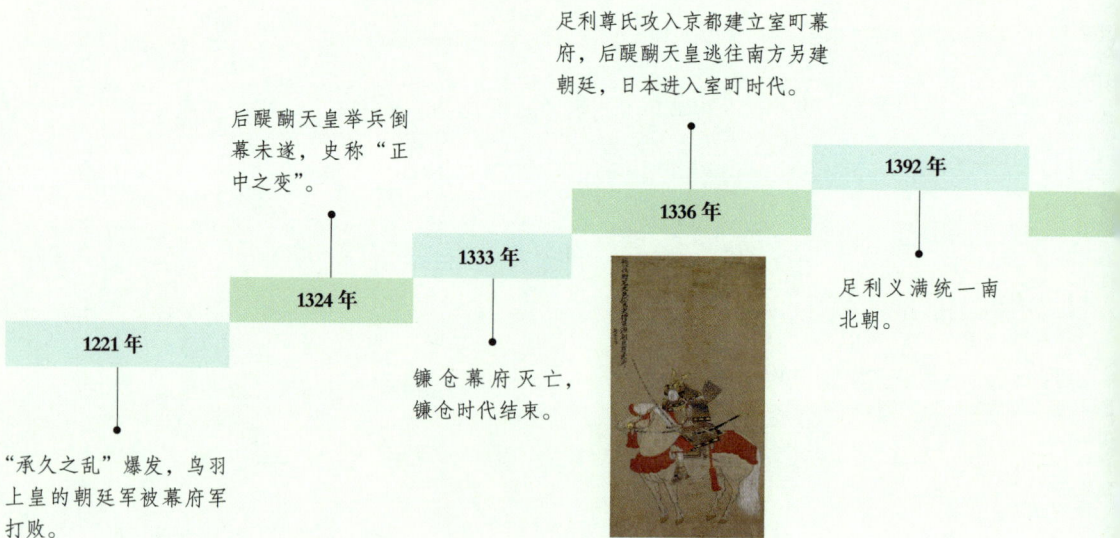

历史年表

年仅 9 岁的惟仁亲王继位，藤原良房代理天皇摄理政务，是为摄关政治元年。

858 年

"保元之乱"爆发。

1156 年

"平治之乱"爆发。

1159 年

1192 年

镰仓幕府建立，日本进入镰仓时代。

1086 年

白河天皇让位给年仅 8 岁的堀河天皇而成为太上天皇，开创了太上天皇听政的"院政时代"。

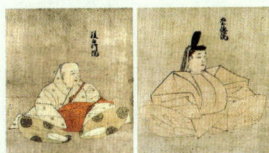

"应仁之乱"爆发，日本进入战国时代。

1467 年

1573 年

丰臣秀吉完成全国统一。

1593 年

织田信长废黜足利义昭的将军职务，室町幕府灭亡，日本进入安土桃山时代。

1603 年

德川家康在江户创立江户幕府，正式开启江户时代。

幕府颁布锁国令，前后共颁发 5 次，最后完成锁国体制。

1633 年

❷ 东南亚早期历史——越南

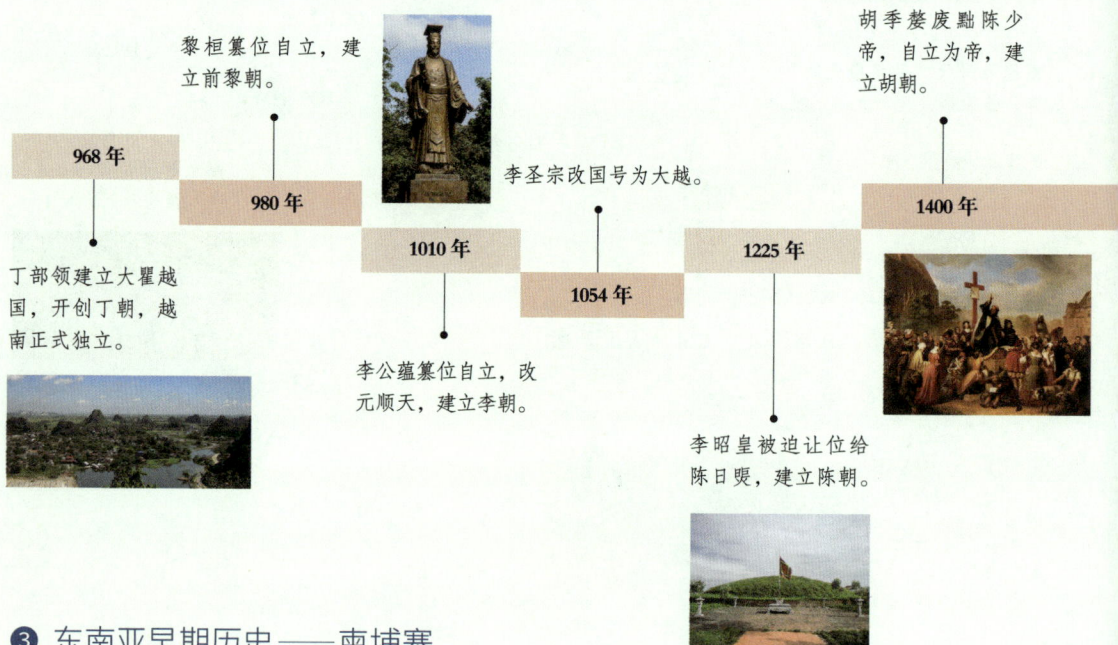

黎桓篡位自立，建立前黎朝。

胡季犛废黜陈少帝，自立为帝，建立胡朝。

968 年

980 年

李圣宗改国号为大越。

1010 年

1054 年

1225 年

1400 年

丁部领建立大瞿越国，开创丁朝，越南正式独立。

李公蕴篡位自立，改元顺天，建立李朝。

李昭皇被迫让位给陈日煚，建立陈朝。

❸ 东南亚早期历史——柬埔寨

真腊消灭了扶南王国势力，扶南王国灭亡。

1 世纪

7 世纪末

705 年

扶南王国建立。

真腊国开始分裂为北方的陆真腊和南方的水真腊。

黎利打败明军，建立后黎朝，定都东京（今河内），是为黎太祖。

后黎朝大军攻陷莫朝首都升龙城，名义上基本统一了越南。

阮福映在法国人的帮助下平定全国，自称皇帝，建立阮朝。

1407 年				
1428 年				1802 年
	1527 年		1627 年	
		1592 年		

明成祖出兵吞并越南，重新在越南建立统治。

莫登庸胁迫恭皇帝让位，建立莫朝。

"郑阮纷争"爆发，其后越南陷入南北分裂局面。

暹罗阿瑜陀耶王朝兴起，之后不断入侵吴哥。

阇耶跋摩二世定都吴哥地区，建立吴哥王朝。

			1434 年
		1350 年	
	1181 年		
802 年			

吴哥国王迁都到金边。

阇耶跋摩七世继位，之后开疆扩土，吴哥王朝达到鼎盛时期。

❹ 东南亚早期历史 —— 印度

旃陀罗·笈多一世建立笈多王朝。

超日王继位,笈多王
朝达到鼎盛期。

鸠摩罗·笈多一世继位,笈多
王朝由盛转衰,后逐渐分裂。

320 年

335 年

380 年

415 年

606 年

海护王继位,笈多王朝
开始大规模向外扩张。

戒日王继位。

阿拉伯人入侵印度，其后印
度多次遭受外族长期入侵。

帖木儿的后裔巴布
尔灭亡德里苏丹国，
建立莫卧儿帝国。

戒日王定都曲
女城，建立戒
日王朝。

1556 年

1526 年

1206 年

7 世纪末

647 年

阿克巴继位，后进行改
革，实行宽容的宗教政
策，并不断扩大疆域。

612 年

戒日王去世，戒
日王朝瓦解，北
印度再次分裂。

库特布在北印度建立起了德里
苏丹国。

⑤ 15 世纪末以前的撒哈拉以南非洲——埃塞俄比亚

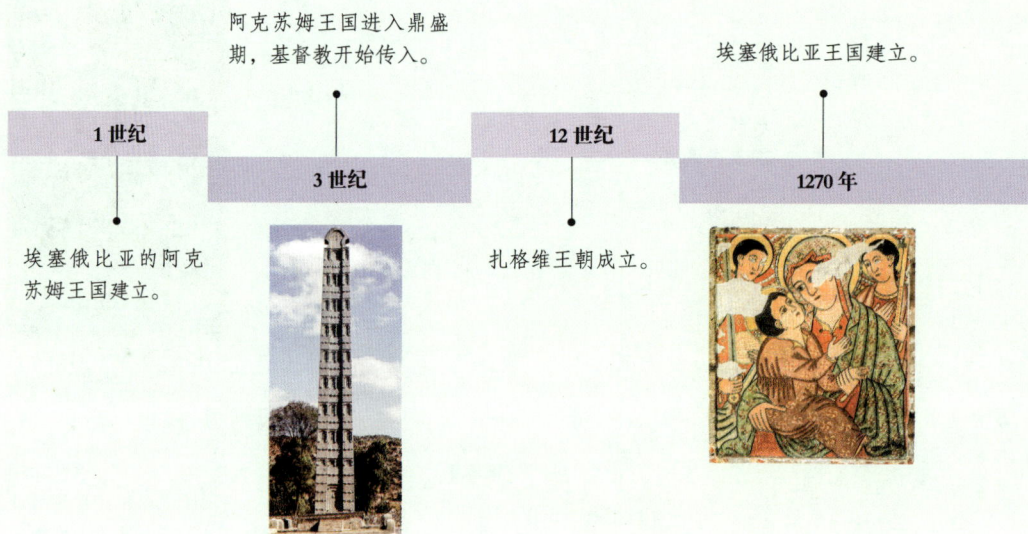

阿克苏姆王国进入鼎盛期，基督教开始传入。

埃塞俄比亚王国建立。

1 世纪		12 世纪	
	3 世纪		1270 年

埃塞俄比亚的阿克苏姆王国建立。

扎格维王朝成立。

⑥ 15 世纪末以前的撒哈拉以南非洲——苏丹

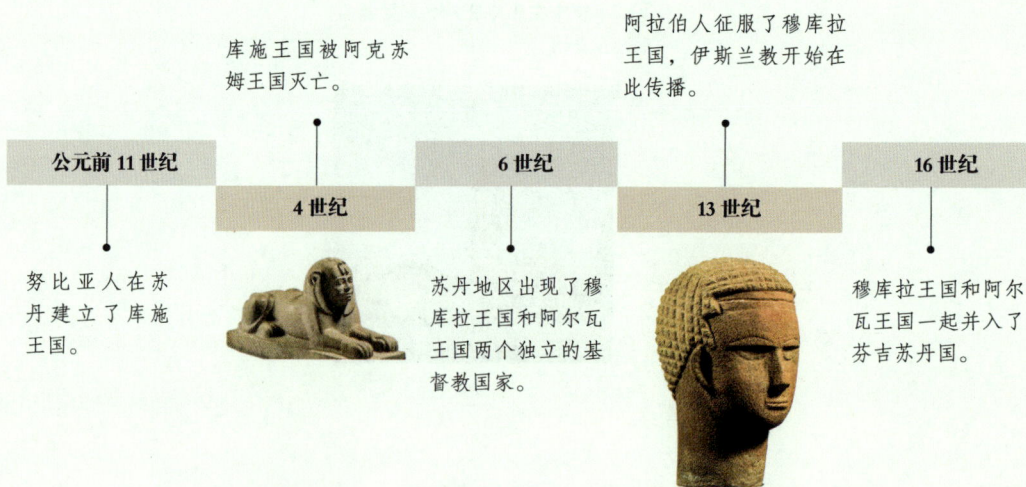

库施王国被阿克苏姆王国灭亡。

阿拉伯人征服了穆库拉王国，伊斯兰教开始在此传播。

公元前 11 世纪		6 世纪		16 世纪
	4 世纪		13 世纪	

努比亚人在苏丹建立了库施王国。

苏丹地区出现了穆库拉王国和阿尔瓦王国两个独立的基督教国家。

穆库拉王国和阿尔瓦王国一起并入了芬吉苏丹国。

❼ 15 世纪末以前的撒哈拉以南非洲 —— 加纳

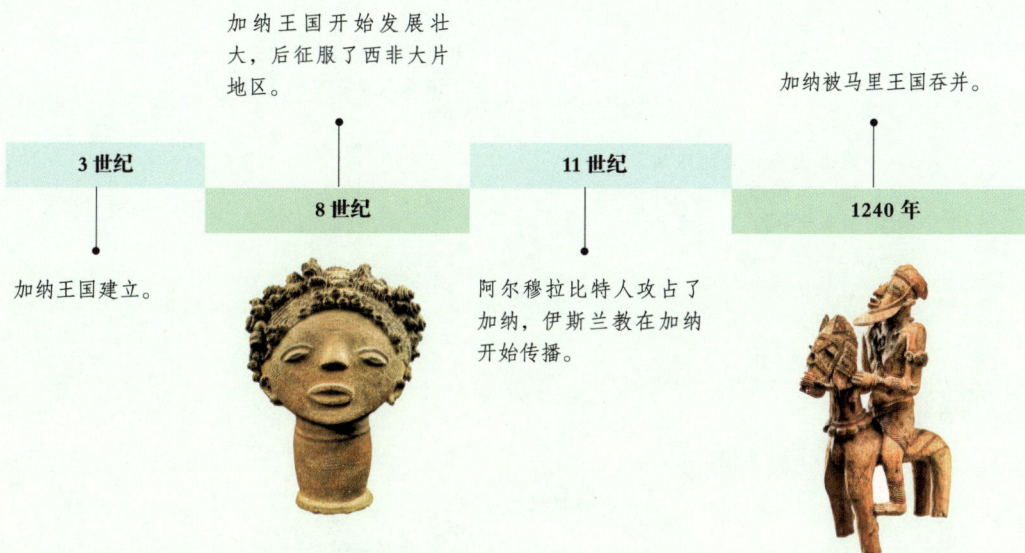

加纳王国开始发展壮大，后征服了西非大片地区。

加纳被马里王国吞并。

3 世纪		11 世纪	
	8 世纪		1240 年

加纳王国建立。

阿尔穆拉比特人攻占了加纳，伊斯兰教在加纳开始传播。

❽ 15 世纪末以前的撒哈拉以南非洲 —— 马里

国王松迪亚塔率军吞并加纳，建立马里帝国。

马里帝国实力下降，不断遭遇外族入侵。

7 世纪		14 世纪前期		17 世纪
	13 世纪		15 世纪	

马里王国建立。

曼萨·穆萨带领马里征服桑海，马里帝国进入鼎盛时期。

马里帝国灭亡。

⑨ 15 世纪末以前的撒哈拉以南非洲 —— 桑海

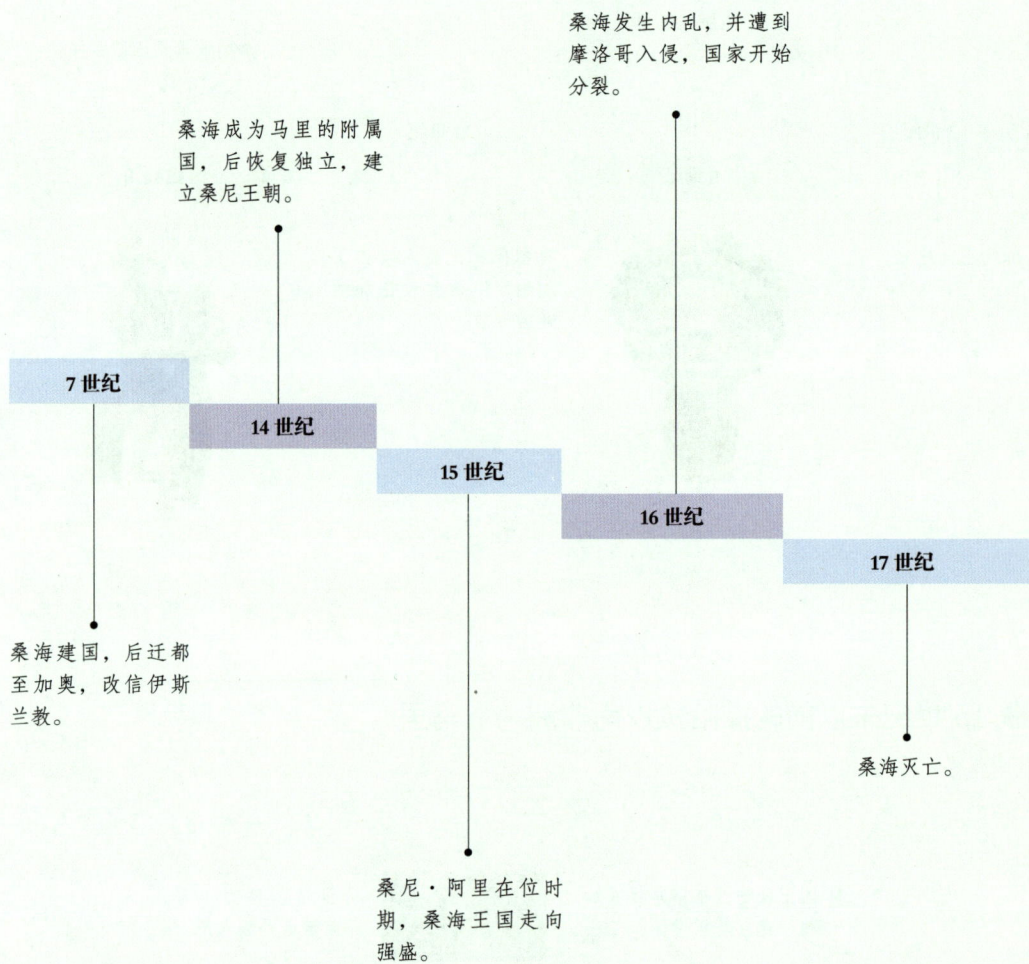

桑海发生内乱，并遭到摩洛哥入侵，国家开始分裂。

桑海成为马里的附属国，后恢复独立，建立桑尼王朝。

7 世纪				
	14 世纪			
		15 世纪		
			16 世纪	
				17 世纪

桑海建国，后迁都至加奥，改信伊斯兰教。

桑尼·阿里在位时期，桑海王国走向强盛。

桑海灭亡。

⑩ 15 世纪末以前的美洲——玛雅文明

玛雅潘成为玛雅晚期文明的中心之一。

玛雅文明进入繁盛期，出现了雕刻、绘画、历法和象形文字等。

玛雅文明开始衰落。

16 世纪

12 世纪

10 世纪

9 世纪末

5 世纪

300 年

公元前 400 年

随着西班牙人的入侵，玛雅文明终结。

奇琴伊察等玛雅城邦重新兴起，玛雅文明进入晚期阶段。

玛雅地区建立了早期奴隶制国家。

尤卡坦半岛的奇琴伊察城邦开始建立。

⑪ 15 世纪末以前的美洲——阿兹特克文明

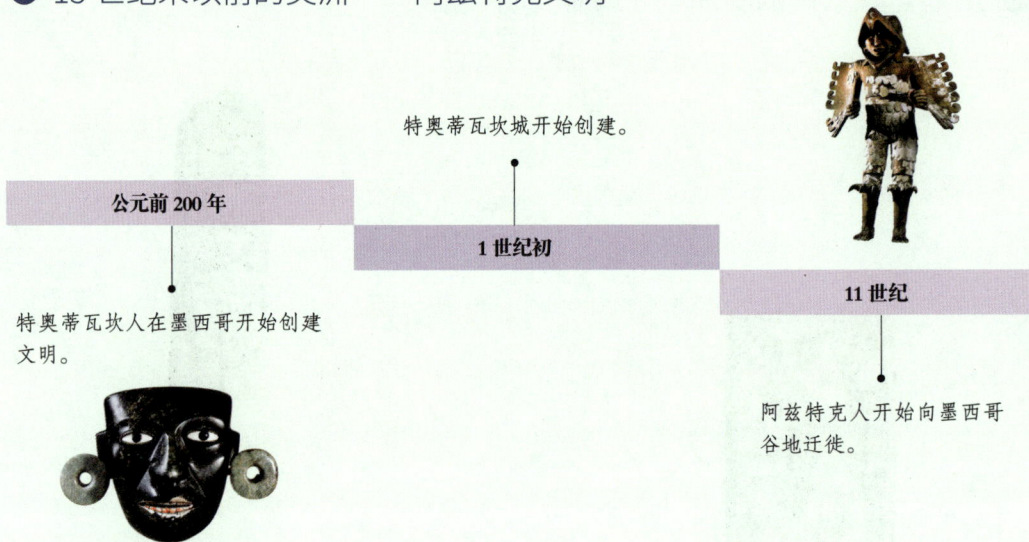

特奥蒂瓦坎城开始创建。

公元前 200 年

1 世纪初

11 世纪

特奥蒂瓦坎人在墨西哥开始创建
文明。

阿兹特克人开始向墨西哥
谷地迁徙。

⑫ 15 世纪末以前的美洲——印加文明

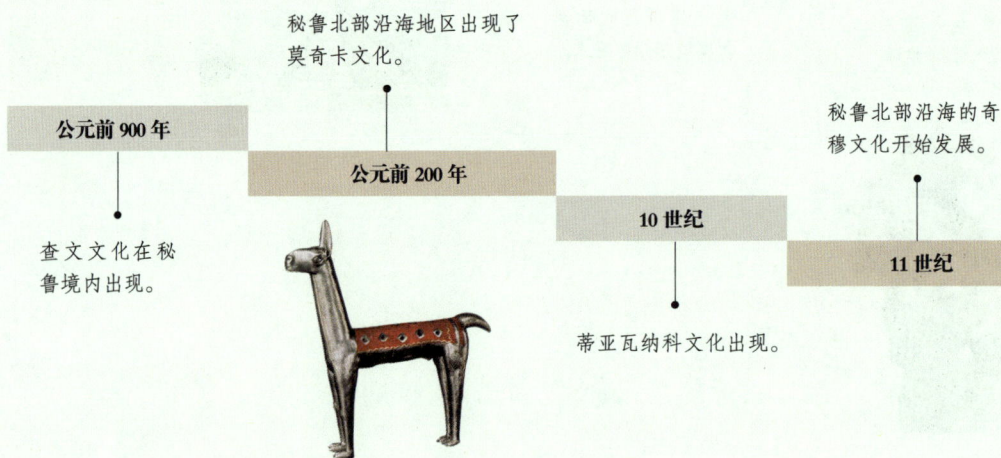

秘鲁北部沿海地区出现了
莫奇卡文化。

秘鲁北部沿海的奇
穆文化开始发展。

公元前 900 年

公元前 200 年

10 世纪

11 世纪

查文文化在秘
鲁境内出现。

蒂亚瓦纳科文化出现。

随着西班牙人的入侵，阿兹特克文明陷落。

阿兹特克人建立了特诺奇蒂特兰城。

16 世纪

15 世纪

1325 年

阿兹特克部落联盟不断发展，成为早期奴隶制国家。

在帕查库蒂和托帕在位期间，印加帝国开始进入鼎盛期。

1533 年

15 世纪

13 世纪

印加帝国最后一任国王被西班牙殖民者处死，印加帝国灭亡。

印加人进入库斯科地区，开始建立国家。

❸ 资本主义萌芽后的欧洲

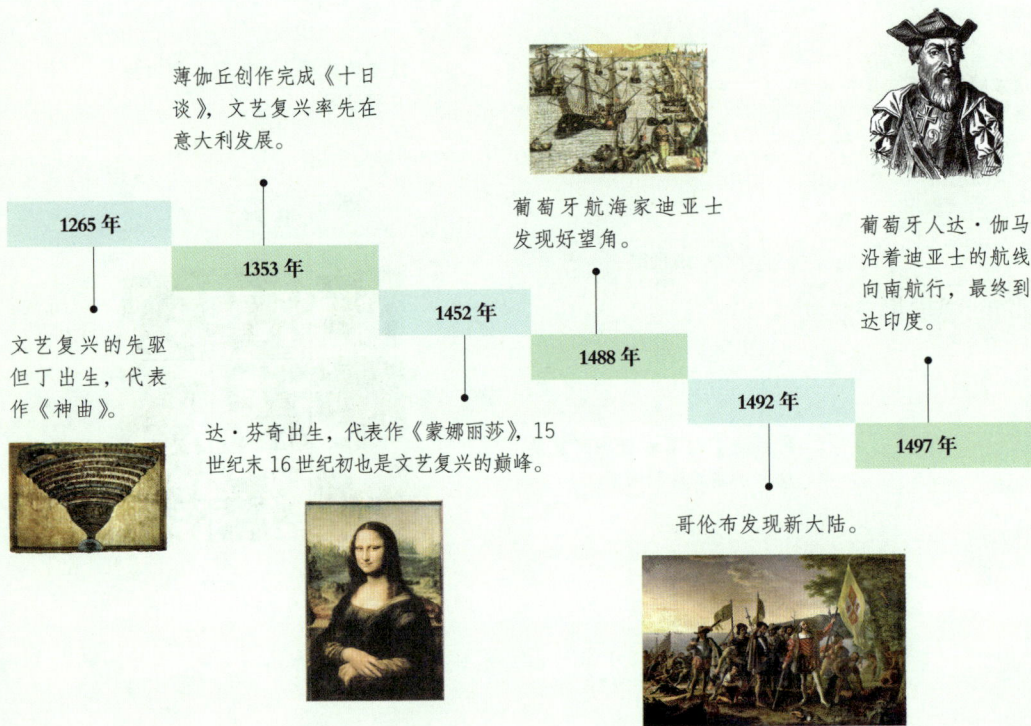

薄伽丘创作完成《十日谈》，文艺复兴率先在意大利发展。

葡萄牙航海家迪亚士发现好望角。

葡萄牙人达·伽马沿着迪亚士的航线向南航行，最终到达印度。

1265 年

1353 年

1452 年

1488 年

1492 年

1497 年

文艺复兴的先驱但丁出生，代表作《神曲》。

达·芬奇出生，代表作《蒙娜丽莎》，15世纪末16世纪初也是文艺复兴的巅峰。

哥伦布发现新大陆。

❹ 资产阶级革命的爆发

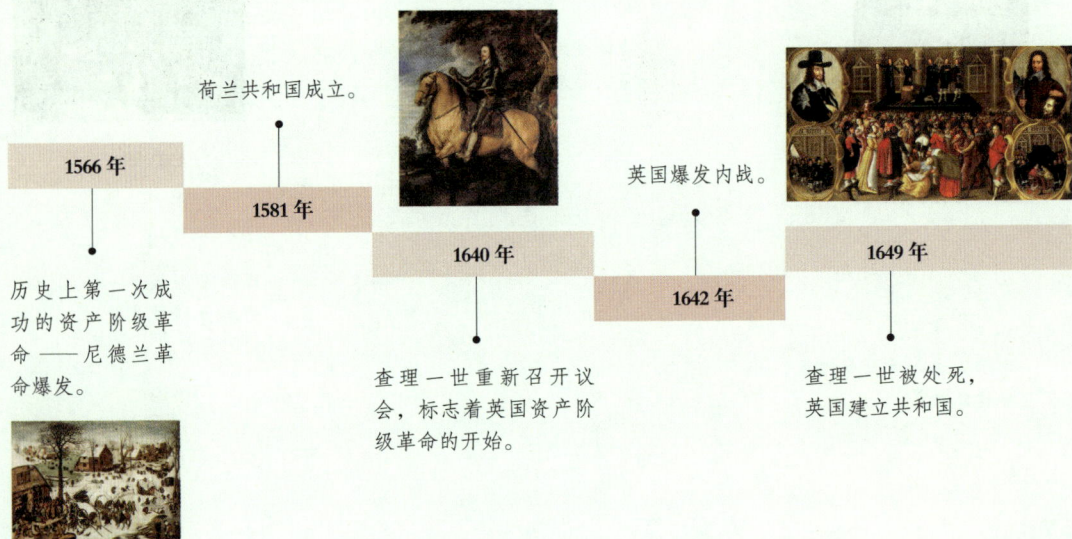

荷兰共和国成立。

英国爆发内战。

1566 年

1581 年

1640 年

1642 年

1649 年

历史上第一次成功的资产阶级革命——尼德兰革命爆发。

查理一世重新召开议会，标志着英国资产阶级革命的开始。

查理一世被处死，英国建立共和国。

马丁·路德提出《九十五条论纲》，标志着宗教改革的开始。

德国爆发农民战争。

1534 年

1524 年

1522 年

1517 年

英国议会通过《至尊法案》宣布脱离罗马教廷，成为新教国家。

1513 年

麦哲伦完成环球旅行。

德国文艺复兴画家丢勒创作《骑士、死神与恶魔》，文艺复兴陆续扩展到欧洲其他国家。

英国资产阶级和新贵族发动"光荣革命"，标志着英国资产阶级革命的胜利。

克伦威尔开始实行独裁统治。

1689 年

1688 年

1660 年

1653 年

英国颁布《权利法案》，确立了君主立宪制。

查理二世复辟。

⓯ 欧陆国家封建制度的发展 —— 法国

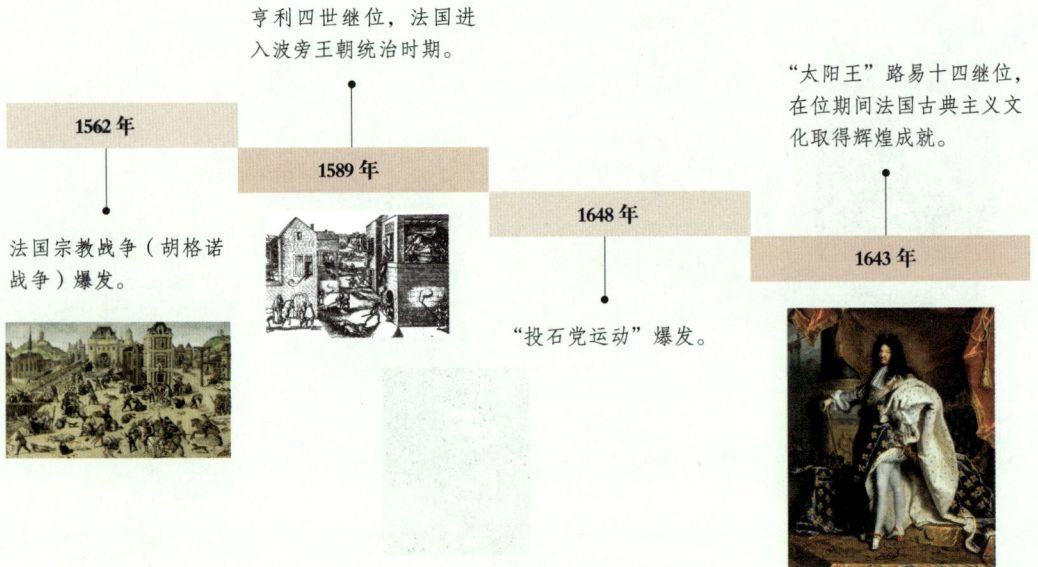

亨利四世继位，法国进入波旁王朝统治时期。

"太阳王"路易十四继位，在位期间法国古典主义文化取得辉煌成就。

1562 年

1589 年

1648 年

1643 年

法国宗教战争（胡格诺战争）爆发。

"投石党运动"爆发。

⓱ 欧陆国家封建制度的发展 —— 俄国

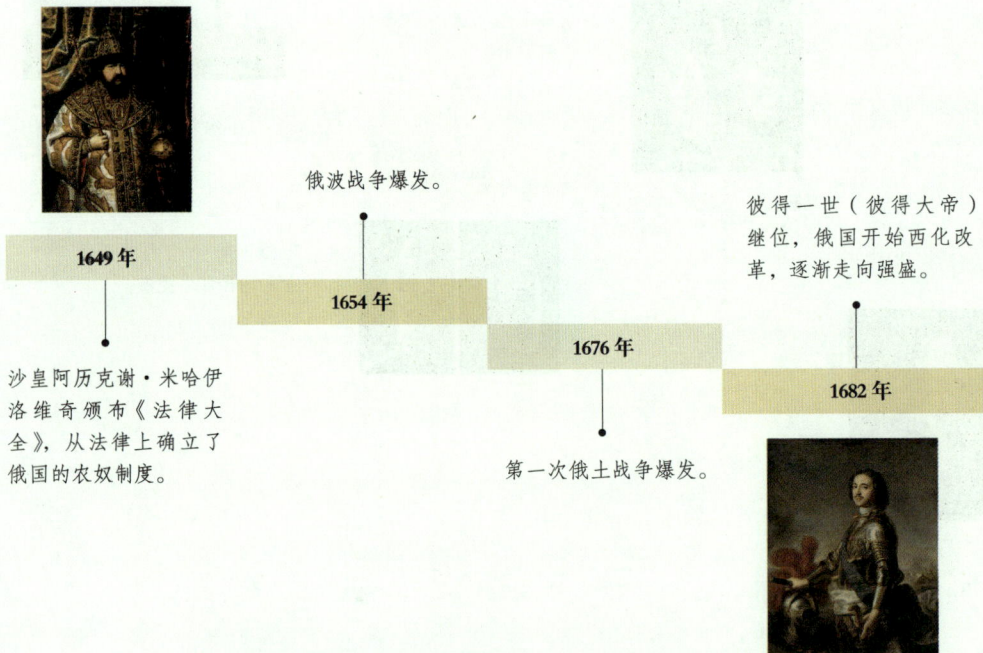

俄波战争爆发。

彼得一世（彼得大帝）继位，俄国开始西化改革，逐渐走向强盛。

1649 年

1654 年

1676 年

1682 年

沙皇阿历克谢·米哈伊洛维奇颁布《法律大全》，从法律上确立了俄国的农奴制度。

第一次俄土战争爆发。

⑯ 欧陆国家封建制度的发展——神圣罗马帝国

普鲁士王国建立。

阿尔布雷希特二世继任神圣罗马帝国皇帝（但未加冕），之后神圣罗马帝国皇帝一直由哈布斯堡家族垄断。

三十年战争爆发。

七年战争爆发。

1701 年

1648 年

1740 年

1618 年

1756 年

1555 年

1438 年

三十年战争以神圣罗马帝国的失败结束。

腓特烈二世（腓特烈大帝）继任普鲁士国王，同时奥地利王位继承战争爆发。

《奥格斯堡和约》签订，新教和天主教在德意志地区开始平起平坐。

彼得一世加冕为"皇帝"，同时俄国领土不断扩张，最终成为横跨欧亚的俄罗斯帝国。

普加乔夫起义爆发，后被镇压。

1773 年

1762 年

1721 年

1700 年

叶卡捷琳娜二世继位，在位期间俄国得到了包括克里米亚在内的广大黑海沿岸地区。

俄国向瑞典宣战，北方战争爆发，最终俄国战胜瑞典称霸波罗的海。

⑱ 欧陆国家封建制度的发展——波兰

俄国和乌克兰合并,波兰
丢失部分领土。

1648 年

波兰王位继承战争爆发。

1654 年

1655 年

1733 年

哥萨克统领赫梅利尼茨
基在乌克兰发动起义,
反抗波兰。

瑞典入侵波兰,波兰再
次丢失部分领土。

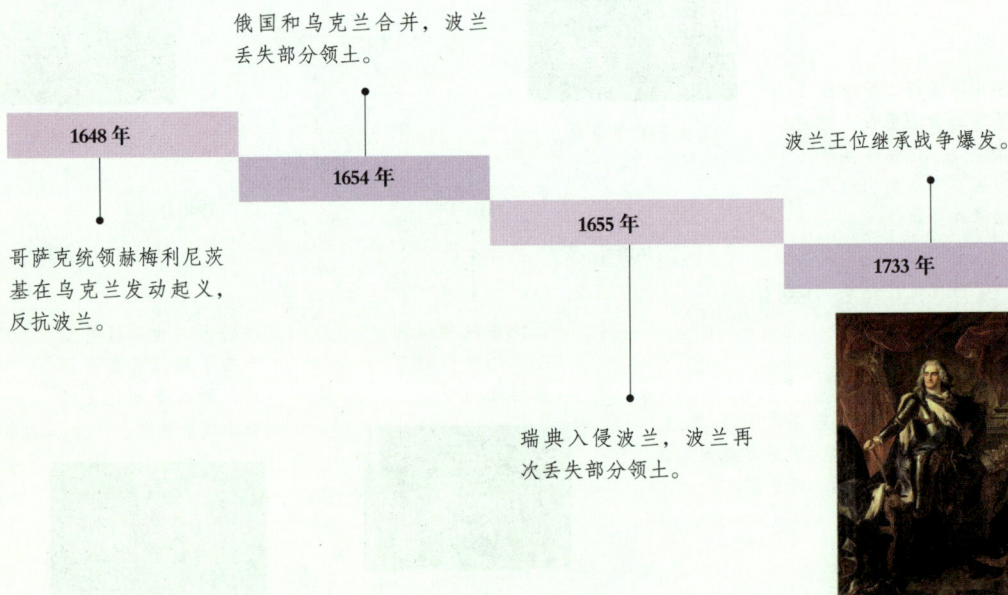

⑲ 欧陆国家封建制度的发展——北欧 1

丹麦国王克努特大帝建
立北海大帝国。

11 世纪初

瑞典福尔孔王朝开始。

1016 年

1157 年

1250 年

1397 年

瑞典王国建立。

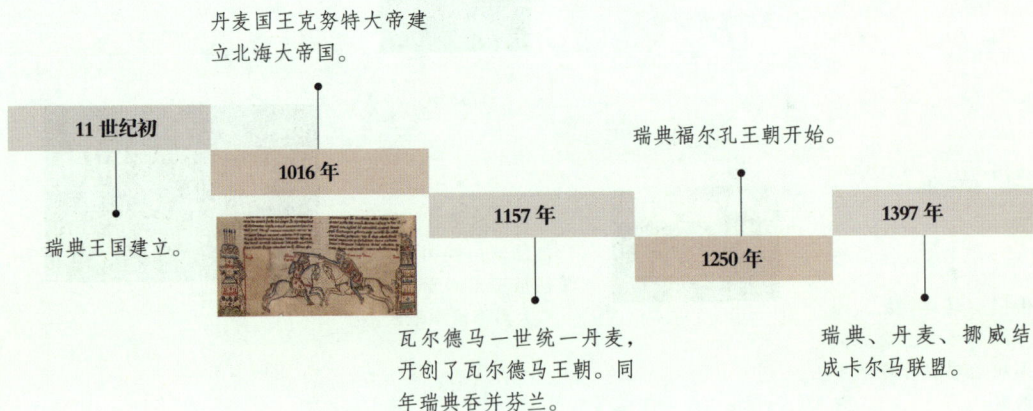

瓦尔德马一世统一丹麦,
开创了瓦尔德马王朝。同
年瑞典吞并芬兰。

瑞典、丹麦、挪威结
成卡尔马联盟。

俄国和普鲁士签订了第
二次瓜分波兰的协议。

1795 年

1793 年

1772 年

俄、普、奥三国在圣彼得堡签
订了第一次瓜分波兰的条约。

俄、普、奥三国签订第三
次瓜分波兰的协议，波兰
正式亡国。

丹麦、瑞典再次爆发战
争，丹麦战败，割让领
土给瑞典。

丹麦出兵占领斯德哥尔
摩，丹麦国王加冕为瑞
典国王。

1655 年

1643 年

1523 年

1520 年

瑞典开始走向强盛，陆续
收复失地和扩大疆域，成
为波罗的海强国。

古斯塔夫一世建立瓦萨王
朝，瑞典摆脱丹麦控制。

⑲ 欧陆国家封建制度的发展——北欧 2

斯堪尼亚战争爆发，丹麦再次败给瑞典，丧失了波罗的海霸权。

瑞典、俄国再次爆发战争，瑞典战败，将部分芬兰领土割让给俄国。

1675 年

1721 年

1741 年

1801 年

瑞典在北方战争中战败，从此失去波罗的海霸主地位。

英国和丹麦爆发哥本哈根之战，丹麦战败，退出"武装中立联盟"。

⑳ 启蒙运动

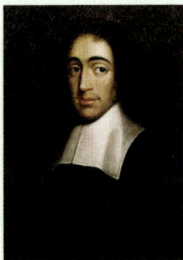

英国哲学家约翰·洛克出生，他被称为"自由主义"之父，是最有影响力的启蒙思想家之一。

1632 年

1632 年

1689 年

荷兰启蒙思想家斯宾诺莎出生，他的理论为启蒙运动的拓展奠定了思想理论基础。

法国启蒙思想家孟德斯鸠出生，其代表作《论法的精神》奠定了近现代西方政治与法律发展的理论基础。

瑞典、俄国再次爆发战争，
瑞典战败，将整个芬兰和奥
兰群岛割让给俄国。

瑞典进攻丹麦，丹麦战
败，将挪威割让给瑞典，
瑞典－挪威联盟形成。

1813 年

1809 年

1808 年

瑞典发生政变，古斯塔夫四世
的统治被推翻。

法国启蒙运动的旗手伏尔泰出
生，伏尔泰被誉为"法兰西思
想之王"，代表作有《哲学通
信》等。

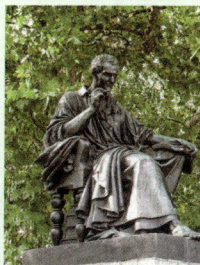

1712 年

1694 年

法国启蒙思想家卢梭出生，代
表作《论人类不平等的起源和
基础》《社会契约论》。

㉑ 西欧各国的殖民运动

葡萄牙占领果阿，并将这里
设为东方殖民地总部，后入
侵锡兰（今斯里兰卡）。

葡萄牙占领马六甲
及周边岛屿。

1500 年

1510 年

1521 年

1511 年

巴西成为葡萄牙殖民地。

西班牙入侵墨西哥，后陆
续占领危地马拉、洪都拉
斯、尼加拉瓜、萨尔瓦多
等国。

英国"五月花"号到达北美，
签订了《"五月花"号公约》。

荷兰在好望角建立殖民地。

1619 年

1620 年

1627 年

1652 年

荷兰在爪哇岛上建立了第一
个殖民据点，后不断扩张，
从葡萄牙手中抢走了大量殖
民地。

法国成立新法兰西公
司，后不断在北美洲建
立殖民地。

法国殖民者建立了魁北克城。

英国开始贩奴运动。

1608 年

1602 年

1562 年

1532 年

荷兰成立东印度公司。

西班牙入侵秘鲁，随后侵占玻利维亚，后陆续侵占智利、哥伦比亚、委内瑞拉、乌拉圭、阿根廷等国。

英法开始在北美展开殖民地争夺，最终法国丧失了众多北美殖民地。

第三次英荷战争结束，英国取代荷兰成为新的贸易霸主。

1754 年

1698 年

1674 年

英属东印度公司在印度加尔各答建立。